## 权威·前沿·原创

皮书系列为
"十二五""十三五"国家重点图书出版规划项目

BLUE BOOK

智库成果出版与传播平台

广州市新型智库广州大学广州发展研究院、广州大学管理学院、广东省社科研究基地国家文化安全研究中心研究成果

广州蓝皮书
BLUE BOOK OF GUANGZHOU

丛书主持　涂成林

# 2021年中国广州经济形势分析与预测

ANALYSIS AND FORECAST ON ECONOMY OF GUANGZHOU IN CHINA (2021)

主　编／涂成林　赖志鸿
副主编／谭苑芳　李文新　彭诗升

社会科学文献出版社
SOCIAL SCIENCES ACADEMIC PRESS (CHINA)

图书在版编目(CIP)数据

2021年中国广州经济形势分析与预测／涂成林，赖志鸿主编． -- 北京：社会科学文献出版社，2021.10
（广州蓝皮书）
ISBN 978-7-5201-9124-1

Ⅰ.①2… Ⅱ.①涂…②赖… Ⅲ.①区域经济-经济分析-广州-2020②区域经济-经济预测-广州-2021 Ⅳ.①F127.651

中国版本图书馆CIP数据核字（2021）第200367号

广州蓝皮书
## 2021年中国广州经济形势分析与预测

主　　编／涂成林　赖志鸿
副 主 编／谭苑芳　李文新　彭诗升

出 版 人／王利民
组稿编辑／任文武
责任编辑／连凌云
责任印制／王京美

出　　版／社会科学文献出版社·城市和绿色发展分社（010）59367143
　　　　　　地址：北京市北三环中路甲29号院华龙大厦　邮编：100029
　　　　　　网址：www.ssap.com.cn
发　　行／市场营销中心（010）59367081　59367083
印　　装／天津千鹤文化传播有限公司
规　　格／开 本：787mm×1092mm　1/16
　　　　　　印 张：22.5　字 数：335千字
版　　次／2021年10月第1版　2021年10月第1次印刷
书　　号／ISBN 978-7-5201-9124-1
定　　价／128.00元

本书如有印装质量问题，请与读者服务中心（010-59367028）联系

▲ 版权所有 翻印必究

# 广州蓝皮书系列编辑委员会

**丛书执行编委**　（以姓氏笔画为序）

　　　　　　丁旭光　王宏伟　王桂林　王福军　邓佑满
　　　　　　邓建富　冯　俊　刘　梅　刘保春　刘瑜梅
　　　　　　孙　玥　孙延明　李文新　吴开俊　何镜清
　　　　　　汪茂铸　沈　奎　张　强　张其学　张跃国
　　　　　　陈　爽　陈浩钿　陈雄桥　屈哨兵　贺　忠
　　　　　　顾涧清　徐　柳　唐小平　涂成林　陶镇广
　　　　　　桑晓龙　彭诗升　彭高峰　曾进泽　蓝小环
　　　　　　赖天生　赖志鸿　谭苑芳　薛小龙　魏明海

# 《2021年中国广州经济形势分析与预测》
# 编 辑 部

主　　　编　涂成林　赖志鸿
副 主 编　谭苑芳　李文新　彭诗升
本 书 编 委　（以姓氏笔画为序）
　　　　　　丁艳华　王国栋　王学通　区海鹏　叶思海
　　　　　　叶祥松　孙晓茵　李长清　肖穗华　汪文姣
　　　　　　张秀玲　张贻兵　陆财深　陈　骥　陈幸华
　　　　　　陈泽鹏　陈建年　陈晓霞　陈婉清　林清才
　　　　　　金永亮　周林生　聂衍刚　高跃生　郭　黎
　　　　　　涂雄悦　黄小娴　彭建国　缪晓苏　魏绍琼
编辑部成员　周　雨　曾恒皋　李　俊　梁华秀　王　龙
　　　　　　戴荔珠　于荣荣

# 主要编撰者简介

**涂成林** 现任广州大学智库建设专家指导委员会常务副主任,二级研究员,博士生导师,广东省高校特色新型智库、广东省社科研究基地国家文化安全研究中心负责人,广州市新型智库广州大学广州发展研究院首席专家。获国务院政府特殊津贴专家、国家"万人计划"哲学社会科学领军人才、中宣部"文化名家暨四个一批"领军人才、广东省"特支计划"哲学社会科学领军人才、广州市杰出专家等称号。先后在四川大学、中山大学、中国人民大学学习,获得学士、硕士、博士学位。1985年起,先后在湖南省委理论研究室、广州市社会科学院、广州大学工作。兼任广东省区域发展蓝皮书研究会会长、广东省经济学家企业家联谊会常务副会长、广东省体制改革研究会副会长等职务。主要从事城市综合发展、文化科技、马克思主义哲学等方面研究。在《中国社会科学》《哲学研究》《教育研究》等刊物发表论文100余篇;专著有《现象学的使命》《国家软实力和文化安全研究》《自主创新的制度安排》等10余部;主持和承担国家社科基金重大项目、一般项目,省市社科规划项目,省市政府委托项目60余项。获得教育部及省、市哲学社会科学奖项和人才奖项20余项,2017年获评全国"皮书专业化20年致敬人物",2019年获评全国"皮书年会20年致敬人物"。

**赖志鸿** 现任广州市卫健委党组书记、主任。分别在中山医科大学和中山大学获医学学士学位和管理学硕士学位。1993年7月参加工作,历任广州市原东山区防疫站食品科副主任、站长助理,东山区防疫站副站长,东山区卫生局副局长，越秀区卫生局副局长，越秀区卫生局局长、党委副书记，越秀区政府办公室主任、区法制办公室主任，越秀区副区长、党组成员，越秀区委常委、副区长、区政府党组副书记，广州市统计局党组书记、局长，2021年8月任广州市卫健委党组书记、主任。长期从事经济发展、城市管理、人力资源和社会保障、教育等方面的管理和研究工作。

**谭苑芳** 现任广州大学广州发展研究院副院长，教授，博士，硕士生导师，广州市番禺区政协常委，兼任广东省区域发展蓝皮书研究会副会长、广州市粤港澳大湾区（南沙）改革创新研究院理事长、广州市政府重大行政决策论证专家等。主要从事宗教学、社会学、经济学和城市学等的理论与应用研究，主持国家社科基金项目，教育部人文社科规划项目，其他省市重大、一般社科规划项目10余项，在《宗教学研究》《光明日报》等发表学术论文30多篇，获广东省哲学社科优秀成果奖二等奖及"全国优秀皮书报告成果奖"一等奖等多个奖项。

**李文新** 现任广州市政府研究室副主任。中山大学行政管理专业毕业，硕士学位，长期从事城市发展规划、城市管理、社区治理等方面研究，参与政府工作报告、街道和社区建设意见、简政强区事权改革方案、投资管理实施细则等多个政府政策文件起草工作，参与广州新型城市化发展系列丛书的编写。

**彭诗升** 现任中共广州市委改革办专职副主任。2003年毕业于中南大学，获法学硕士学位。先后公开发表学术论文10余篇。具有基层工作经历，长期在广州市委机关从事政策研究工作，组织或参与经济发展、改革开放创新、城乡规划建设管理、政治党建等领域的专题调查研究。

# 摘　要

《2021年中国广州经济形势分析与预测》由广州大学、广东省区域发展蓝皮书研究会与广州市统计局、中共广州市委政策研究室、广州市政府研究室等共同主持研创。在内容结构上分为总报告、行业发展篇、财税金融篇、民营经济篇、枢纽之城建设篇、房地产市场篇、乡村振兴篇、专题研究篇和附录9个部分。汇集了广州市科研团体、高等院校和政府部门诸多经济问题研究专家、学者和实际部门工作者的最新研究成果，是关于广州经济运行情况和相关专题分析、预测的重要参考资料。

2020年，广州市牢牢把握稳中求进总基调，统筹推进疫情防控和经济社会发展，扎实做好"六稳""六保"工作，全年经济不断恢复前行，呈现"经济增长稳步向好，结构优化势头强劲，质量效益超过预期"的特点。

展望2021年，广州市经济发展仍将面临诸多不确定因素与挑战，需以"双区"建设、"双城"联动为战略引领，进一步巩固暖企服务成效，多措并举促进生活性服务行业加快恢复，聚焦关键领域和薄弱环节积极扩大有效投资，全面推进经济发展的稳步回升。

**关键词：** 经济形势　经济运行　新发展格局　广州

# 目 录

## Ⅰ 总报告

**B.1** 2020年广州经济形势分析与2021年展望
  ……广州大学广州发展研究院、广州市统计局综合处联合课题组 / 001
   一 2020年广州经济运行基本情况分析……………… / 002
   二 经济运行需关注的问题 …………………………… / 015
   三 国内外经济形势 …………………………………… / 017
   四 2021年广州经济发展展望与对策建议 …………… / 019

## Ⅱ 行业发展篇

**B.2** 2020年广州市规模以上服务业运行分析
  ……………………………… 广州市统计局服务业处课题组 / 024
**B.3** 广州市火电行业"十二五"以来能效水平变化及
  "十四五"发展战略机遇展望 …… 广州市统计局能源处课题组 / 034
**B.4** 广州种业发展与管理模式探索研究
  ……………………………… 广州市农村发展研究中心课题组 / 051

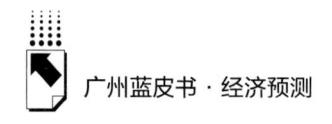

## Ⅲ 财税金融篇

B.5 金融服务升级助推广州经济高质量发展研究 … 刘　胜　胡雅慧 / 064

B.6 财税政策视野下的广州汽车制造业发展研究
………………………………………… 广州市税务学会课题组 / 082

B.7 广州南沙航运金融发展研究报告…………… 陈婉清　魏茜娜 / 101

B.8 2020年广州税收经济大数据分析报告
………………………………………… 广州市税务学会课题组 / 114

B.9 广州外贸新业态税收协同管理研究…… 广州市税务学会课题组 / 137

## Ⅳ 民营经济篇

B.10 "十三五"时期广州市规模以上民营工业发展的实证分析
……………………………………………………… 董曼虹 / 152

B.11 广州民营实体产业链的优化策略研究 ……… 余剑春　杨　超 / 170

B.12 广州南沙区依托非公经济开展对口产业扶贫的实践探索
………… 广州市粤港澳大湾区（南沙）改革创新研究院、
广州南沙区工商联合课题组 / 179

## Ⅴ 枢纽之城建设篇

B.13 关于广州空铁融合经济示范区建设的调研报告
………………………………………………… 黄金海　王　阳 / 188

B.14 2020年广州交通运输邮电业分析报告
………………………………………… 广州市统计局服务业处课题组 / 196

## Ⅵ 房地产市场篇

**B.15** 2020年广州房地产市场发展动向分析 ………………… 戴荔珠 / 209
**B.16** 2020年广州房地产市场运行情况调研报告
………………………………… 广州市统计局投资处课题组 / 221
**B.17** 广州市公共租赁住房政策绩效评价研究
………………………………… 广州大学广州发展研究院课题组 / 232

## Ⅶ 乡村振兴篇

**B.18** 2020年广州市乡村产业振兴调研报告
………………………………… 广州市统计局农村处课题调研组 / 254
**B.19** 广州市"三农"众创空间发展的探索研究
………………………………… 广州市农村发展研究中心课题组 / 268

## Ⅷ 专题研究篇

**B.20** 关于加快建设广州国际消费中心城市的建议
………………………………… 广州大学广州发展研究院课题组 / 278
**B.21** 关于培育新型消费促进广州国际消费中心城市建设的建议
………………………………… 民进广州市委员会课题组 / 288
**B.22** 2020年广州营商环境建设调研报告
………………………………… 广州市民主党派联合调研组 / 298

## Ⅸ 附录

**B.23** 附表1 2020年广州市主要经济指标 ………………………… / 315

**B.24** 附表2 2020年全国十大城市主要经济指标对比 ……………… / 317

**B.25** 附表3 2020年珠江三角洲主要城市主要经济指标对比 ……… / 319

Abstract ……………………………………………………………… / 321
Contents ……………………………………………………………… / 323

皮书数据库阅读使用指南

# 总报告
General Report

## B.1
## 2020年广州经济形势分析与2021年展望[*]

广州大学广州发展研究院、广州市统计局综合处联合课题组[**]

摘　要： 2020年，广州市牢牢把握稳中求进总基调，统筹推进疫情防控和经济社会发展，扎实做好"六稳""六保"工作，全年经济不断恢复前行，经济增长好于预期。2021年，广州将聚焦打造新发展阶段高质量发展典范，以"双区"建设、"双城"联动为战略引领，巩固暖企政策效果，供需双侧改革并重，加速生活性服务业复苏，增强重点领域投资，全面推进经济发展的稳步回升。

---

[*] 本研究报告系广东省普通高校人文社会科学重点研究基地广州大学广州发展研究院、广东省高校新型特色智库、广州市新型智库的研究成果。

[**] 课题组组长：涂成林，广州大学智库建设专家指导委员会常务副主任，二级研究员，博士生导师，国家"万人计划"领军人才；冯俊，广州市统计局副局长。成员：谭苑芳，广州大学广州发展研究院副院长，教授，博士；汪文姣，广州大学广州发展研究院区域发展所所长，讲师，博士；李俊，广州市统计局副处长；周雨，广州大学广州发展研究院政府绩效评价中心主任，讲师，博士。执笔人：汪文姣、李俊。

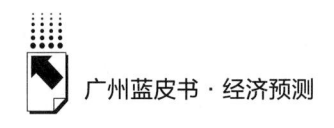

关键词： 经济形势　高质量发展　广州

## 一　2020年广州经济运行基本情况分析

2020年，中国经济面临多重压力，突如其来的新冠肺炎疫情和复杂多变的国内外形势的双重夹击，为经济发展带来了诸多障碍。广州市在以习近平同志为核心的党中央坚强领导下，全市上下知难而上、砥砺奋进，牢牢把握稳中求进的总基调，积极统筹推进疫情防控和经济社会发展，扎实做好"六稳""六保"工作。纵观全年，广州的经济实现了稳步恢复，经济增长高于预期，呈现出"经济增长稳步向好，结构优化势头强劲，质量效益超过预期"的特点。

### （一）经济增长保持平稳，主要领域发展稳定

1. 经济总量稳中有增

根据广东省的统一核算结果，2020年广州市的地区生产总值为25019.11亿元，跃上2.5万亿元新的规模台阶；按可比价格计算，比上年增长2.7%，增速高于全国（2.3%）、全省（2.3%），在主要城市中，高于上海（1.7%）、北京（1.2%）和天津（1.5%），低于重庆（3.9%）、深圳（3.1%）、杭州（3.9%），比第一季度（-6.8%）、上半年（-2.7%）、前三季度（1.0%）分别提高9.5个、5.4个和1.7个百分点。其中，第一产业增加值288.08亿元，同比增长9.8%，占GDP比重为1.15%；第二产业增加值6590.39亿元，同比增长3.3%，占GDP比重为26.34%；第三产业增加值18140.64亿元，同比增长2.3%，占GDP比重为72.51%，占比同比提升0.89个百分点。

从全年经济运行轨迹看，第一季度广州经济受疫情影响，企业复工复产未恢复正常水平，地区生产总值同比下降6.8%；第二季度受境外疫情输入压力较大的影响，交通、商务服务、文化体育娱乐和住宿餐饮等传统业态服

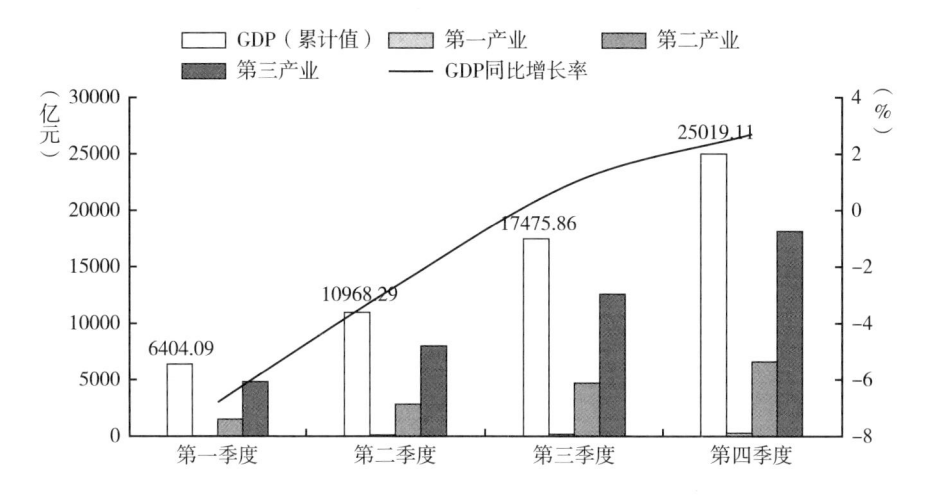

**图1　2020年第一季度至第四季度GDP总量及增速**

务行业下降依然明显，广州上半年经济累计增速（-2.7%）仍未转正，但新经济新动能迸发活力、逆势增长，经济回升态势得到巩固；第三季度随着统筹疫情防控和经济社会发展成效不断巩固，广州经济累计增速（1.0%）与全国、全省同步实现转正，经济恢复势头进一步向好，生产端、需求端持续改善；进入第四季度，各主要经济指标基本恢复常态，生产端恢复势头强劲有力，农业、工业和投资等指标均超上年同期水平，服务业、社会消费品零售总额第四季度当季增速也实现正增长，显现出经济恢复的强大后劲，全年实现地区生产总值增长2.7%。

2. 农业增速创26年来新高，重点农产品增势较好

2020年，全市强有力推进乡村振兴战略，保生产、稳供给，实现农业生产大丰收，农产品扩量、提质、增效。全年实现农林牧渔总产值497.61亿元，同比增长10.2%，增长速度创26年来新高。其中，农业（种植业）总产值277.68亿元，同比增长10.5%；渔业总产值103.51亿元，同比增长17.9%；农林牧渔专业及辅助性活动产值66.95亿元，同比增长8.5%，三大行业实现高速增长。林业、畜牧业也一改颓势，林业实现增长1.0%，畜牧业降幅明显收窄，同比下降2%，比前三季度收窄4.8个百分点。蔬菜产量403.82万吨，同比增长4.8%，蔬菜自给率达103%；其中，叶菜类、瓜

菜类、茄果类、根茎类产量同比分别增长7.6%、4.5%、6.6%和7.0%。园林水果产量79.25万吨，同比增长23.3%，其中荔枝2020年大丰收，产量同比增长1.5倍，柑橘橙、番石榴、龙眼产量分别增长21.7%、20.2%和12.6%。生猪出栏头数42.22万头，同比增长2.5%，近两年来首次实现正增长。

3.工业生产增长稳健，汽车制造业表现出色

规模以上工业增加值自4月当月增速实现转正后虽有波动，但连续9个月当月增速均保持增长态势。其中规模以上工业增加值9月同比增长12.9%，为全年当月最高增速。10月，在汽车制造业等重点行业持续快速增长的拉动下，规模以上工业总产值和增加值累计增速双双实现全年首次转正，之后增速继续提升。2020年全市规模以上工业实现工业总产值19969.47亿元，同比增长2.8%。规模以上工业增加值4575.68亿元，同比增长2.5%。增加值增速低于全国（2.8%）、高于全省（1.5%），在主要城市中，高于北京（2.3%）、上海（1.7%）和天津（1.6%），低于重庆（5.8%）、苏州（6.0%）。

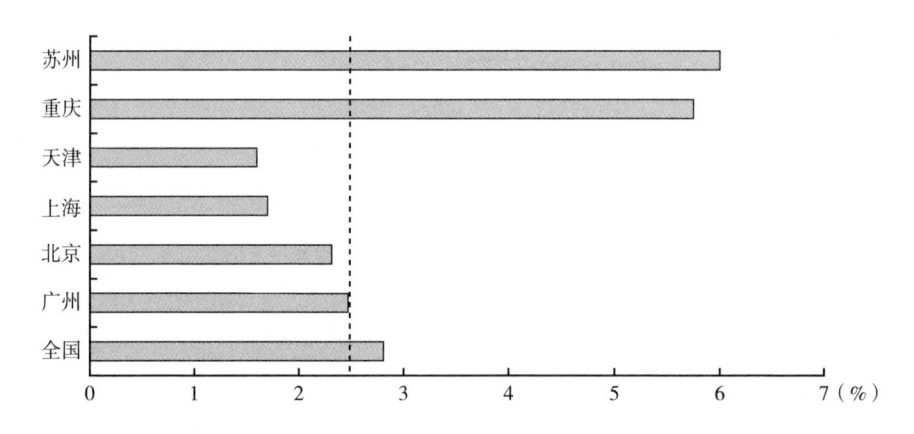

图2　2020年主要城市及全国规模以上工业增加值增速

三大支柱产业生产全面提速。从当月增速看，12月，三大支柱产业合计实现产值增长12.9%，汽车、电子产品和石油化工制造业当月产值同比分别增长12.0%、17.9%和7.8%，其中汽车制造业当月产值增速自6月以

来持续保持两位数增长。从全年增速看，三大支柱产业产值累计增速自10月首次转正以来全面提速，全年合计增长3.7%。其中，电子产品、石油化工制造业产值累计增速在9月率先转正，全年同比分别增长3.6%和3.4%；汽车制造业后来居上，累计增速自10月转正后加快增长，全年累计同比增长3.8%，拉动全市规模以上工业总产值增长1.0个百分点。

工业生产增长面扩大。分行业看，全市35个工业行业大类中，全年产值实现增长的有15个行业，行业增长面为42.9%。前10大重点行业中，有7个行业实现增长。分企业看，全市5874户规模以上工业企业中，全年产值实现增长的企业有2607户，企业增长面为44.4%，合计实现产值占全市规模以上工业的比重为59.6%，同比增长22.1%。医疗防护用品增势较好。广州市的医疗防护用品、生活物资的需求不断增大。其中，口罩、医用口罩产量分别增长9.1倍和6.7倍，营养保健食品产量增长40.6%，医疗仪器设备及器械产量增长12.8%。从相关行业的产值增速看，卫生材料及医药用品制造业增长1.1倍，生物药品、制药专用设备、医疗仪器设备及器械制造业分别增长87.2%、75.8%和52.7%。

4. 服务业稳步复苏，营利性服务业持续增长

1~11月（错月数据），全市规模以上服务业实现营业收入同比下降2.1%，降幅比1~2月收窄11.2个百分点；累计增速自4月以来持续收窄，当月增速在9月实现转正后步入恢复性增长通道，9月当月达最高增速10.7%。其中营利性服务业[①]全年恢复至正增长区间，营业收入同比增长2.2%。2020年，全市10个服务业行业门类中，4个门类累计营业收入同比实现增长，其中信息传输、软件和信息技术服务业，科学研究和技术服务业同比分别增长12.7%和9.4%，累计增速自6月以来连续6个月保持两位数快速增长态势。19个服务业行业累计营业收入同比实现增长，行业增长面为57.6%。作为服务业新动能的互联网和相关服务、软件和信息技

---

① 规模以上营利性服务业包含互联网和相关服务、软件和信息技术服务业2个行业大类，租赁和商务服务业、科学研究和技术服务业、居民服务修理和其他服务业、文化体育娱乐业4个门类。

术服务业两个行业在2020年疫情下表现抢眼，分别同比增长15.4%和11.3%。交通运输方面，航空、铁路、公路和水路等运输行业逐步复苏，客运量和货运量降幅逐步收窄。多式联运和运输代理业在国内外防疫物资需求带动下，营业收入迎来大幅增长，同比增长32.4%，是全年增速最快的服务业行业。邮政业增长19.0%，增势稳定。科学研究和技术服务业成为亮点，同比增长9.7%，累计增速自2月两位数下降至11月回升到接近两位数增长。

### （二）消费市场持续回暖，消费升级类商品快速增长

社会消费品零售总额当月增速自8月首次转正后波动向好，10月略降0.1%，11月受京东、阿里健康大药房、唯品会等电商"双十一"零售额快速增长拉动，达到年内当月最高增速8.1%，12月当月增速回落，同比增长4.6%。CPI"强结构性"上涨态势显著。2020年，广州CPI八大类价格"四涨四降"，其中食品烟酒类价格上涨9.9%，拉动CPI上涨3.21个百分点，对CPI上涨的贡献率高达121.7%，其余七大类合计拉动CPI下降0.57个百分点。受疫情影响，服务项目价格由涨转跌，工业品价格继续下降。2020年，全市实现社会消费品零售总额9218.66亿元，同比下降3.5%，降幅比第一季度收窄11.5个百分点；在主要城市中，降幅小于北京（-8.9%）和天津（-15.1%），大于上海（0.5%）、重庆（1.3%）、苏州（-1.4%）。其中，批发和零售业、住宿和餐饮业零售额同比分别下降1.7%和21.6%，2020年以来降幅呈持续收窄态势。

1. 汽车消费逐月快速回补

限额以上汽车类商品零售额自7月当月增速转正后连续6个月保持增长，9月开始汽车市场再度升温，持续出现两位数快速增长，至12月当月同比增长11.5%。但由于汽车销售上半年缺口大，虽然下半年回补加快，全年汽车类商品零售仍未走出负增长区间，全年限额以上汽车类零售额同比下降3.4%，降幅比第一季度大幅收窄28.9个百分点。

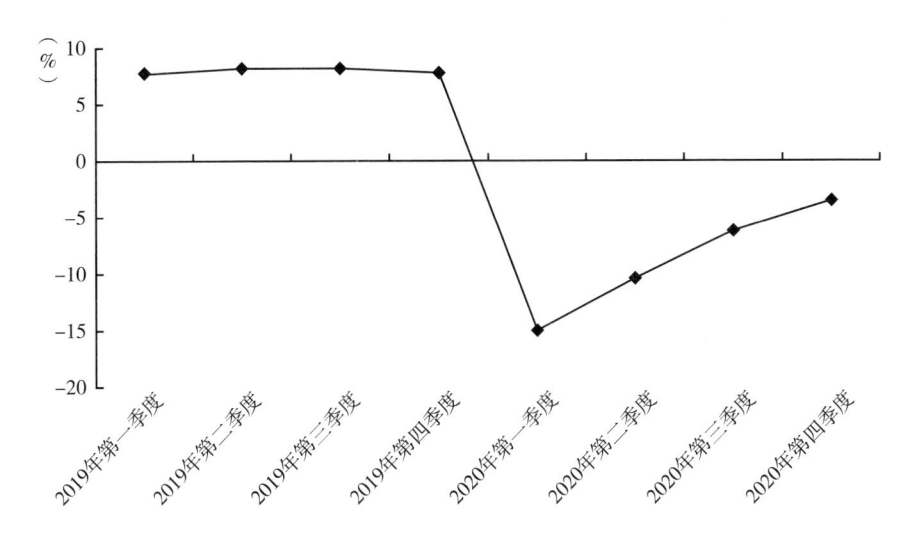

图3 2019~2020年社会消费品零售总额季度增速

**2. 日常生活用品需求旺盛**

疫情催生"宅经济",日常生活用品需求旺盛。主要商品中,以"吃"、"用"和"健康"为关键词的相关商品销售畅旺,全市限额以上粮油食品、中西药品类商品零售额实现了快速增长。其中,全市限额以上日用品类、粮油食品类商品零售额均保持两位数增长,全年分别增长18.1%和18.6%;中西药品类、饮料类商品零售畅旺,同比增速分别达40.1%和22.6%。

**3. 消费在回暖中升级**

消费升级类商品稳中提质,消费转型升级趋势不改,品质商品持续热销。金银珠宝类、体育娱乐用品类商品零售额也实现了较快增长,据统计,这两类商品的零售额同比分别增长13.0%和8.1%。此外,限额以上家电音像器材类(11.6%)和通信器材类(13.1%)等电子产品的零售额也实现了稳步增长,消费市场持续好转。

### (三)固定资产投资提速,民间国有并重发力

**1. 固定资产投资持续提速**

2020年,全市固定资产投资同比增长10.0%,继上半年累计增速转正

后持续提速；增速高于全国（2.9%）、全省（7.2%），在主要城市中，仅低于上海（10.3%），高于北京（2.2%）、深圳（8.2%）、重庆（3.9%）、苏州（6.6%）和天津（3.0%）。第一、三产业投资同比分别增长3.4倍和11.8%，第二产业投资同比下降1.1%。分类型看，基础设施投资自4月转正以来，延续增长态势，同比增长4.7%；房地产开发投资自10月转正以来持续增长，同比增长6.2%；工业投资同比下降0.8%，降幅比第一季度收窄21.9个百分点。

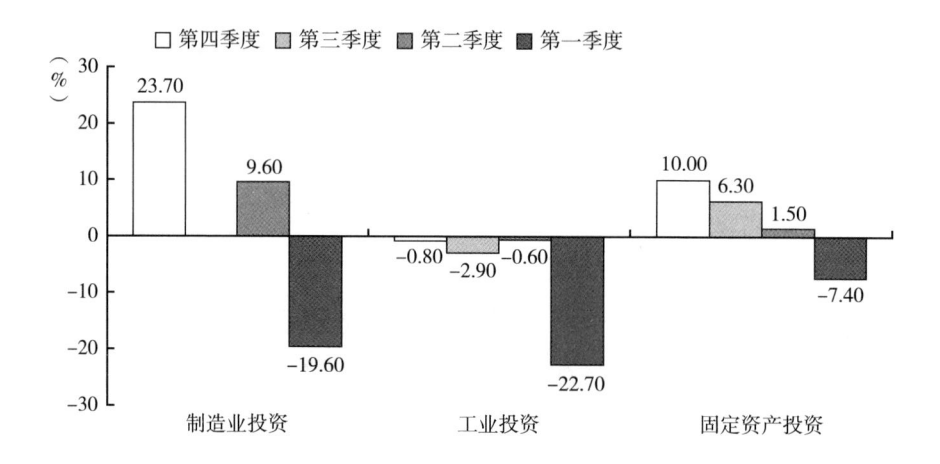

图4 2020年1~4季度固定资产投资、工业投资和制造业投资增速

2. 投资结构不断优化

在引进新动能优化投资结构方面，广州实施"1+1+N"重点产业招商促进政策体系，梳理智能网联汽车、生物医药、超高清视频、集成电路、工业互联网等重点领域产业链和供应链，推进产业链招商和靶向招商。建设改造项目投资累计增速由2月下降15.9%稳步提高，自10月开始保持两位数增长，全年同比增长13.1%；道路运输业和公共设施管理业投资同比分别增长11.9%和35.1%，合计占全市基础设施投资的60.2%，是全市基础设施投资较快增长的主要支撑；高技术制造业中的医药制造业、医疗仪器设备及仪表制造业投资保持较快增长，同比分别增长54.6%和1.8倍。其中工业技改投资自9月以来持续保持两位数增长，全年增长13.1%，累计新增

项目782个，实现工业技改投资额占全市工业投资的比重为40.4%，比上年同期提高5.0个百分点。工业技改投资赋能提速，为工业转型升级提供了强有力的支撑。

3. 民间和国有投资双双发力

民间投资同比增长9.4%，累计增速自10月转正以来持续提升，比前三季度提高12.3个百分点，对全市投资增长贡献率达近四成。其中占民间投资比重近八成的房地产业民间投资增长6.4%，是民间投资持续增长的主要支撑；工业民间投资提升明显，全年增长18.5%。国有投资在交通运输、电力、水利等行业完成投资超十亿元的大项目带动下，增速走高，同比增长16.3%，对全市投资增长贡献率达近五成。

## （四）出口保持增长，利用外资质量提升

2020年，全市外贸进出口总值为9530.1亿元，同比下降4.8%。其中，出口总值5427.7亿元，同比增长3.2%；受半导体制造设备、飞机、钻石进口大幅下降影响，进口总值4102.4亿元，同比下降13.6%。全年实际使用外资493.72亿元，同比增长7.5%。全年服务业实际使用外资占比超过八成，同比增长16.2%，其中高技术服务业实际使用外资增长1.8倍。分季度来看，第一季度全市出口1108.4亿元，增长2.7%。其中，1~2月市场采购出口增长74.5%，通过海关跨境电商管理平台进出口增长13.5%，其中，共建"一带一路"国家和地区（12%）成为广州市的主要出口对象。受疫情的持续影响，第二季度广州市的进出口降幅进一步扩大（同比下降7.6%），总值约为4253.6亿元人民币。其中，出口总值同比下降1.7%，进口总值同比下降13.8%。民营企业成为进出口发展的主力军，据统计，第二季度民营企业的进出口总值同比增长10.9%。其中以灯具（36.3%）、船舶（13.5%）为主的劳动密集型产品出口保持了较快增长，以消费品、医药品为主的消耗类产品进口额较大。共建"一带一路"国家和地区依然是广州最主要的贸易伙伴，对共建"一带一路"国家进出口增长8.3%。截至第三季度，广州市对外贸易进出口总值为

7041.8亿元，同比下降1.4%，降幅比上半年收窄6.2个百分点。其中，出口值4019.1亿元，增速由负转正，同比增长9.9%，增速比上半年提高11.6个百分点；进口值3022.7亿元，同比下降13.2%，降幅比上半年收窄0.6个百分点。占比过半的一般贸易进出口降幅收窄至下降0.6%，接近转正。新兴市场开拓取得新突破，对共建"一带一路"国家和地区进出口增长15.3%。

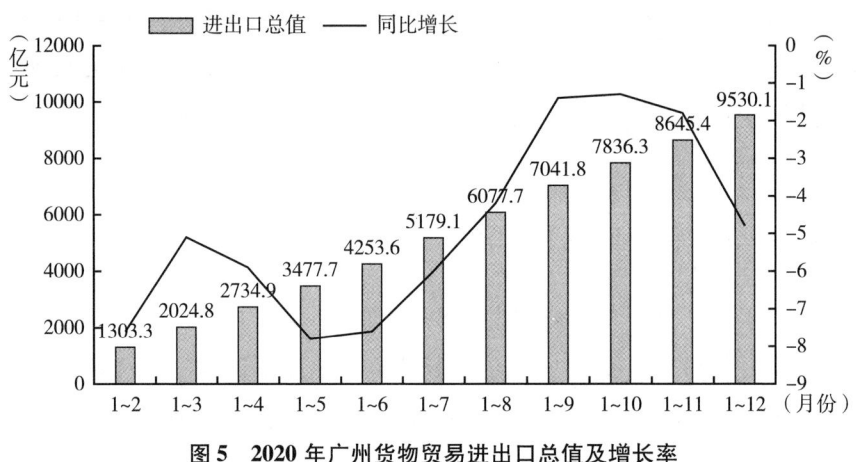

**图5 2020年广州货物贸易进出口总值及增长率**

## （五）经济新动能加速发展

### 1. 新产业引领转型升级

2020年，全市先进制造业增加值同比增长6.0%；占规模以上工业增加值比重为59.7%，同比提升1.3个百分点。其中，生物医药及高性能医疗器械制造业保持快速增长，实现增加值同比增长23.5%；先进装备制造业和新材料制造业增加值同比分别增长5.1%和5.2%，均实现由负转正。重点企业中海格通信、瑞仪光电等一批生产5G设备和智能装备的高新电子企业释放发展动能。全市高新技术产品产值占规模以上工业总产值比重为50%，同比提升1个百分点。

### 2. 新产品释放潜力

智能、电子产品是全年新产品增长的亮点。其中，集成电路、新能源汽车受政策利好推动，全年产量分别增长34.1%、17.3%；运动型多用途乘用车（SUV）产量一改前两年持续负增长的"寒冬"局面，同比快速增长14.3%；电子信息产品中的服务器、智能手机、集成电路、显示器产量分别增长2.0倍、89.8%、34.1%和21.9%；高端装备中的工业自动调节仪表与控制系统产量增长20.0%；新材料中的锂电子电池产量增长42.3%。

3. 新模式蓬勃发展

广州直播带货多项举措走在全国前列，据统计，2020年广州市直播电商的商家开播数稳居全国首位，成为名副其实的"直播电商之都"。网购热度居高不下，成为居民消费首选模式，从数据来看，全市限额以上批发和零售业实物商品网上零售额增长32.5%，占全市社会消费品零售总额的比重为21.0%，占比同比提高5.7个百分点。网上点餐方式受到追捧，限额以上住宿餐饮企业网上餐费收入同比增长29.7%。

4. 新业态迸发活力

在线课堂、数字文化娱乐、云端会议、线上医疗等新业态带动服务业稳步复苏。1~11月（错月数据），网络经济核心行业的互联网、软件和信息技术服务业实现营业收入同比增长14.3%，自4月以来连续8个月保持两位数快速增长态势，增速高于全省（13.0%）、深圳（12.1%）；高技术服务业相关行业合计实现营业收入同比增长12.1%，其中信息服务业、电子商务服务业相关行业分别增长12.0%和23.9%。

5. 现代物流增势良好

在双循环新发展格局背景下，现代物流业相关行业表现亮眼。1~11月，现代物流业实现营业收入2051.95亿元，同比增长17.4%，比上年同期增速提升9.2个百分点。规模以上多式联运、供应链管理两大新兴行业持续保持快速增长势头，实现营业收入分别增长36.3%和29.6%。快递业在4月已全面恢复的基础上，业务量持续快速上升，2020年快递业务量达76.16亿件，同比增长20.0%，居全国城市第二位。

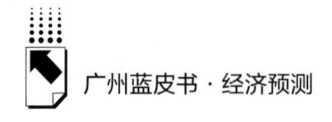

## （六）金融支撑稳定，民生保障有力

**1. 财政收支保持增长**

财政收支累计增速自 2020 年 9 月双双转正以来，持续稳定增长。2020年，全市一般公共预算收入 1721.6 亿元，同比增长 1.4%。一般公共预算收入中税收收入下降 2.1%，占一般公共预算收入的比重为 75.4%。全市一般公共预算支出 2953.0 亿元，同比增长 3.1%。

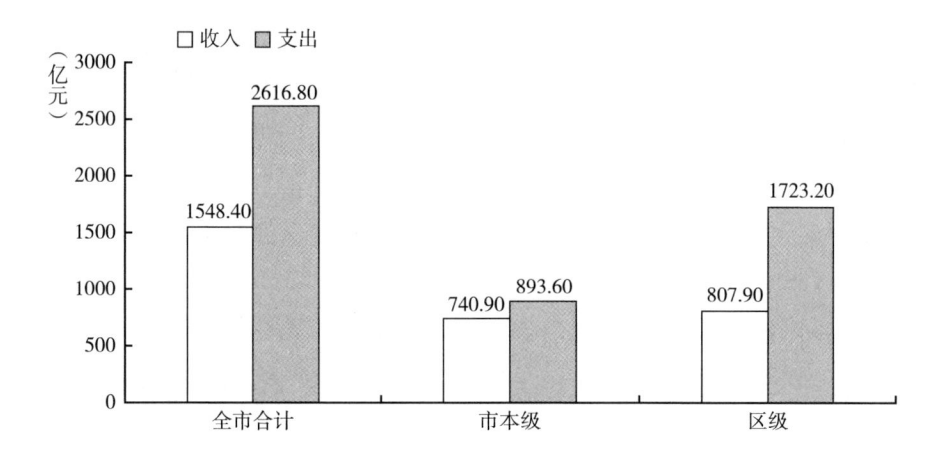

图 6　广州市 2020 年 1~11 月一般公共预算收支情况

**2. 金融存贷款较快增长**

截至 2020 年 12 月，广州市的金融机构本外币存贷款余额累计达到12.22 万亿元，同比增长 15.0 个百分点。其中金融机构本外币存款余额6.78 万亿元、贷款余额 5.44 万亿元，分别增长 14.7% 和 15.5%。其中企事业单位贷款增长 21.5%，中长期货币信贷保持两位数增长。

**3. 就业形势总体稳定**

2020 年，广州市的"稳就业"工作全面展开，取得了较好的成效。据统计，全市新增城镇就业 29.5 万人，完成年度任务的 147.5%，城镇登记失业率 2.53%。从具体行业来看，互联网新业态在稳定就业工作中发挥了积极作用，招收了大量应届毕业生和待就业人员，其中，互联网、软件和信息技术服务业期末从业人员同比增长3.6%。医药制造业、专用设备制造业等重点行业成为吸纳新增就业的主力，期末从业人员数同比分别增长4.9%和4.3%。

4. 社会民生项目加快建设

2020年，水利、环境和公共设施管理业投资同比增长25.7%，占固定资产投资比重为11.8%，占比同比提高1.4个百分点。教育业投资复苏明显，同比增长23.4%。卫生和社会工作业投资同比增长44.3%。科学研究和技术服务业投资同比增长78.9%，其中生物岛粤港澳大湾区协同创新中心项目、清华珠三角研究院粤港澳大湾区创新基地和大湾区科创走廊新光谱项目等新增重大项目拉动作用明显。

5. 民生福祉持续改善

全市城镇常住居民人均可支配收入68304元，增长5.0%；农村常住居民人均可支配收入31266元，增长8.3%，城乡居民收入增长快于经济增长。惠民政策持续发力，一般公共财政预算支出中，民生支出占比约七成，其中交通运输、卫生健康、农林水、社会保障和就业、住房保障支出同比分别增长32.6%、22.2%、19.1%、17.5%和11.9%，民生得到有力保障。

6. 城市吸引力不断增强

广州人才吸引力不断增强，截至11月底，广州认定高层次人才1207人，引进人才入户47425人，累计发放人才绿卡7428张。1~11月，全市人力资源服务业营业收入达556.53亿元，同比增长9.8%，发展规模居全省首位、全国前列。营商环境不断改善，2020年全市新登记各类市场主体55.27万户，同比增长24.9%。其中，企业42.21万户，增长31.4%。

## （七）先行指标表现较好

1. 市场价格总体平稳

2020年，全市居民消费价格指数（CPI）同比上涨2.6%，呈逐季下滑态势，分别比第一季度、上半年、前三季度回落1.5个、0.9个和0.5个百分点。涨幅较大的食品烟酒类同比上涨9.9%，受2019年非洲猪瘟疫情导致当年市场供给偏紧的翘尾影响，2020年全年猪肉价格继续上涨54.2%；衣着类、交通和通信类同比分别下降2.1%和4.6%。从当月情况看，11、12月两个月猪肉当月价格连续同比下降，分别下降7.8%和3.3%。全市工业生产者出厂价格指数（PPI）和购进价格指数（IPI）仍然下行，同比分别下降0.6%和4.8%，降幅比1~11月均收窄0.1个百分点。

2. 各行业稳步复苏

交通运输稳步恢复，邮政业务加快增长。2020年，全市货运量逐步恢复，同比下降4.9%，降幅比第一季度收窄14.6个百分点。其中公路货运量恢复较好，同比下降2.6%，水路、航空货运量同比分别下降6.8%和16.0%。广州港完成货物吞吐量下半年均保持正增长，同比增长1.5%，其中集装箱吞吐量连续5个月保持正增长，同比增长1.2%。全市客运量缓慢回补，同比下降34.4%，降幅逐季收窄。其中航空、铁路客运量降幅较大，同比分别下降38.2%和40.2%，白云机场旅客吞吐量下降40.4%，总体上降幅虽有收窄但恢复较慢。邮政业保持较快增长，邮政业务总量增长17.2%。

3. 全社会用电量逐步恢复

受新冠肺炎疫情影响，2020年全社会用电量同比下降0.9%，整体呈逐步恢复态势。从产业用电看，12月当月，第一、第二和第三产业用电量同比分别增长0.1%、4.7%和9.2%，延续了11月的三次产业用电全面增长态势。2020年，全市第一产业用电量同比增长2.1%，受新冠肺炎疫情影响相对较大的第二、第三产业用电量同比分别下降3.9%和1.3%。分行业看，工业用电量同比下降4.8%，制造业用电量自6月起连续7个月当月实现正增长，全年累计同比下降1.0%，其中化学原料和化学制品制造业（增长34.0%）、专用设备制造业（增长3.6%）、汽车制造业（增长2.6%）和计算机、通信和其他电子设备制造业（增长11.0%）等与三大支柱产业密切相关行业用电量均保持增长态势。

## 二 经济运行需关注的问题

虽然广州经济在疫情冲击中体现出较强的活力和韧性，在2020年下半年基本实现了全面复苏，但是仍然存在诸多挑战。工业增长缺乏牢固的基础，难以形成经济发展的持续拉动力，国内外贸易受疫情影响较大，要实现正增长依然面临较大压力。生活性服务业尚处于"挣扎"境地，消费需求虽有所增长，但是和疫情前相比还是存在较大差距。重点领域投资的滞后和不足，也从需求端抑制了广州经济的发展。

### （一）经济发展后劲蓄力不足

广州作为与我国北京、上海、深圳三大一线城市齐名的城市，这些年来表现似乎并不尽如人意，不仅一直排在这三城的后面，与这三城的差距也越来越大，同时受到重庆、苏州等城市的紧追不舍，经济"第四城"地位岌岌可危。2020年上半年，重庆市完成的GDP为11209.83亿元，同比实际增长0.8%，超过了广州的10968.29亿元。虽然凭借下半年的力挽狂澜，广州还是险胜了重庆，但是在增幅上依然落后，而且后面还有苏州的步步紧跟。广州和苏州均在数字经济领域发力，完备的产业体系为苏州发展数字经济提供了丰富的应用场景，苏州本身的信息产业也在技术层面提供了很好的基础和保障，在一定程度上与广州形成了并驾齐驱之势。从长远来看，广州缺少政策红利、没有多少转移支付，反而要承担省级乃至全国的财政贡献重任，在后续发展上面临的障碍更多。

### （二）工业增长基础仍不牢固

2020年全市规模以上工业增加值、总产值已实现正增长，支柱产业修复良好，医药纺织等部分行业产值较快增长，但35个工业行业中仍有过半行业产值下降，特别是皮革毛皮及其制品和制鞋业、纺织服装和服饰业、体育和娱乐用品制造业等传统行业降幅仍超两位数。1~11月规模以上工业企业主营业务收入仅增长0.6%，是近年来最低位，每百元资产实现的营业收入同比减少7.74元，应收账款平均回收期和产成品存货周转天数同比均增加，企业资金压力加大。此外，实体经济经营仍较困难。部分企业特别是中小微企业、个体工商户生产经营尚未完全恢复，商贸会展、文化旅游、住宿餐饮、交通运输等行业减收明显。创新资源优势尚未完全转化为技术和产业发展优势，新兴产业尚未形成强大支撑，缺少具有强大引领带动作用的头部企业。

### （三）国内外贸易恢复仍需加快

作为沿海城市，广州的国内外贸易发展在疫情中受到的冲击相对高于其他同类型城市。2020年，社会消费品零售总额增速仍处于负区间，同比下降3.5%，其中住宿和餐饮业下降超20%，回补缺口仍较大，进口的主要商品如电子设备、飞机、汽车、钻石珠宝等均出现较大幅度下降，拉低全市进出口7个百分点以上；1~11月广州市规模以上服务业实现营业收入同比仍下降2.1%。其中，包括信息传输、软件和信息技术服务业在内的营利性服务业全年恢复至正增长区间，实现营业收入同比增长2.2%。但租赁和商务服务业同比下降11.1%，文化体育和娱乐业则同比下降33.3%；大宗商品中的石油及制品类、汽车类零售额同比分别下降24.6%和3.4%，其中汽车类消费零售额当月增速比11月回落0.4个百分点，消费新增长点需加快培育；进出口降幅有所扩大，全年进口增速仍呈两位数下降；出口虽增长3.2%，但主要靠占比近3成的劳动密集型产品增长超20%带动，而高新技术产品出口则占比小（14.4%），仍处于负增长区间（-6.3%），出口产品结构有待优化。

### （四）生活性服务业尚未全面复苏

疫情的冲击对与民众生活关联性最大的生活性服务业整体影响较大，线下客流量的不足和线上订单的减少均对餐饮业、住宿业和零售业产生了直接的冲击，消费需求减少，消费频次降低，多数消费场所被迫歇业，消费端的不足导致服务业的供给端进一步锐减，整个行业发展规模缩减。广州属于消费之都，生活性服务业涉及面广，交通出行、商务服务、文体娱乐等封闭性、聚集性、接触性提供服务内容的生活性服务业受疫情冲击较大，复苏相对缓慢。2020年，交通运输行业的铁路、航空、公路客运量仍分别下降40.2%、38.2%和29.6%，旅游业总收入下降39.9%，行业回补缺口仍较大。1~11月，租赁和商务服务业、文化体育和娱乐业仍分别下降11.1%和33.3%，会议展览及相关服务业下降45.6%。疫情防控仍是一场持久战，服务业发展不稳定性不确定性依然存在。

### （五）重点领域投资有待增强

广州的投资依然集中在房地产和基础设施等领域，2020年，全市房地产业投资占全部投资的比重为43.3%，拉动固定资产投资增长5.2个百分点，成为拉动投资增长的主要动力；制造业、信息传输软件技术服务业投资同比分别下降2.8%和9.7%，高技术制造业和高技术服务业投资同比下降幅度超过两位数。房地产投资规模和增速持续高于生产性投资，不利于投资关键性作用的有效发挥。广州新基建投资虽较快增长，但总体规模偏小，全年实际完成投资额仅占全市固定投资总额的2.0%。

## 三 国内外经济形势

从国际环境来看，世界经济复苏仍然面临诸多不确定因素，各国宏观经济政策的不稳定和疫情控制的不确定性可能引发全球金融市场动荡，进而阻碍世界经济复苏的脚步。但是，多个国际组织和机构预测2021年世界经济将迎来较大幅度反弹，其中，国际货币基金组织（IMF）指出，综合当前各国经济发展形势和发展前景，2021年全球经济预计增长5.5%。在主要的经济体中，发达经济体经济预期温和增长，预计增长率可能达到4.3%；新兴和发展中经济体经济恢复不均衡态势进一步显现，但是将成为拉动全球经济增长的主要动力，预计增速为6.3%；亚洲新兴经济体经济复苏速度相对更快。但是，得益于中国对疫情的有效控制和经济的强劲恢复，其他组织预计

2021年全年经济增速将达8%左右，中国经济仍将是世界经济增长的重要引擎。中科院研究报告指出，在经历新冠肺炎疫情冲击经济下挫之后，2021年世界经济将在此前较低的基数上重启增长，预测2021年我国经济增长8.5%左右，将呈现前高后低趋势，第一季度为16.3%左右，第二、第三季度分别为7.3%和6.3%左右，第四季度为5.9%左右。

从国内环境来看，全国工业、出口、投资等主要指标实现增长，经济运行积极变化不断增多。12月，全国制造业采购经理指数（PMI）为51.9%，非制造业商务活动指数为55.7%，分别比上月回落0.2个和0.7个百分点，但自3月以来持续位于临界点以上。央行2020年第四季度企业家问卷调查报告显示，企业家宏观经济热度指数为34.4%，比上季度和上年同期分别提高6.7个和2.6个百分点。中国仍是全球经济增长的重要动力，经济复苏既存在有利因素，也面临世界经济持续衰退、全球疫情二次暴发等带来的极大不确定性。而国内经济发展中长期存在的结构性矛盾依然突出，PPI增长以及剪刀差的扩张，会对制造业形成压力。国内经济复苏存在显著的不平衡，投资缺乏持续恢复夯实基础，消费复苏也存在长期制约。但是总体来看，主要指标呈现恢复性增长，保持稳定复苏态势。

从广州发展来看，2020年广州疫情防控和经济发展取得阶段性成效，各行业恢复情况较好，尤其是下半年以来发展势头强劲，主要经济指标持续向好。如果这种势头得以延续巩固，2021年第一季度经济将迎来恢复性快速增长，全年经济增速将呈现"前高后低"特点。但也要看到，2021年广州也面临几大挑战：一是境外疫情形势依然严峻，国内外经济发展环境仍然较为复杂。二是国内外经济双循环面临多重堵点，经济对外依存度接近50%，受国际形势不稳定不确定性影响较大，消费需求仍需发力，投资中房地产开发投资占主导，内生动力仍显不足。三是新旧动能转换进入攻关阶段，新动能增长快速但规模还处于成长期，对经济增长的支柱作用仍需时间。四是实体经济经营仍较困难。部分企业特别是中小微企业、个体工商户生产经营尚未完全恢复，商贸会展、文化旅游、住宿餐饮、交通运输等行业减收明显。

## 四 2021年广州经济发展展望与对策建议

2021年，广州将聚焦打造新发展阶段高质量发展典范，以"双区"建设、"双城"联动为战略引领，持之以恒实施"1+1+4"工作举措，着力做强城市更新、人工智能与数字经济"双引擎"。

### （一）巩固暖企服务效果，发挥重点企业支撑作用

继续加大暖企政策2.0版"真金白银"为企业减负促生产的力度，全面落实和兑现暖企20条，进一步巩固暖企服务成效。精准做好惠企工作，首要任务是摸清摸透企业实情，通过靠前协调，解决企业困难，稳定企业发展信心。详细了解复工复产政策贯彻落实情况和企业生产经营状况，实地帮助企业解决疫情防控和复工复产中遇到的困难问题。对重点企业做好跟踪服务，及时了解企业经营状况及诉求，并给予及时跟进、协调和解决。同时，要加大建设智慧数据平台力度，畅通企业诉求反馈渠道。对增长较好的企业要促使其乘势而上，稳定经营；对降幅仍较明显的企业，继续落实好中央和省市各项纾困惠企政策，加大对受疫情影响较大行业和企业的帮扶力度，推动企业经营好转，确保重点企业起到更大的拉动支撑作用。

从全年重点企业的增长情况看，受石油制品、金属材料等大宗商品批发销售企业收入降幅仍较大的影响，占比53.5%的批发零售业百强企业销售额仅增长0.4%，明显低于行业平均增速（7.6%）；受疫情影响较深，占比60.4%的住宿餐饮业百强企业营业额仍下降14.4%。因此，广州要全力支持重点企业的发展，进一步营造良好发展环境。全面落实各项扶持和惠企政策，精准服务、分类施策。同时，要着重提供精准政务服务，加大"放管服"改革力度，最大限度缩短审批时限、提高办事效率；营造良好的环境和氛围，为企业复工复产，刺激恢复性、补偿性消费营造更好的社会氛围。各重点企业一定要肩负起主力军的使命，切实增强应对危机、加快发展的责任感和紧迫感，做到优势企业多增产，一般企业保正常生产，劣势企业少减产。

## （二）供需双侧改革并重，加快构建新发展格局

一是充分扩大内需、稳定外贸基本盘，助推全市双循环相互促进、健康发展，建立起扩大内需的有效制度，从三个层面来加强需求侧管理。首先，继续保持居民消费"量"的增长。除了保障传统门店消费，积极推进线上消费量的增长，通过各种线上平台，增加教育、医疗、展会、旅游等服务性消费的供给，进一步规范物流快递的发展，在各类节庆日，例如"6·18"购物节等，保障激增式消费的运输。其次，继续加大居民消费"质"的提升。除基本生活支出外，消费的转型升级也成为扩大内需的重要手段和途径。为满足居民消费的多样化、个性化和品质化需求，广州要加大优质产品的供给，同时不断开发新业态新模式，加快多类型物流发展，创造消费新的增长点和循环动力。最后，继续保障居民消费"面"的扩大。多举措保障私人消费领域不降级，同时拓展公共消费领域空间，将短期政策和中长期消费振兴政策结合起来，促进消费潜力的持续释放。

二是挖掘消费新增长点，释放网络消费新动能。积极响应中央号召，把扩大消费同改善人民生活品质结合起来，以新消费引领新供给，以新供给创造新需求，推动消费和供给之间形成良性循环，实现产业结构和需求结构在更高层次上新的动态平衡。加大"定制之都"的建设，鼓励企业"触电"上网，做实广州"直播电商之都"之名，加强与电商平台对接，开展直播带货，提升网络营销能力，推动消费多元化，弥补疫情造成的损失。以时尚经济、首店经济、品牌经济、甜蜜经济带动消费增长。作为时尚商的产地，广州有足够的资本发展时尚经济，重点在于打造出类似于"完美日记"的崭新的、可持续发展的广州品牌；以TOM FORD、YSL等国际高端品牌的全球首店落户为契机，继续加大商业模式的创新，推动形成商圈的新消费增长点；以文化旅游+婚庆为核心，依托于已有的婚庆制造业产业园区以及婚博会等成熟平台，全力打造一个集婚姻登记服务、家庭辅导服务、婚庆婚礼服务、新婚度假服务、婚俗文化研究、婚姻家庭文化宣传于一体的广州（中国）婚姻服务创新综合平台。

三是稳定与广州经济关联度高的国际产业链和供应链。坚持市场多元化，保持对东盟及共建"一带一路"国家和地区出口较快增长，巩固已有的优势，提升纺织服装、美妆日化、皮革皮具、珠宝首饰、食品饮料等优势产业的国际领先地位，同时持续在新能源新材料等产业领域锻造"杀手锏"技术，密切我国与东盟国家产业链的依存关系；进一步加大高附加值出口产品比重，特别是提高广州出口具有优势的集成电路和汽车零部件等高质量、高技术、高附加值产品的比重。在关系国家安全的领域和节点构建自主可控、安全可靠的国内生产供应体系，增强国际竞争力，加紧攻关"扼脖子"技术，在关键时刻可以做到自我循环，形成对外方人为断供的强有力反制和威慑能力，确保在极端情况下经济正常运转。

### （三）多措并举，促进生活性服务行业加快恢复

一是多措并举，持续发力，提速恢复交通运输、仓储物流、文化旅游、会展服务等行业。支持旅游、会展等传统优势产业发展，继续加强和拓展旅游相关城市功能，同时，要继续打"广州特色"牌，凸显广式生活，既有高大上的 CBD，又有烟火气的市井，集多元素于一体，构建多风味的广州形象。政府要积极引导和营造良好的发展氛围，同时加大疫情防控力度，不掉以轻心，在现有政策的基础上继续推出促进文化、旅游和体育等产业发展的配套措施，一方面继续巩固现有的会展、跨境电商和旅游业发展基础，另一方面加大拓展和开发新的旅游产品，寻找行业发展新的突破点。通过旅游和会展的逐步复苏发展，力促交通运输、商务服务、文体娱乐业等生活性服务业进一步回暖。

二是通过继续促进互联网+产业、省内游、市内游、文化旅游产业线下转线上发展等寻求出行消费旅游行业复苏之策。优化电子消费券发放方式，更多投向餐饮、住宿、文化旅游等行业，支持景区门票减免。同时，可以借鉴其他城市的成功经验，例如杭州城市大脑文化旅游系统推出"20秒景点入园""30秒酒店入住"等服务场景，对文化旅游资源和产品进行数字化、网络化、智能化开发和应用，通过提高文化旅游产品的供给质量和效率，大

力打造"爆款商品",有效促进旅游消费。要创新资源观与产品观,持续拓展文化旅游维度,加大5G、AI、VR、AR等技术的渗透,创新智慧文化旅游体验。大力培育重点产业互联网平台,积极培育发展新旅游模式,探索发展"宅生活"服务模式、"在线医疗"服务模式、"在线教育"服务模式,提升商务活动线上服务能力。在当前双循环新发展格局下,广州还可以打造出品牌顶级消费类展会,刺激消费,带动体育业、娱乐业、会展业、旅行社及相关服务行业回暖,进一步激活交通运输业和旅游业发展。

三是在加强防控的基础上,推进各类精尖产品、高端服务的小型展、专业展、巡回展等线下展览,加快恢复以广交会为代表的传统商贸会展业,并不断拓展和引进新型会展业,利用其强大的产业辐射能力,带动全市经济加快恢复。深入落实《广州市关于促进会展业高质量发展的若干措施(暂行)》,除了从传统的硬件设施和服务上予以支持,更多的要结合当前发展实际,将云计算、大数据、5G等技术融入会展发展和场馆的升级改造,并不断引导展览向品牌化和专业化发展,打造线上线下融合的标杆。巩固和加强在网上展品展示、直播营销、供采对接、线上洽谈、知识产权保护、网络安全保障等方面探索出的会展业线上发展的新模式,精心培育和打造品牌展览,特别是围绕广州将来重点发展的产业,集中优势打造世界一流的品牌展。

### (四)积极扩大有效投资,厚植高质量发展基础

一是聚焦关键领域和薄弱环节,避免力量过于分散,加强新基建、新技术、新材料、新装备、新产品、新业态建设,以高端高质项目引领转型升级。例如,汽车产业一直以来是广州的优势产业,但是在新的科技时代,也面临着数字化、智能化、网联化等转型升级的挑战。因此,广州要利用自己的优势产业,形成一种系统性的创新能力,在推进创新数量的同时,解决高质量发展的问题,站在更高的平台和事业上,面向全国、面向全球,抢占科技制高点。类似的,在生物医药领域,广州要加大系统性创新和关键环节的突破,加大技术攻关,进一步巩固和增强已有的优势。同时,广州要通过互

联网的赋能，通过技术的创新，利用新技术、新业态、新模式，实现服务业、纺织业和化妆品等传统优势产业的"完美蜕变"。

二是强化制造业投资项目要素保障。深入解读和全面落实广东省人民政府印发的《广东省加快先进制造业项目投资建设若干政策措施》，深化金融供给侧结构性改革，疏通货币政策传导机制，增加制造业中长期融资。定期梳理重点领域和重大项目融资需求清单，对该类型项目予以重点考察和风险管控，积极争取地方金融监督管理局和其他金融机构的资金支持，加大中长期贷款的投放力度，以保障项目有序开展。由传统制造向先进制造、智能制造转型，加快推进5G等领域的项目建设，继续加大传统制造业的"互联网＋"、"智能＋"。作为基础设施类项目的主要生产要素，土地不足严重制约了制造业投资项目的发展，由于现有土地存量很少，在老城区基本没有，近年来制造业主要集中在南沙。老城区用地规划不足，集约化程度不高，因此要防止南沙也陷入"粗放土地"圈，要进一步优化发展空间，合理布局制造业项目，以保障产业用地的合理化。

三是加强项目谋划储备，按照有利于推动高质量发展的要求，用好财政预算内投资、政府专项债券和政策性金融。引导金融机构增加对制造业的中长期融资，加大对制造业研发创新、设备更新、并购贷款投放力度。引导银行业金融机构制造业中长期贷款增速同比多增。鼓励各类型金融机构通过多种方式切实解决制造业企业资金不足等问题，适当扩大信贷规模以保障资金供应。充分发挥地方政府债券的促进和拉动作用，实行有侧重有目标的清单化管理，避免"一刀切"的情况，根据项目发展的需要，实现债权资金向重大项目和重点项目倾斜，积极推进在建和短期内开工项目的进度，以早日实现资金回笼和再利用。同时积极筹划建立债券项目储备库，加大前期资金的储备，以备不时之需，形成"储备—开工—建设—投产"的链条式互动发展格局。此外，对于重大的基础类项目和工程类项目，也要积极撬动民间资本的参与，实现多层次的阶梯式资金支持。

# 行业发展篇

Industry Development

## B.2
## 2020年广州市规模以上服务业运行分析

广州市统计局服务业处课题组*

摘　要： 2020年，受新冠肺炎疫情的影响，广州市规模以上服务业多个行业经营遭受到较大冲击，年初营业收入出现两位数下降。随着疫情防控取得良好成效和经济有序恢复，全市服务业稳步复苏，经营态势持续向好，经济活跃度进一步提升。互联网软件、科学研究和技术服务业等新产业保持平稳较快增长，引领广州服务业高质量发展。本文还针对疫情防控常态化下广州市服务业反映出的发展困境，提出促进广州市规模以上服务业健康、持续、高质量发展的对策建议。

关键词： 服务业　经济运行　广州

---

\* 课题组成员：刘钰，广州市统计局服务业处处长；莫广礼，广州市统计局服务业处副处长；李嘉惠，广州市统计局服务业处四级主任科员。执笔人：李嘉惠。

# 一 服务业全面复苏，主要指标稳步回升

2020年，广州市规模以上服务业（以下称"规上服务业"）共实现营业收入13533.70亿元，同比下降1.4%，分别比前三季度、上半年和一季度收窄2.9个、6.6个和13.5个百分点，呈稳定回升态势，营业收入当月增速自9月起回正，12月当月同比增长3.3%；营利性服务业①合计实现营业收入7538.70亿元，同比增长2.4%，自9月转正以来增速持续上扬，12月当月增长3.7%，连续7个月保持当月正增长（见图1）。

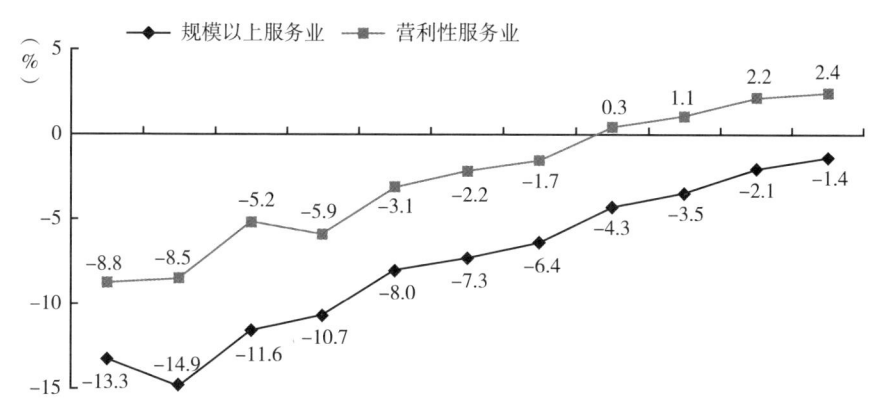

图1 2020年广州市规上服务业、营利性服务业营业收入增速趋势

## （一）行业增长面过半，主要行业持续回暖

2020年，10个服务业行业门类中，信息传输、软件和信息技术服务业营业收入突破4000亿元，房地产业突破1000亿元，行业规模有新突破。从

---

① 营利性服务业包括互联网和相关服务、软件和信息技术服务业两个行业大类，以及租赁和商务服务业，科学研究和技术服务业，居民服务、修理和其他服务业，文化、体育和娱乐业四个行业门类。

增速看,10个行业相比一季度均有明显回暖,其中有4个行业累计营业收入同比实现增长;32个行业大类中,有19个行业累计营业收入同比实现增长,行业增长面为59.4%。

分行业看,有几个行业表现尤为突出:一是信息传输、软件和信息技术服务业在互联网和相关服务、软件和信息技术服务业两个新动能的拉动下表现抢眼,同比增长11.7%,连续7个月保持两位数增长。二是科学研究和技术服务业低开高走,全年累计同比增长9.4%,比一季度增速高19.9个百分点。三是交通运输、仓储和邮政业逐步回暖,航空、铁路、公路和水路等运输行业逐步复苏,客运量和货运量降幅逐步收窄,多式联运和运输代理业在国内外防疫物资需求带动下,营业收入迎来大幅增长,同比增长32.4%,邮政业增长19.0%,增势稳定。四是租赁和商务服务业,文化、体育和娱乐业持续回暖,营业收入增速比一季度分别回升10.2个和13.5个百分点。

表1 2020年广州市规上服务业各行业增长情况

| 行业 | 营业收入(亿元) | 同比增速(%) | 12月当月增速(%) | 比1~9月增减(百分点) | 比1~6月增减(百分点) | 比1~3月增减(百分点) |
| --- | --- | --- | --- | --- | --- | --- |
| 规上服务业 | 13533.70 | -1.4 | 3.3 | 2.9 | 6.6 | 13.5 |
| #营利性服务业 | 7538.70 | 2.4 | 3.7 | 2.1 | 5.5 | 11.2 |
| 1. 交通运输、仓储和邮政业 | 4047.15 | -9.6 | -1.9 | 3.8 | 8.5 | 16.0 |
| 2. 信息传输、软件和信息技术服务业 | 4030.81 | 11.7 | 4.2 | -0.3 | 0.1 | 6.9 |
| 3. 房地产业(不含房地产开发经营) | 1016.43 | 3.8 | 17.9 | 3.7 | 5.8 | 11.4 |
| 4. 租赁和商务服务业 | 2311.71 | -9.3 | 6.3 | 3.3 | 8.4 | 10.2 |
| 5. 科学研究和技术服务业 | 1391.07 | 9.4 | 7.9 | 3.1 | 10.2 | 19.9 |
| 6. 水利、环境和公共设施管理业 | 147.92 | 6.3 | 0.7 | -6.0 | -4.7 | 19.0 |
| 7. 居民服务、修理和其他服务业 | 108.36 | -1.6 | -6.5 | 1.6 | 5.1 | 7.2 |
| 8. 教育 | 139.19 | -5.4 | -9.7 | 2.4 | 4.9 | 7.3 |
| 9. 卫生和社会工作 | 128.63 | -2.4 | 11.2 | 5.6 | 14.3 | 24.1 |
| 10. 文化、体育和娱乐业 | 212.44 | -32.5 | -27.4 | 6.9 | 13.7 | 13.5 |

## （二）新动能持续拉动，新业态新模式助力复苏

2020年，广州市规上服务业得以持续复苏，新业态、新模式服务业行业的拉动作用显著。高技术服务业相关行业合计实现营业收入5517.69亿元，同比增长11.1%，拉动规上服务业增长4.0个百分点，其中电子商务服务和检验检测服务分别增长25.1%和22.7%。在双循环新发展格局背景下，现代物流业①展现出巨大发展潜力，本年现代物流业实现营业收入1404.95亿元，同比增长16.3%，高于交通运输、仓储和邮政业25.9个百分点。八大新兴产业②中，除文化数字创意产业外，其余七大新兴产业均实现增长，其中人工智能产业和新一代信息技术产业均实现两位数增长，同比分别增长12.4%和11.1%。

## （三）疫情负面影响逐渐消退，区域增速波动回升

2020年，广州市11个行政区域中，天河区、越秀区、黄埔区、海珠区和白云区等5个区实现营业收入超千亿元，其中天河区突破4000亿元。增速方面，7个区营业收入同比实现正增长，黄埔区、南沙区在道路、水上运输业以及软件业等行业带动下实现两位数增长。增长较快的海珠区、黄埔区、南沙区和从化区相比1~9月增速略有回落，主要是由于前期区域龙头企业快速增长带动，第四季度基数增加使增速高位回落；增速下降的四个区域均比1~9月有明显恢复，白云区受航空运输业的影响仍有较大幅度的下降。

从营利性服务业看，花都区、白云区、越秀区、荔湾区和增城区等5个区因商务服务业占比较大，企业受疫情冲击影响较深，累计增速依然低位运行，但同时增速回升显著；其余各区呈平稳增长态势，显示出营利性服务业整体发展趋势良好，各区域增速波动回升。

---

① 本文中现代物流业按照广东省统计局现代服务业产业分类中的现代物流业43个行业小类进行统计，不含餐饮配送、外卖送餐服务。
② 本文中八大新兴产业系广州市新兴产业分类标准，仅包含规上服务业部分。

表2  2020年广州市规上服务业营业收入分区增长情况

| 地区 | 规上服务业 1~12月营业收入（亿元） | 同比增速（%） | 比1~9月增减（百分点） | 其中:营利性服务业 1~12月营业收入（亿元） | 同比增速（%） | 比1~9月增减（百分点） |
|---|---|---|---|---|---|---|
| 广州市 | 13533.70 | -1.4 | 2.9 | 7538.70 | 2.4 | 2.1 |
| 荔湾区 | 311.65 | -4.1 | 4.8 | 241.70 | -5.4 | 4.3 |
| 越秀区 | 2353.00 | -9.6 | 4.9 | 1136.06 | -10.6 | 5.7 |
| 海珠区 | 1368.03 | 9.4 | -0.5 | 887.09 | 13.2 | 0.0 |
| 天河区 | 4427.23 | 3.5 | 1.8 | 2896.04 | 4.2 | 1.9 |
| 白云区 | 1332.00 | -29.6 | 4.7 | 302.26 | -12.5 | 6.8 |
| 黄埔区 | 1506.02 | 17.8 | -1.3 | 810.63 | 11.1 | -2.2 |
| 番禺区 | 896.86 | 1.1 | 2.8 | 696.16 | 2.6 | 1.8 |
| 花都区 | 247.29 | 2.9 | 5.7 | 73.16 | -24.8 | 8.1 |
| 南沙区 | 921.23 | 13.2 | -2.0 | 419.04 | 21.5 | -17.5 |
| 从化区 | 68.69 | 9.1 | -0.4 | 26.07 | 3.5 | -0.6 |
| 增城区 | 101.69 | -0.9 | 6.5 | 50.50 | -3.6 | 9.7 |

## （四）百强企业稳定拉动，小微企业经营良好

2020年，广州市规上服务业营业收入前100强企业实现营业收入5755.70亿元，占全市10656家规上服务业企业营业收入的42.5%；同比下降1.0%，降幅比前三季度收窄2.3个百分点，比规上服务业增速高0.4个百分点。营利性服务业中，百强企业实现营业收入3048.91亿元，占全市营利性服务业的40.4%，同比增长17.5%，拉动营利性服务业增长6.2个百分点，显示出百强企业对全市服务业的强劲支撑作用。

2020年全市规上服务业中共有7933家小微企业，占比逾七成，合计实现营业收入4329.54亿元，同比增长2.4%，继10月增速转正后持续提升，比一季度和上半年分别提高13.8个和4.3个百分点；利润总额同比下降8.2%，降幅比全市规上服务业企业小9.8个百分点。可见随着广州市出台一系列中小企业"六稳""六保"相关扶持政策，阶段性降低中小企业用工、租金、税费、社保等运营成本，小微企业迅速展现出较强的恢复能力与经营活力。

## （五）整体盈利情况向好，行业盈利面近八成

2020年，广州市规上服务业实现利润总额1280.76亿元，同比下降18.0%，降幅比前三季度大幅收窄16.1个百分点。10个行业门类中，有8个行业实现盈利，5个行业利润总额实现正增长；32个行业大类中，除铁路、航空运输业、体育业、娱乐业等受疫情影响较大的行业外，有25个行业大类实现盈利，行业盈利面近八成，利润总额实现增长的行业有12个，其中研究和试验发展、卫生行业、科技推广和应用服务业利润总额实现翻倍增长。全市10656家规上服务业企业中，近七成企业实现盈利。

## （六）用工人数稳定增长，人力资源服务需求旺盛

2020年，广州市规上服务业企业期末用工人数220.39万人，同比增长6.2%，企业就业劳动力稳定增长。其中，从事人力资源服务的企业期末用工人数35.55万人，同比大幅增长62.7%，显示人力资源专业培训服务和优化人力配置的需求旺盛。据2020年四季度生产经营景气状况问卷调查结果，有86.9%的服务业企业用工需求较三季度上升或基本持平，其中卫生和社会工作，房地产业（不含房地产开发经营），科学研究和技术服务业，水利、环境和公共设施管理业用工需求最为旺盛，用工需求上升或持平的企业均超九成。表明随着广州市经济稳步复苏增长，各行业对从业人员需求继续增加。

## （七）企业数量居重点城市前三，产业结构影响增速

与北京、上海、深圳、杭州、天津、重庆6个重点城市相比，在企业数量上，2020年，广州市规上服务业企业达到10656家，位列第三，仅次于北京（17813家）、上海（14518家）；在营业收入规模上，总量次于北京、上海、深圳和杭州，主要是广州的总部经济发展与北京、上海差距较大，租赁和商务服务业规模不到北京、上海的1/4，在互联网和相关服务、软件和信息技术服务业的规模上，广州与深圳、杭州有一定差距，缺少如腾讯、阿

里千亿元级营收规模的龙头企业引领；在增长速度上，广州由于产业结构中交通运输业、商务服务业、文化体育等传统性服务业占比较大，且受疫情影响较深，恢复较慢，增速仅高于天津，而北京、上海、深圳、杭州、重庆等城市因多式联运和运输代理业、互联网和相关服务、软件和信息技术服务业等规模大、增速高的行业拉动，实现较好的增长；在户均营业收入上，广州户均营业收入1.27亿元，仅为户均营业收入居首位的杭州（3.42亿元）的37.1%，在6个主要城市中排名最后。

总体来说，广州企业数量虽已破万，但由于多式联运和运输代理业、总部企业、互联网软件业等行业龙头企业少，产业规模与其他重点城市仍存在差距，总量、增速均有劣势，疫情下难以实现多头拉动，行业结构有待进一步优化。

表3　2020年规上服务业重点城市对比

| 地区 | 企业数（个） | 营业收入（亿元） | 同比增速（%） | 营业利润（亿元） | 同比增速（%） |
| --- | --- | --- | --- | --- | --- |
| 北京 | 17813 | 44345.50 | -0.5 | 7485.04 | -10.7 |
| 上海 | 14518 | 34653.14 | 1.1 | 2924.67 | -5.2 |
| 广州 | 10656 | 13533.70 | -1.4 | 1233.50 | -16.7 |
| 深圳 | 8763 | 14937.72 | 5.9 | 2944.60 | 3.3 |
| 杭州 | 4170 | 14263.39 | 12.7 | 2650.08 | 13.0 |
| 天津 | 4076 | 7221.96 | -7.3 | 425.68 | 14.6 |
| 重庆 | 3455 | 4458.38 | 5.4 | 389.65 | 11.2 |

## 二　广州市规上服务业发展需关注的问题

### （一）疫情防控常态化下，部分行业需寻求新出路

2020年，互联网软件业、科学研究和技术服务业在疫情防控常态化下拓宽发展道路，实现平稳增长，但同时交通出行、消费旅游行业受挫明显，

相比疫情发生前行业营业收入总量、增速均有下降。2021年初，部分省市疫情存在反复，春节假期倡议就地过年，对铁路、航空等交通运输行业以及旅行社等消费旅游业将继续造成影响。疫情防控常态化下，市民的出行、娱乐、消费习惯将发生改变，部分行业需结合新兴业态发展，探索数字化转型道路，寻求新的增长点。

### （二）互联网软件业户均规模偏小，相比京沪深杭有差距

2020年，广州市互联网软件业等线上经济发展迅速，是规上服务业加速回暖的主要动力。2020年中国互联网协会发布的中国互联网综合实力百家企业中，网易、唯品会、华多等7家集团企业上榜，企业数量位列前茅。但在规上互联网软件企业全年营业收入户均值方面，广州户均值为1.85亿元，低于杭州（10.16亿元）、北京（4.67亿元）、上海（3.59亿元）、深圳（3.00亿元）；全市1898家企业中，逾八成营业收入在户均值以下，显示广州市规上互联网软件业仍以小企业为主，龙头企业法人体量与京沪深杭也有差距。互联网软件业的健康稳定发展是实现高质量发展的重要基础，需要继续加强企业调研和政策引导，制定一企一策，扶持本地互联网软件企业发展壮大。

### （三）逆势增长行业体量小，难以助力多头拉动

得益于复工复产企业需求以及国外防疫物资需求的逐步提升，多式联运和运输代理业发展迎来新的机遇，1~12月同比增速达到了32.4%，自2020年3月营业收入增速转正后一直保持逐月上升态势，拉动规上服务业增长1.3个百分点。广州地理优势明显，铁路、公路、水路、航空货物运输业发达，多式联运和运输代理业有天然的地理优势和优越的产业基础，但在行业规模上，相比北京、上海、深圳仍有较明显的差距；龙头企业方面，京邦达、华南中远海运集装箱两家合计占整个行业营业收入的1/4，其余企业户均营业收入与龙头企业相差上百倍。与其他优势行业相比，多式联运和运输代理业行业规模小，龙头企业少，未能充分发挥广州优势，难以在多个行业多头拉动方面发挥助力作用。

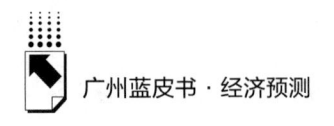

## 三 推动广州市规上服务业发展的对策建议

### （一）以试验区建设为引领，推动"实体+数字"创新发展

依托数字化的电子商务、在线教育、游戏等数字经济在本次疫情下表现出色，展现出较好的发展势头。数字经济对疫后的经济复苏、消费迭代、产业升级、服务业与制造业融合发展等也显示出积极的影响。在疫情防控常态化下，广州市要以广州人工智能与数字经济试验区建设为牵引，加快人工智能与数字经济、省实验室等创新平台的建设，充分发挥广州在人工智能的科教资源、基础设施、应用场景等方面优势，建立完善高水平研发体系，聚焦高端制造、医疗健康、汽车交通等重点领域，进一步加强技术集成与融合应用，提升广州产业的智能化水平和国际竞争力；出台疫情防控常态化下对生活性服务业企业的指导示范意见，加快推动生活性服务业数字化转型，实现"实体+数字"创新发展。

### （二）加快制造业与服务业深度融合，推动全产业链健康发展

产业的分工深化和融合互动是服务业高质量发展的重要路径，生产性服务业发展情况与制造业的转型升级和创新发展密切相关。在后疫情时期，应大力推进生产性服务业结构性改革，助力推动制造业产业升级发展。一是加快推动广州服务业细分行业的要素优化配置水平，增加生产性服务业的有效供给能力，瞄准高质量发展要求深入推进广州生产性服务业的供给侧结构性改革，稳步提高生产性服务业在经济结构中的比重；二是构建生产性服务业产业竞争优势，着力提高广州市生产性服务业供给质量，在加快培育新行业、新业态的同时，加快谋划发展物联网、人工智能、精准医疗等未来产业，加快生产性服务业向高端化、品质化、集约化转型升级，进一步优化广州市服务业结构；三是加强生产性服务业创新人才的培养和集聚，打造人才高地，吸引高技术人才来广州落户。

### （三）优化完善现代综合运输体系，推动构建新发展格局

流通体系在国民经济发展中发挥着基础性作用，建设现代综合运输体系是畅通现代流通体系、构建双循环新发展格局的基础环节和重要依托。要充分发挥政府作用，发挥广州地理和产业基础优势，加快建设完善现代综合运输体系与综合运输通道布局，构建形成统一开放交通运输市场，不断提升广州的高铁货运和国际航空货运能力，加快形成内外联通与安全高效的现代物流网络；着力引入多式联运和运输代理领军企业，引导提升多式联运"一体化"、"一单制"服务水平，提高交通运输效率和资源利用率，建设现代综合运输枢纽。

### （四）紧抓双循环发展机遇，全面促进服务贸易发展

随着技术不断升级、数字化提速、改革开放持续推进，在国内大循环为主体、国内国际双循环相互促进的新发展格局下，服务经济已成为世界各国拉动经济增长的新动力、扩大国际贸易的新引擎、促进国际合作的新热点，是各国产品、技术、服务更好融入全球产业链价值链的更好渠道。要充分把握服务贸易发展趋势，促进服务贸易智能化、数字化、网络化，依托服贸会等平台，持续推进服务业扩大开放，大力发展广州市服务经济；扶持服务贸易重点企业，助力企业获取业务发展新动能，促进广州新兴服务进出口贸易"向外生长"，向世界亮出服务贸易"广州名片"。

# B.3 广州市火电行业"十二五"以来能效水平变化及"十四五"发展战略机遇展望

广州市统计局能源处课题组*

**摘　要：** 本文结合近十年来广州市火电行业能效水平变化及与全国和广东省火电行业主要能效指标对比情况，分析了广州市火电行业现状和存在的问题。以国家"保粮食能源安全"、"加快形成以国内大循环为主体、国内国际双循环相互促进的新发展格局"大政方针为能源发展提供战略机遇的视角，从提高电力生产能力、保守住电力供应安全底线，提高电力行业竞争力和电力利用效率等方面提出了"十四五"时期广州电力行业发展的对策建议，以构建清洁低碳、安全高效、开放融合的现代能源体系，为广州实现老城市新活力和"四个出新出彩"提供强有力的支撑。

**关键词：** 广州市　火力发电量　能效水平　"十四五"

"十二五"以来，广州市认真贯彻落实国家能源发展战略，深入推进节能减排工作，真抓实干，通过在火电行业上大压小、淘汰关停落后发电机组，

---

* 课题组负责人：沈妙芬，广州市统计局原二级巡视员。课题组成员：吴燕，广州市统计局能源处一级调研员；杨智勇，广州市统计局能源处一级主任科员；李凯，广州市统计局能源处二级主任科员。执笔人：杨智勇。

严格执行脱硫脱硝降尘等环保政策要求，采取技术手段深挖节能降耗潜力等措施，十年来，广州市火电行业实现了能效水平稳步提升、温室气体排放强度和主要大气污染物排放总量逐渐下降的显著成效。但与全国和全省相比，广州市火电行业能效水平仍存在差距，火电行业发电量对全社会用电量的供给作用也日显不足，在党中央、国务院将"保粮食能源安全"列入重要工作议程，提出"加快形成以国内大循环为主体、国内国际双循环相互促进的新发展格局"强国战略之际，只有抓住"十四五"的战略机遇，奋起直追，才能提高广州电力企业能效水平和企业竞争力，加强广州市的能源和电力供应安全保障，为广州经济高质量发展和开启"第二个百年"新征程保驾护航。

## 一 "十二五"以来广州火电行业[①]发展趋势及特点

"十二五"以来，广州市在国家深入推进节能减排大背景下，通过上大压小、淘汰落后燃煤机组、大力开展燃煤电厂"超洁净排放"改造、深入推进节能技术升级和提升经营管理水平等措施，火电行业呈现企业地区分布更加集中，结构更加优化，能效水平显著提高，天然气发电规模不断增大的发展趋势。

### （一）从企业数量和发电量看，企业数量持平，多数企业发电量下降

截至2020年底，广州共有火电企业13家，其中燃煤发电企业7家，燃气发电企业6家。"十二五"以来，广州火电企业新增6家（含分拆1家），关停6家，发电企业数量与2010年持平。

从火电企业区域分布看，"十二五"以来，随着位于荔湾区的广州市西环电力实业有限公司和广州发电厂有限公司落后燃煤机组根据节能减排和环境治理工作需要分别于2011年和2018年关停，中心城区无火电企业。2020年全市13家火力发电企业主要分布在工业大区黄埔区（5家）和南沙区（5家）（见图1）。

---

[①] 统计口径为规模以上工业中火力发电和热电联产两个行业中有电力生产的企业。

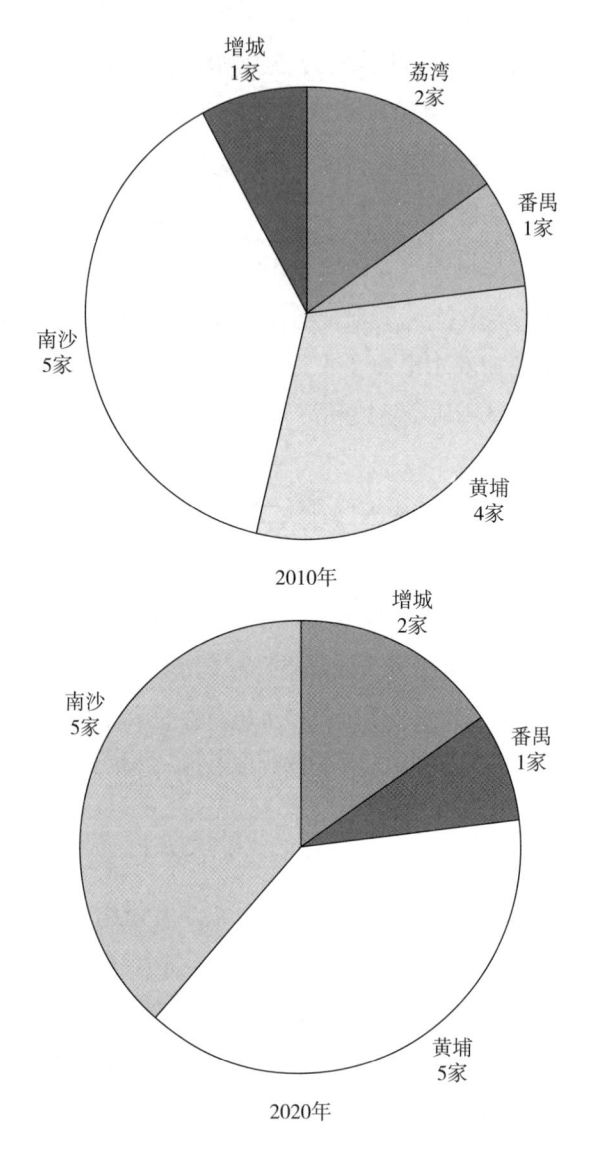

图1 2010年和2020年广州市火电行业企业分布情况

从发电量看，2020年全市火电行业发电量285.48亿千瓦时，较2010年下降5.7%。其中，黄埔区和南沙区火电企业发电量占火电行业发电量的比重仍保持在八成以上（见图2）。2010年的13家火电企业中有7家发电机组仍在运营，7家企业2020年发电量合计较2010年下降30.3%，其中5家燃煤发电企业发电量全部下降，2家燃气发电企业发电量增长。

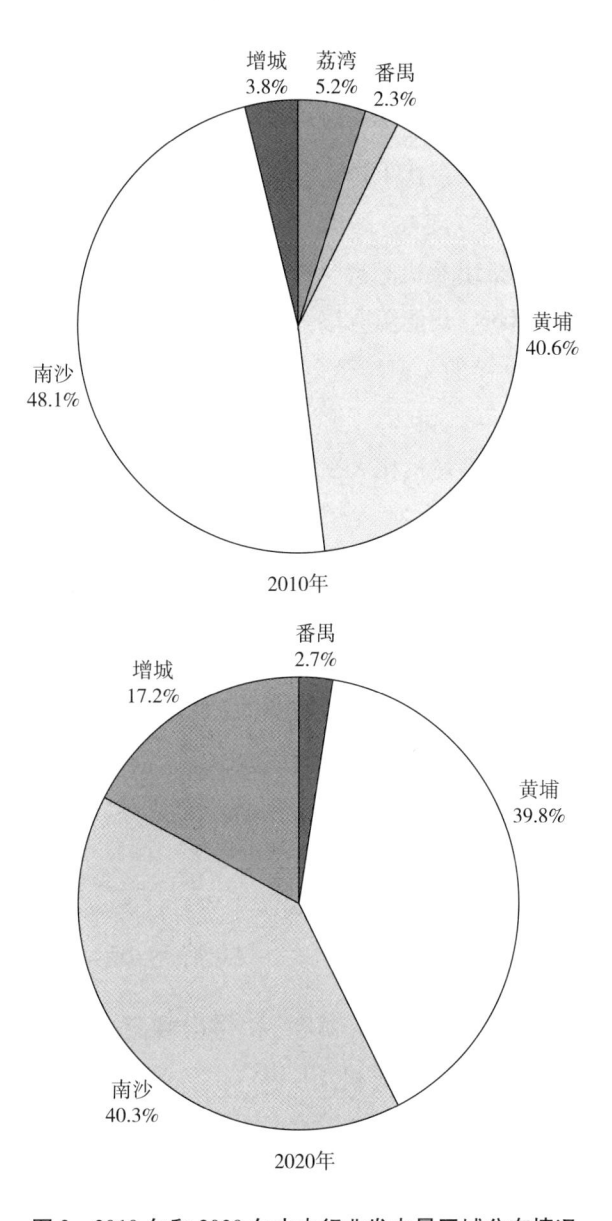

图2 2010年和2020年火电行业发电量区域分布情况

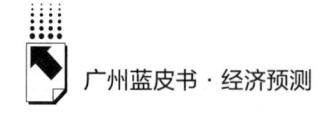

## （二）从装机容量和发电量结构看，燃气机组装机容量占比大幅提升，燃煤机组发电量仍超六成

"十二五"以来，广州新建和投产了广州协鑫蓝天燃气热电有限公司以及鳌头、知识城等分布式能源站项目，优化了广州的电力生产结构，有效推进了全市煤炭消费减量替代工作。

从装机容量看，2020年底，全市13家火电企业机组装机总容量732万千瓦，占广州市地方机组装机总容量的八成。随着2020年广东粤华发电有限责任公司和华电福新广州能源有限公司两家企业4台大型燃气机组投产，燃气发电企业由2010年的2家增至2020年的6家，装机容量由2010年的94万千瓦增至2020年的356万千瓦，占火电行业装机总容量的比重达到48.6%，燃气机组装机容量占比大幅提升。

从发电量结构看，2020年，全市火电行业发电量285.48亿千瓦时，占全市发电量（不含抽水蓄能发电）的84.2%，占全社会用电量的比重不足三成（28.6%）。其中燃气发电96.57亿千瓦时，较2010年增长2.0倍；占火电行业发电量的比重由2010年的10.7%增至2020年的33.8%，提高23.1个百分点。2020年燃煤发电量达188.91亿千瓦时，占火电行业发电量的66.2%，仍是广州火力发电的主力。

"十三五"期间天然气机组的陆续投产，为近年来煤炭消费减量替代工作有序开展奠定了基础。2020年全市火电行业发电量285.48亿千瓦时，较2015年增长12.2%，而火电行业煤炭消费量则由2015年的1144.53万吨，减少至2020年的961.25万吨，在发电量保持增长的同时，煤炭消费实现减量183.28万吨。

## （三）从能效水平看，发电煤耗[1]和供电煤耗[2]持续稳步下降，燃气机组能效水平显著高于燃煤机组

"十二五"以来，火电行业落后燃煤机组的淘汰和更新、新增燃气机

---

[1] 发电煤耗＝100×发电耗用标准煤量(吨标准煤)/火力发电量(万千瓦时)
[2] 供电煤耗＝100×发电耗用标准煤量(吨标准煤)/电厂供电量(万千瓦时)

组的投产及企业技术升级改造带动企业能效水平不断提升。

从发电煤耗和供电煤耗看,"十二五"以来二者均呈现持续稳步下降趋势(见图3)。2020年全市平均发电煤耗和供电煤耗分别为280克标准煤/千瓦时和294克标准煤/千瓦时,分别比2010年降低34克标准煤/千瓦时和42克标准煤/千瓦时。

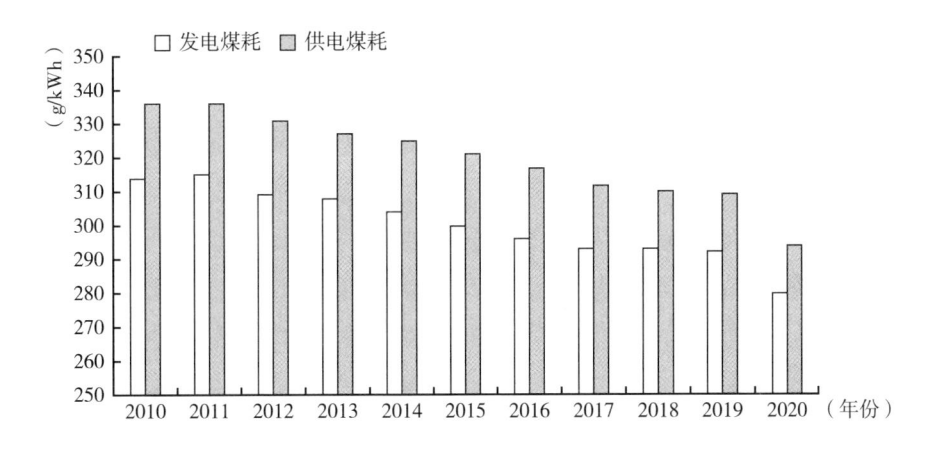

**图3 2010~2020年广州市火电行业能耗水平变化**

从厂用电率[①]看,"十二五"以来,随着环境保护要求的不断提高,企业新增脱硫脱硝降尘设备运行,以及发电小时数下降和机组启停次数增加带来企业厂用电增加,平均厂用电率呈现波动。总体上呈现"十二五"时期处于6%以上高位运行,"十三五"以来逐步降低至2020年5.0%的态势(见图4)。

分机组类型看,2020年燃气机组在平均发电煤耗、平均供电煤耗、加工转换效率和厂用电率4个能效指标上均显著优于燃煤机组。因此,探究全市火电行业平均发电和供电煤耗的下降原因,一方面是由于机组能效水平提高,另一方面则是由于燃气机组发电量占比提升带动全市平均发电煤耗和供电煤耗下降。

---

① 厂用电率即发电厂用电量与发电量的比值。

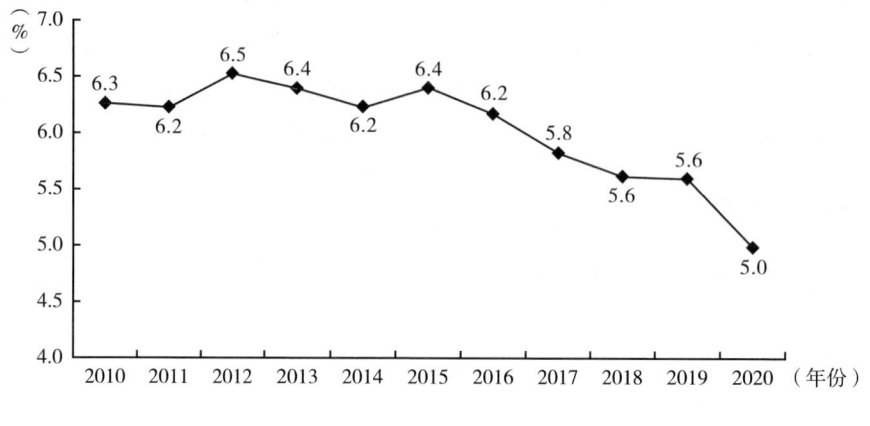

图 4  2010~2020年广州火电行业平均厂用电率变化

## （四）从装机类型看，热电联产企业增多，供热量提高带动加工转换效率的提升

"十二五"以来，特别是党的十八大以来随着生态文明建设的深入推进，广州市关停了大量高能耗高排放燃煤、燃油小锅炉，更多地采用集中供热的生产模式。同时在经济发展过程中对热力需求不断增长影响下，火电行业机组由以往的单一发电模式逐渐向热电联产模式转变。

"十二五"以来，广州在火电行业企业数量不变情况下，供热企业由2010年的5家增至2020年的10家，热力产量由2010年的831.38万百万千焦增至2020年的2016.25万百万千焦，增长1.4倍。热电联产企业占比提高和供热量的增加带来火电行业加工转换效率的提升。

从供热效率看，全市火电行业平均供热效率由2010年的77.7%提升至"十三五"以来88%以上的高水平，同期全市火电行业平均发电效率由2010年的39.1%提高至2020年的44.1%。供热效率明显高于同期火电行业火力发电效率40%左右的水平，供热量的提高带来了企业加工转换总效率提升。2020年火电行业总效率为48.1%，较2010年提高8.2个百分点（见图5）。

广州市火电行业"十二五"以来能效水平变化及"十四五"发展战略机遇展望

图5 2010~2020年广州火电行业加工转换效率变动情况

## 二 火电行业能效指标与全省和全国平均水平对比

### （一）从绝对值看，广州供电煤耗低于全省和全国水平

1. 广州平均供电煤耗高于全省和全国平均值

从供电煤耗看，广州长期高于全省和全国平均值。2019年，广州市供电煤耗309克标准煤/千瓦时，比全省平均水平高出10克标准煤/千瓦时，能效水平低于全省水平（见图6）。与全国相比，广州供电煤耗比全国平均值高出3克标准煤/千瓦时。

2. 广州平均厂用电率高于全省，低于全国平均值

从厂用电率看，广州火电行业厂用电率高于全省平均值，但低于全国平均值。2019年广州市厂用电率为5.6%，较全省4.9%的平均值高出0.7个百分点。但与全国相比，2019年广州厂用电率低于全国平均值（6.0%）0.4个百分点。广州厂用电率高于全省平均值一方面是由于广州发电机组装机规模偏小造成能效水平不高，另一方面是由于广州作为国家中心城市环保要求更为严格，企业为严格落实脱硫脱硝降尘等要求新增运行设备增加了厂用电量，导致厂用电率偏高，且长期处于较高位运行。

041

图 6  2010～2019 年广州平均供电煤耗与全省和全国对比

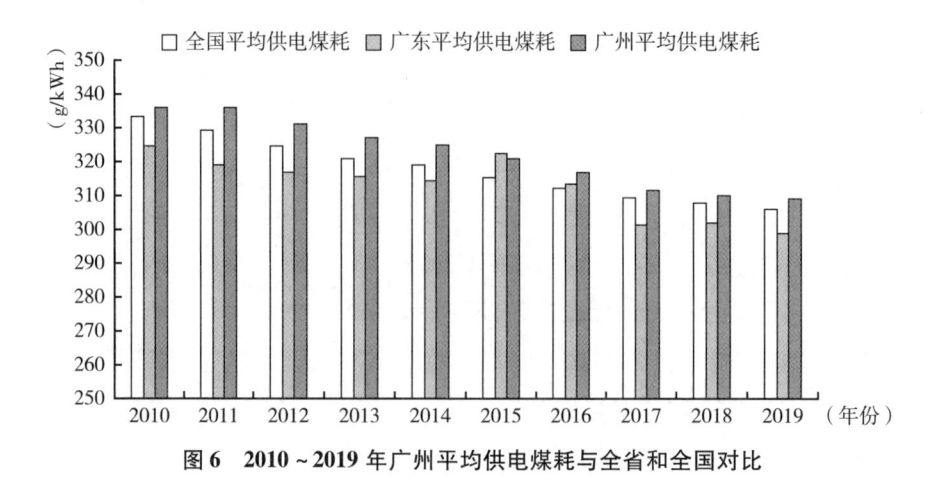

## （二）从变动趋势看，广州供电煤耗指标与全省及全国降幅趋同，厂用电率指标差距拉大

1. 广州平均供电煤耗降幅与全省和全国基本相当

从平均供电煤耗看，2019 年广州平均供电煤耗较 2010 年减少 27 克标准煤/千瓦时，与同期全省平均供电煤耗减少 26 克标准煤/千瓦时基本相当，与同期全国平均供电煤耗减少 27 克标准煤/千瓦时相同。

2. 从厂用电率看，广州平均厂用电率与全省平均值差距扩大，"十三五"以来对全国优势扩大

从厂用电率看，"十二五"以来广州厂用电率呈现出波动性，广州平均厂用电率多数年份高于全省平均值，且差值呈扩大趋势，平均厂用电率由 2010 年高出全省 0.3 个百分点扩大到 2019 年高出全省 0.7 个百分点。与全国相比，广州平均厂用电率 2010 年与全国平均值持平（6.3%），"十三五"以来对全国平均厂用电率的优势逐步扩大，2019 年优于全国平均值 0.4 个百分点。

## （三）对标国内先进火电机组，广州 30 万千瓦级机组能效水平偏低

从 30 万千瓦级机组能效水平看，中电联 2019 年度全国电力行业火电行业

能效水平对标活动结果显示，30万千瓦级优胜级机组（排名前20）名单广东和广州均无上榜企业，表明广州30万千瓦级机组整体能效水平不高。

从60万千瓦级和100万千瓦级机组能效水平看，2018年度国内最先进的华能莱芜100万千瓦级超超临界机组发电效率超过48%，供电煤耗达到266克标准煤/千瓦时的高水平；先进的60万千瓦级超超临界机组供电煤耗也达到了267克标准煤/千瓦时的水平。与之相比，广州市主要燃煤机组仍为30万千瓦级，2018年火电行业平均供电煤耗（310克标准煤/千瓦时）与之均有较大差距。

## 三 火电行业企业发展战略机遇及存在的主要问题

当前，国家经济发展战略变化和能源革命给广州火电行业发展带来战略机遇。2020年，面对新冠肺炎疫情对我国经济带来的冲击和造成的前所未有的影响，党中央、国务院在"六稳"的基础上提出"六保"，将"保粮食能源安全"纳入"六保"中，7月召开的中共中央政治局会议上，党中央立足国际国内两个大局、中华民族伟大复兴战略全局和世界百年未有之大变局，深刻认识国际国内各种不利因素的长期性、复杂性，做出了要"加快形成以国内大循环为主体、国内国际双循环相互促进的新发展格局"的战略选择和强国战略。广州作为能源输入型城市只有紧紧抓住当前这一重要战略机遇，融入能源革命浪潮中，才能为在全面建设社会主义现代化国家新征程上勇立潮头提供保障。目前，广州市火电行业存在诸多问题和短板，亟须解决。

### （一）火电行业单机装机容量不高，火力发电效率与全省和全国存在差距

对于火电企业来说，机组能效水平决定性因素是机组参数。此外，机组负荷率[①]、机组启停次数、脱硫脱硝工艺及企业节能管理水平等也对能效水

---

① 负荷率即发电机组实际发出的电量除以发电机组实际应有发电量（能力）的比值。

平产生影响。通常来说，发电机组单机装机容量大对应机组参数、采用的尾气处理方式等更为先进，能效水平更高。机组负荷率降低，锅炉运行效率降低、汽轮机热耗率增大、厂用电率增加，发电煤耗增加。启停次数增加会带来额外的能源消耗，大气污染物排放标准的提高也会导致脱硫脱硝设备能耗增加制约机组能效水平。

截至2020年底，全市火电行业共有在服役发电机组26台，其中燃煤机组14台，燃气机组12台，平均装机容量28万千瓦。其中，燃煤机组中装机容量最大的为12台30万千瓦级机组。而中电联发布的中国电力行业年度报告显示，截至2018年底，60万千瓦级以上火电机组容量占比达到44.7%，其中100万千瓦级的火电机组达到113台。

从机组服役时间看，广州燃煤机组平均服役年限约12年，其中服役最早的截至2020年底已28年，最新服役的机组截至2020年底也超过8年。

广州火电行业机组单机装机容量不高，部分机组服役时间长、设备老化；电力以西电东送为主及大部分发电机组由省网统一调度导致机组负荷率不高，部分机组启停次数较多影响效率；火电厂为满足大气污染物排放高标准要求，脱硫脱硝设备增多带来能耗增加，以上多重因素叠加影响，目前，广州火电行业能效水平较全国和全省平均水平处于劣势。

### （二）节能技改边际成本增加，能效水平提升空间有限

"十二五"以来，在政府政策鼓励和资金支持下，广州市火力发电企业投入了大量资金进行技术改造，促进了企业能效水平的提升，主要污染物排放量也显著减少，生产清洁化程度明显提高。当前，广州火电机组运行设备许多进入老化期，设备能效水平逐步下降，前期能够产生效益的节能技术改造企业已基本完成，企业进一步通过技术改造提高能效水平边际成本不断增加，主动意愿不强，甚至为满足脱硫脱硝降尘等环保要求进行技术改造后面临投入增加能效水平出现下降的情况，企业能效水平提升空间有限。

## （三）电力体制改革下企业生产经营面临压力加大

目前，广东省正在深入开展电力体制改革，对火电企业的生产经营形成新的挑战。在生产端，13家火电企业中11家企业的机组开机时间和机组负荷率由省电网调度，导致发电机组无法处于经济负荷运行状态；供应端，随着售电侧改革的推进，企业在电力交易中心采用现货竞价交易的电量比重不断增加，电力供应的相对过剩导致竞争加剧，电厂议价能力下降。同时在近年来国家深入推进降税减费、切实减轻企业用电费用的政策下，企业上网电量电价不断降低，导致企业发电业务生产效益呈不断下降的态势。特别是对于天然气发电企业，发电成本显著高于煤电，在发电补贴下降的情况下，如无法通过较低的长期协议气价锁定发电成本，企业将面临发电亏损的状况。面对经营压力，目前多数企业除发电业务外，均在积极开拓新客户，扩大供热、供冷业务，增加企业收入来源。

## （四）本地机组发电量对全市电力需求的支撑能力不足

近年来，随着广州能源消费逐步向清洁化、低碳化转变，电力作为主要能源品种消费量增速明显快于煤炭和石油，随着智能化、电气化、自动化程度的不断提高，这一趋势将加大，使得能源消费的需求增长点主要集中在电力，但广州市火电行业发电量与全社会用电量相比支撑能力明显不足。

2020年，全市发电量占全社会用电量的比重仅约1/3，其中火电行业发电量占全社会用电量的比重更是不足三成（见图7）。"十二五"以来，在全社会用电量增长59.2%的情况下，作为广州市电力生产主力的火电发电量较2010年下降5.7%，火电行业发电量占全社会用电量的比重由2010年的48.4%降低为2020年的28.6%，对全市电力需求的支撑能力呈不断下降趋势，加大了对外区电力输入的依赖，西部省份及省内其他地区电力需求快速增长带来广州电力供应不足风险。

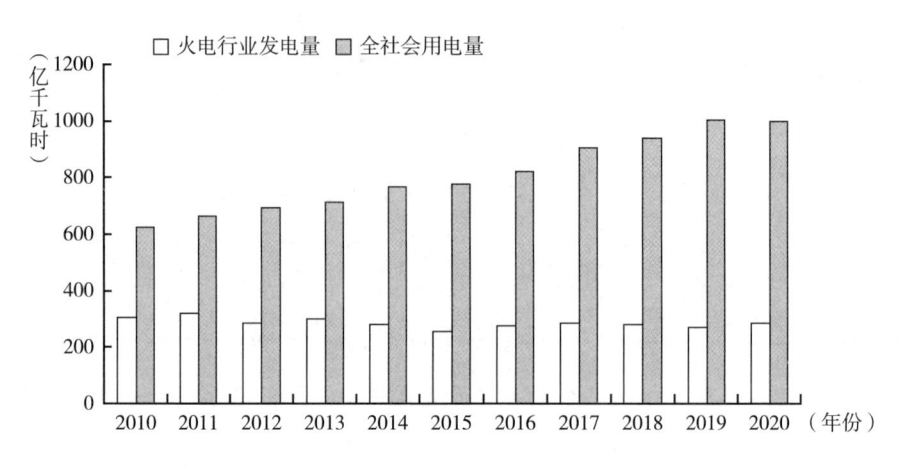

图7　2010~2020年火电行业发电量与全社会用电量

## 四　广州市"十四五"电力行业发展展望与建议

"十四五"是我国开启全面建设社会主义现代化国家新征程的新起点，也是我国"两个一百年"奋斗目标历史交汇和承上启下的时期，广州市的能源电力行业发展要充分结合国情市情，充分发挥广州的区位优势，积极融入国家能源发展战略和粤港澳大湾区区域能源规划，补短板、强弱项、固优势，着力构建清洁低碳、安全高效、开放融合的现代能源体系，为广州实现老城市新活力和"四个出新出彩"提供强有力的支撑。

### （一）以提高电力生产能力为抓手，守住电力供应安全底线

1.坚持立足国内、面向国际的能源发展战略

广州市作为资源匮乏性城市，能源对外依存度高，在能源生产供应上要积极响应"加快形成以国内大循环为主体、国内国际双循环相互促进的新发展格局"。在电力生产上一是要充分立足国内煤炭储量丰富、供应充足这一基本国情和广州作为港口型城市航运发达的优势，重新审视"十三五"以来为达到减排和环保要求大力度实施煤炭消费减量政策，导致燃煤机组发

电受限的状况,在煤炭的清洁高效利用上下功夫,争取国家的政策支持,保持煤炭消费量在合理的规模,守住全市电力供应安全底线。二是要充分利用当前能源价格低位运行、天然气供应相对宽松的有利时机,充分发挥区位优势,利用国内国际两个市场,构建多元化气源竞争格局,为广州燃气机组提供稳定可靠的气源。

2. 有序推进落后机组退役更新,优化火电机组结构

目前,广州市火电机组多数面临单机装机容量不大、服役时间长的问题,在当前电力供应市场总体过剩情况下,企业发电煤耗不具备优势导致发电上网排序靠后及不能在经济的负荷区间运行,给企业生产经营带来困难。"十四五"期间要有序推进落后机组的退役更新步伐,对于装机容量低、能效水平不高的机组及早安排退役。对于服役期满的机组要早规划,适当超前更新建设大型、清洁、高效燃煤机组和燃气调峰机组,优化本地火电机组结构和区域布局,提高本地火电企业竞争力。同时也要充分发挥分布式能源站的优点,采取大型主力发电机组和小型分布式能源站相结合的模式合理配置发电机组。加快大型燃气机组规划建设步伐,以提高燃气机组装机容量和发电量为抓手提高全市电力供应和调峰能力。在重点地区发展光伏、天然气、生物质能等分布式能源,缓解电网"非正常"电力供应压力和满足用户的多元化需求。

## (二)以提高能效水平为抓手,提升电力行业竞争力

1. 进一步推进集中供热,提高火电企业热电比[①]

火力发电企业的能效水平与发电机组热电比密切相关,企业一方面将加大热电联产力度,提高热电比作为提高能效水平的手段,另一方面也将增大供热量,开拓热力用户作为上网电价不断下降情况下增加收入的重要应对措施。近年来,广州火电行业供热量在2017年达到2767万百万千焦后出现明显回落,2018年和2019年分别仅有2200万百万千焦的水平,2020年进一

---

① 热电比即热电厂供热量和供电量(换算成热量)的比值

步降低至2000万百万千焦的水平。热力需求不足，热电比不高，成为制约企业能效水平的重要因素。

提高企业热电比，一是政府相关部门要加快淘汰和关停落后小锅炉的步伐，进一步推进集中供热；二是政府有关部门要在制定产业规划和招商引资过程中优化产业布局，减少热力供应端和需求端距离；三是热电联产企业积极开拓热力需求客户，有条件的火电企业可以通过电、热、冷三联供的方式提高企业能效水平和经济效益。

2. 加强储能项目建设，提高机组能效水平

近年来，随着电力市场供应能力过剩、需求增长缓慢和新能源发电并网后生产和供应不太稳定等，火电机组存在调峰频繁、调峰幅度大等影响机组能效水平的问题。目前作为"充电宝"的储能设施正涉足调峰市场，成为提高机组能效水平，增强电网稳定性，提高配电系统利用效率解决方案之一，"十四五"期间储能项目将迎来发展良机。广州市在"十四五"时期的储能项目建设上一是要在电厂侧进一步推广储能调频系统，通过电网低峰时储能、高峰时放电输送来提高机组能效；二是要在电网侧建设储能电厂，融合传统站、储能站、数据中心站、电动汽车充换电站、通信卫星站、分布式能源站等多重功能为一体的综合性变电站，减少火电机组调峰，增强电网稳定性；三是在用户侧这一我国储能市场最活跃，企业进入门槛低、市场开放程度高的领域，推广储能项目建设，达到对电网的削峰平谷和取得稳定经济效益的目的。

## （三）以"智能电网"建设为抓手，提高电力利用效率

1. 加强电力终端消费侧管理，应对电力需求持续增长趋势

"十二五"以来，面对大气污染严峻形势，国家将电能替代作为推动能源消费革命，促进能源清洁化发展的抓手，电力消费呈现快速增长，电能占终端能源消费比重不断提高。"十三五"期间，广州市电力消费年均增长5.0%，电力占全市终端能源消费的比重在"十三五"末期达到五成。

"十四五"时期，随着社会电气化、自动化、智能化水平的不断提高，

电力仍将成为主要能源品种中增速最快的能源品种。电力规划设计总院2020年7月发布的《中国能源发展报告2019》指出，根据目前经济运行总体态势和国家下半年宏观调控政策，初步预判2020年全社会用电量增速在0~2.8%，未来3年全社会用电量恢复至中速增长。实际上，2020年全国和广东省用电量受疫情影响仍然实现了3.1%和3.4%的增长，经济发展对电力需求远超预期。电力消费持续增长一方面要加强电力终端消费侧管理，提高电力利用效率、抑制经济社会发展中不合理电力需求，另一方面也凸显加快"智能电网"建设，提高电力输配能力的迫切性。

2. 推动能源革命和数字革命深度融合

随着"大云物移智"①等现代信息通信技术在能源电力行业的广泛应用，能源革命和数字革命融合发展成为新一轮能源变革的重要趋势。智能电网将凭借具备更高的安全稳定运行水平、高度智能化的电网调度、电网资产高效利用和全寿命周期管理、电力用户与电网之间的便捷互动、发挥电网基础设施的增值服务潜力、促进电网相关装备制造和通信信息产业的快速发展等方面优势，引领电力行业发展。

## （四）加快新能源和可再生能源开发利用，大力发展新能源装备制造业

1. 加快分布式光伏发电项目和生物质发电项目建设，积极推动氢能开发利用

新能源和可再生能源开发利用深度和广度不断扩大，是当前能源革命的重要特征。"十四五"时期，在新能源的开发利用方面要牢牢立足市情，一是全力促进分布式光伏发电项目快速发展，扩大新能源开发利用规模，加快生物质能发电项目的建设速度，增强处理城市生活垃圾的能力，促进本地电源结构多样化，实现经济效益和生态效益双丰收。二是紧跟当前新能源开发利用的亮点，按照广州市《氢能产业发展规划》做好氢能的开发利用，在

---

① 大数据、云计算、物联网、移动互联和人工智能。

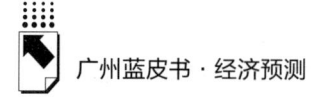

重点领域将氢能作为电能的重要补充，抢占氢能开发利用制高点。同时结合南海"可燃冰"储量丰富，试采成功的机遇和广州紧靠南海的区位优势，积极跟进和推动可燃冰的开发利用，为可燃冰的商业化应用创造条件。

2. 大力发展新能源装备制造业，实现产业协调发展

装备制造业是为国民经济各行业提供技术装备的基础性、战略性产业，是衡量综合经济实力和科技水平的标志性产业。无论是传统能源行业优化升级还是新能源开发利用都离不开装备制造业的支撑，特别是新能源微电网、能源物联网、"互联网＋智慧"能源等新业态新模式对"智能制造"提出了更高的要求。广州市在经济发展中要将新能源装备制造业打造成为带动产业升级的新增长点。充分利用大湾区的科技优势，以太阳能、生物质能、氢能、可燃冰等清洁能源为主攻方向，大力发展新型清洁能源装备制造业，实现新能源开发利用与能源装备制造齐头并进，协调发展。

# B.4 广州种业发展与管理模式探索研究*

广州市农村发展研究中心课题组**

摘　要： 广州是广东省重要种源生产和供应基地，种业发展基础扎实、门类齐全，在科技研发、国际开放合作等方面有较大优势。本文在对现代农业、科技创新、市场环境等发展趋势进行判断的基础上，从深化机制、优化环境、建设育种体系、推动产业化等方面提出广州种业发展与管理模式的创新建议。

关键词： 广州种业　产业发展　管理模式　国际化

现代种业是指运用现代科学技术和经营管理模式从事品种选育、种子生产经营和管理等活动的产业，是现代农业的核心组成部分。广州是我国种业发展起步较早的地区之一，但是受各种因素制约，优势的特色种质资源和较高的科技研发能力亟待更好地转化为经济价值，种业发展与城市功能定位契合度不高，市场竞争力不强，与建设国际种业中心的目标定位还存在差距。

## 一　广州种业发展现状与问题分析

广州种业发展基础扎实、门类齐全、科研能力较强，是广东省重要种源

---

\* 本课题为广州市农村发展研究中心委托研究课题。
\*\* 课题组主要成员：李启华，广州市国际工程咨询有限公司高级经济师，主要研究方向为农业经济；侯兵，广州市国际工程咨询有限公司；赵崇熙，广州市国际工程咨询有限公司；胡晓军，广州市国际工程咨询有限公司。

生产和供应基地。"十三五"以来广州市种子、种苗销售收入持续高速增长，2018年达到19.73亿元，是2015年的2.7倍，三年平均增长率达到39.5%。

## （一）广州种业发展特点

**1. 拥有丰富的生物种质资源，公益性种业研发优势突出**

广州生物种质资源丰富多样，是广东省现存活体种质资源及标本规模较大、系统最为完整的地区之一，建成一批国家级和省级生物种质资源数据平台，种业研发实现从常规育种向现代育种技术转变，生物技术应用领域已从大田作物扩展到蔬菜、花卉、林果等多种类，农业生物技术产业链基本形成；建成了一批科技创新和成果转化服务平台，推动种业科技创新体系完善，资源配置优化，促进成果转化共享，种业实现提速发展。

**2. 以国际种业中心建设为引领，加快完善种业政策体系**

"十三五"以来，广州市委市政府作出了"打造广州国际种业中心，建设种业小镇"的决策部署，先后出台了《广州市农业经济发展第十三个五年规划》《广州国际种业中心建设规划（2016~2025年）》《广州国际种业中心建设三年行动计划（2017~2019年）》《关于加快广州国际种业中心建设的若干意见》等规划，有力推动了广州种业快速发展。2018年广州市还设立种业领域的政府引导基金——广州市种业发展基金，规模1亿元，致力于种业及相关产业领域投资。

**3. 商品化育种基础良好，种业开放合作不断深化**

广州市种业产业化经营势头良好，建设了一批相对集中的科研、加工及仓储基地，初步形成了省内种业集聚中心和华南地区重要种子集散地。2018年全市出售农业种子种苗、畜禽种苗、水产鱼苗收入21.65亿元，比2017年增长18.6%。广州海关是我国蔬菜种子进出口额最大的口岸。广州已连续举办17届广东种业博览会、17届广州蔬菜品种春秋季展示会等各类种业展会，广州种业展会已经发展成为中国种业贸易和研发推广的风向标。

表1 2019年广州市种业企业省级名牌产品名单

| 序号 | 生产企业 | 产品名称 | 有效期 | 辖区 |
| --- | --- | --- | --- | --- |
| 1 | 广东省金稻种业有限公司 | 泰丰优208 | 2016~2019年 | 天河区 |
| 2 | 广东省金稻种业有限公司 | 天优3618 | 2016~2019年 | 天河区 |
| 3 | 广东省金稻种业有限公司 | 天优122 | 2016~2019年 | 天河区 |
| 4 | 广东省金稻种业有限公司 | 五优308 | 2017~2020年 | 天河区 |
| 5 | 广东省金稻种业有限公司 | 广8优165 | 2017~2020年 | 天河区 |
| 6 | 广东省金稻种业有限公司 | 泰丰优55 | 2017~2020年 | 天河区 |
| 7 | 广州市番禺区农业科学研究所 | 奥尼罗非鱼苗 | 2016~2019年 | 番禺区 |
| 8 | 广东海兴农集团有限公司 | 南美白对虾苗 | 2016~2019年 | 番禺区 |
| 9 | 广州市金洋水产养殖有限公司 | 笋壳鱼苗 | 2018~2021年 | 番禺区 |
| 10 | 广州力智农业有限公司 | 杜洛克种猪 | 2016~2019年 | 黄埔区 |
| 11 | 广州市先步农业科技有限公司 | 鳄龟苗种 | 2016~2019年 | 从化区 |

资料来源：广州市农业农村局《广州市获广东省名牌产品（农业类）一览表（2019年1月更新）》。

4.种业管理体制日趋完善，种业市场秩序保持稳定

广州作为全省的种子集散地，管理任务量大，监管难度大。2010年广州市专门设立了以分管种植业的农业局副局长为组长的种子执法领导小组；2016年广州市依托市农业局设立种业发展办公室；2018年成立广州市农业农村局并设立种业管理处。2017年3月，广州市农业局牵头组织发起成立广州种业联盟（2018年4月更名为"广州国际种业联盟"），截至2019年10月底会员达到304家，其中广州市内165家，占54.3%。广州市还成立了广州种业智库和广州种业学院等种业发展平台。2018年广州市农作物种子质量检验中心正式获批种子检验机构资质，成为全省两家农作物种子质量检验机构之一。

## （二）广州种业发展存在的主要问题

1.种业总体规模偏小，产业链尚不健全

包括广州在内的广东种业总体规模在全国31个省区市中处于中下游水平，2017年7种重要农作物种子市值为18.63亿元，约占全国的2.12%，主要集中在杂交水稻领域（约12.03亿元），仅为排名第一河南省78.26亿

元的23.8%，与2017年我国种子销售收入排名第一的袁隆平农业高科技公司26.50亿元的销售额相比，仅为70.3%。这表明广州本地种子市场总体规模较小，在全省及全国种子市场份额中占比较小。此外，广州市种业产业链尚不健全，上游品种创新和品种选育有一定基础，但是中游种子生产和种子加工实力较弱，杂交水稻等主要农作物制种面积及产量均缺乏优势，下游种子推广和销售基础也较为薄弱。

表2 2011~2018年广州市种子、种苗销售收入及全国农作物种子市值比较

| 年份 | 2011 | 2012 | 2013 | 2014 | 2015 | 2016 | 2017 | 2018 |
|---|---|---|---|---|---|---|---|---|
| 广州种子种苗销售收入(亿元) | 10.9 | 11.4 | 8.69 | 8.44 | 7.27 | 8.27 | 10.84 | 19.73 |
| 全国农作物种子市值(亿元) | 990 | 1038 | 1113 | 1149 | 1170 | 1229.61 | 1222.12 | — |
| 广州占比(%) | 1.10 | 1.10 | 0.78 | 0.73 | 0.62 | 0.67 | 0.89 | — |

资料来源：广州市种子、种苗销售收入数据来源于广州市统计年鉴，全国农作物种子市值数据来源于《2018年中国种业发展报告》。

表3 2018年广州市潜在种子市场需求情况与广东省、全国比较

| 类别 | 广州市 | 广东省 | 全国 | 广州占广东比重(%) | 广州占全国比重(%) | 广东占全国比重(%) |
|---|---|---|---|---|---|---|
| 农作物总播种面积(万亩) | 317 | 6419 | 248854 | 4.94 | 0.13 | 2.58 |
| 其中：粮食作物(万亩) | 39 | 3227 | 175557 | 1.21 | 0.02 | 1.84 |
| 其中：经济作物及其他作物(万亩) | 277 | 3192 | 73296 | 8.68 | 0.38 | 4.35 |
| 能繁殖的母猪(万头) | 3.62 | 217.98 | 2973.14 | 1.66 | 0.12 | 7.33 |
| 猪年底头数(万头) | 31.13 | 2024.26 | 42817.11 | 1.54 | 0.07 | 4.73 |
| 水产养殖面积(万亩) | 37 | 718 | 10784 | 5.15 | 0.34 | 6.66 |
| 其中：海水养殖(万亩) | 7 | 248 | 3065 | 2.82 | 0.23 | 8.09 |
| 其中：淡水养殖(万亩) | 30 | 470 | 7720 | 6.38 | 0.39 | 6.09 |
| 农林牧渔业总产值(亿元) | 417 | 6318 | 113580 | 6.60 | 0.37 | 5.56 |

资料来源：2019年广州市、广东省及中国统计年鉴，中国能繁殖的母猪数据来源于农业农村部统计数据，中国水产养殖面积数据来源于2018年全国渔业经济统计公报。

2. 种业经营主体实力偏弱，缺乏大型龙头企业

根据广州市农业农村局不完全统计，截至2019年10月，广州市拥

有各类生产经营许可证的种子企业（机构）95家，没有注册资本亿元以上企业（机构），而深圳拥有2家注册资本亿元以上种子企业。中国种业大数据平台最新数据显示，广州市各类种子生产经营企业（机构）数量规模在全省及全国占比均偏小。2017年中国种子协会评定的57家中国种子信用骨干企业，广州没有企业入选，深圳拥有1家。总体而言，广州种子企业数量少、规模小，类型单一，缺乏大型龙头企业，缺乏竞争优势。

表4　广州市种子生产经营企业（机构）与广东省及全国比较

单位：个

| 序号 | 类别 | 广东省 | 广州市 | 全国 | 时限 |
| --- | --- | --- | --- | --- | --- |
| 1 | 生产经营许可证（新版） | 184 | 69 | 6671 | 2016～2019年 |
| 2 | 生产许可证（旧版） | 1 | 0 | 257 | 2016～2019年 |
| 3 | 经营许可证（旧版） | 110 | 31 | 1945 | 2016～2019年 |
| 4 | 生产经营备案 | 126445 | 1853 | 3103498 | 2015～2019年 |
| 4.1 |  | 0 | 0 | 754 | 分支机构 |
| 4.2 |  | 6603 | 9 | 315632 | 委托代销 |
| 4.3 |  | 119842 | 1844 | 2787112 | 经营不分装 |

资料来源：根据中国种业大数据平台资料整理，截止时间为2019年10月10日。

3. 种子资源优势转化不足，品种管理有待强化

广州生物种质资源丰富，但目前生物种质资源优势尚未有效转化为新品种知识产权优势，截至2019年9月底，全市按申请单位审定的主要农作物新品种93个，分别为全省的10.33%和全国的0.29%；按申请地区的新品种保护450个，分别为全省的59.84%和全国的1.64%，按申请人的新品种保护42个，分别为全省的9.07%和全国的0.15%；非主要农作物品种登记72个，分别为全省的27.27%和全国的0.48%。除按申请地区的品种保护和品种登记在全省具有优势外，其他如按申请单位的品种审定、按申请人的品种保护等均在全省和全国占比极低，不具备总量规模优势，品种管理亟待加强。此外，区一级原种子管理站撤并后，

日常种子种苗管理分散到区级农业农村局种植、渔业、畜牧等科室，缺乏统筹性。

表5 广州市品种管理与广东省及全国比较

单位：项

| 序号 | 类别 | 广东 | 广州 | 全国 | 时限 | 备注 |
|---|---|---|---|---|---|---|
| 1 | 品种审定 | 1148 | — | 32458 | 1978~2018年 | 按审定单位 |
|  |  | 900 | 93 |  |  | 按申请单位 |
| 2 | 品种保护 | 752 | 450 | 27505 | 1999~2019年 | 按申请地区 |
|  |  | 463 | 42 |  |  | 按申请人 |
| 3 | 品种登记 | 264 | 72 | 14869 | 2017~2019年 | 按申请单位 |
| 4 | 品种推广（万亩） | 3860 | — | 157087 | 2019年 | — |

资料来源：根据中国种业大数据平台资料整理，品种审定数据为2019年7月31日查询数据，品种保护、品种登记和品种推广数据为2019年10月12日查询数据。

4. 种子进出口贸易不平衡，国际影响力有待强化

广州是千年商都，拥有广交会、广东国际种业博览会等种业国际贸易平台，种业国际贸易基础良好。但是目前广州市种子进出口贸易主要发挥全省及全国口岸通道功能，本地单位种子进出口贸易需求偏低。广州市按申请单位计算的种子进出口总体规模偏小，且主要集中在种子进口方面，2010~2019年全市共有568项种子进口交易，分别占全省的8.42%和全国的1.42%，尚未有种子出口交易。这不仅与广州作为千年商都的地位极不相称，也无法有力支撑国际种业中心建设。

表6 广州市种子进出口与广东省及全国比较

单位：项

| 序号 | 类别 | 广东 | 广州 | 全国 | 时限 | 备注 |
|---|---|---|---|---|---|---|
| 1 | 种子进口 | 6742 | 568 | 39867 | 2010~2019年 | 按申请单位 |
| 2 | 种子出口 | 0 | 0 | 2677 |  | 按申请单位 |

资料来源：根据中国种业大数据平台资料整理，截止时间为2019年10月12日。

## 二　国内外先进地区种业发展和管理模式的经验启示

### （一）美国：世界第一种业强国

美国种业发展起步较早，长期作为世界种业发展的引领者，目前是世界第一大种子市场和第二大进出口贸易国。总体而言，美国种业发展和管理模式具有以下特点。

一是种子改良成为谷物增产和农业现代化发展的主要推动者。20世纪以来美国主要农作物产量获得巨大提升。例如，玉米的平均产量从1930年的每英亩20蒲式耳（约为119.84升/亩）[①]涨到20世纪90年代中期的140蒲式耳（约为838.85升/亩），产量提高了6倍。与此同时，棉花产量提高了4倍，大豆产量提高了3倍，小麦产量提高了2.5倍。而超过一半的产量增长，要归功于植物育种者的遗传改良。

二是商品化率高、育种技术不断进步和贸易规模持续增长。美国是世界上最大的种子市场，种子研发、生产及加工全过程的现代化、专业化和品牌化水平较高，拥有一批跨国种子企业。美国是种子净出口国，是全球第一大种子进口国和第三大出口国，2016年美国种子进出口总值分别为9.77亿美元和16.72亿美元，贸易顺差6.95亿美元。

三是知识产权影响种业研发角色的重大改变，私营机构成为研发主体。杂交玉米快速发展融合了知识产权保护不断强化趋势，推动了种业研发主体由公共机构转为私营机构。1960~1996年，美国植物育种的私营科研经费增长了13倍（调整了通货膨胀后），与此同时，公共机构科研经费只有微小增长。私营公司在植物育种研发上的投入比重从1970年的近50%提升到1989年的70%以上。

---

① 注：1英亩＝6.07亩＝4046.86平方米；1蒲式耳＝36.37升。

四是种业结构改变与固化，市场集中度不断增强。20世纪30年代，美国大多数种子供应商都是小型和家族式公司，自身缺乏进行研发所需的资金。20世纪末期，美国种业市场的集中度得到了提升。1997年，四大玉米种子公司占美国玉米种子销售额的70%，四大棉花种子公司占棉花品种的90%以上。美国种业发展实践表明，企业集中度的增强，促使成本降低的效果要优于其市场势力的增强。

## （二）法国：欧盟重要种业强国

法国种业在欧盟乃至世界都占据非常重要的地位，是欧盟第一大种子生产国。2016年法国种子进出口贸易额达到26.49亿美元，略少于荷兰，高于美国，位居世界第二位。总体而言，法国种业发展和管理模式具有以下特点。

一是种业经历了由公立机构主导向商业化育种发展转变。二战后，法国于1946年成立了法国国家农业科学研究院（INRA），在作物品种改良方面发挥了重要作用。20世纪80年代商业化育种在法国兴起并逐步取得了育种业的主导权，并在20世纪末融入了世界种业跨国垄断的大潮流中，培育打造出以利马格兰为代表的跨国种业集团，但公立研发机构仍发挥重要的作用。

二是种业本土化程度较高，并积极拓展国际市场。21世纪以来法国种子公司发展进入全球化阶段，种业总体规模和平均规模均不断扩张，生产出现集中化的趋势，本土企业利马格兰市场占有率较高。同时，法国加大种子出口，目前是世界第二大种子出口国，利马格兰等法国种业公司也都进入了中国市场。

三是重视种子知识产权管理。法国于1961年开始实行植物新品种证书（COV）制度，赋予新品种的研发者对自己品种25~30年的商业推广垄断权，激励推动形成了以大型种子公司自建的商业化育种机构为主的新品种选育格局。新品种只有获得国家登记后，方可进行种子生产、经营、推广，否则将被处以罚款。

## （三）北京：建设"种业之都"

北京市科研机构、大型国有企业、高端科技人才等种业资源集聚，"种业之都"建设成效明显。具体而言，北京市种业发展和管理的主要特点如下。

一是加快建设成为全国种业科技创新中心和新品种的摇篮。北京市围绕农作物、畜禽、水产和林果花卉"四大种业"及其他16个优势品种，聚集创新资源、推进新品种研发，使北京种业成为全国种业发展的"风向标"和种业科技创新中心。

二是加快建设成为全国种业企业总部、大中型企业聚集中心。依托强大的城市资源，吸引总部型种业企业集聚，已成为大中型种业企业聚集中心。国际跨国公司如孟山都、杜邦、先正达等种业总部均落户北京。

三是加快建设国家现代农业科技城。早在2010年，北京市与科技部正式启动"国家现代农业科技城"建设，构建"育繁推一体化"体系，加速种业成果转化，已成为国家"一城两区百园"农业科技协同创新体系的龙头。

## （四）深圳：打造"种业硅谷"

深圳生物育种产业起步较迟，但拥有后发优势。具体而言，深圳市种业发展和管理模式的主要特点如下。

一是政府积极引导释放现代种业发展活力后发优势。2016年深圳市印发实施《深圳市现代农业发展"十三五"规划》，设立"推动生物育种科技创新"单独章节。同时，深圳市政府还通过首期斥资5.15亿元发起设立国家种业创新基金，以科技金融为抓手，加快现代种业发展。

二是优化政策环境集聚高端人才团队。深圳种业发展力争掌握重要作物的生物育种技术，引进了十个国内外一流的团队。在资金方面，深圳每年支持生物产业发展的5亿元资金中，有5000万元专门用于现代农业生物产业推广扶持计划，此外，引进的团队包括研发实验室得到了很多资金支持。

三是培育发展一批新型种业龙头企业。深圳市重点扶持一批有优势和成长势头好的企业，打造种业集团。例如创世纪种业有限公司是全国知名农业育种公司，是农业农村部颁证的全国经营资质"育繁推一体化"种子企业，植物抗耐逆研究技术、寒地杂交粳稻技术、超级稻育种技术、三系杂交小麦技术等均处于国际领先或先进水平。

### （五）对广州种业发展和管理模式的启示

一是加快完善种业特定领域法律法规体系，为种业发展提供强有力的制度保障。目前，我国种业法律法规体系尚处于不断完善过程中，制约着包括广州在内的国内种业市场的进一步发展。广州市应结合自身种业发展需求，顺应国家种业法律法规不断完善的发展趋势，主动推动国家加快市场准入、种业科技创新、市场监管等方面的制度创新和完善法律法规。

二是坚持常规育种与生物技术并重，加快培育发展新型生物育种技术。现代种业科研必须借助现代生物技术手段。广州种业科研机构集聚，常规育种体系较为成熟，但在运用基因组编辑、分子设计育种等先进生物技术方面优势不突出，下一步需要进一步聚焦优势领域，培育发展新型生物育种技术。

三是坚持育繁推一体化的方向，加快培育发展种业龙头企业。先进国家和地区均坚持"育繁推一体化"的发展模式，形成功能完整、衔接紧密、运转高效的产业链条。广州应借鉴欧美种业发达国家及北京、深圳等地经验，高度重视培育育、繁、推一体化的现代种业龙头企业，提升种业产业链综合竞争力。

四是开放竞争的市场为种业发展创造了活力和动力，龙头企业支撑种业核心竞争力。目前国内外种业市场竞争日趋激烈。与国内先进城市相比，尽管广州种业科研机构集聚，但种业企业"小散乱"格局依然明显，缺乏大型种业龙头企业，难以适应日趋激烈的种业市场竞争。下一步需要加大政策扶持力度，通过遴选扶持、总部经济等措施，加快培育发展一批种业龙头企业。

## 三 广州种业发展和管理模式探索的思路与对策

### (一)种业发展思路与对策

广州种业发展应立足广州、服务湾区、面向国际,重点在种业上游和下游产业发力,彰显种业国际商贸、种业科技教育两大发展特色,加快广州种业小镇建设,打造具有全球竞争力的国际种业中心。

1. 建设种业国际商贸中心

依托现有平台载体资源,培育引进一批龙头型、平台型种子国际贸易企业,争取国际性及国家级种子贸易平台及服务机构落户,建立健全内外联动的种子国际贸易网络渠道,健全物流仓储、金融保险、检验检测认证、产权保护等贸易保障体系,带动泛珠三角地区种业科研、生产及推广等产业环节的转型升级,建设成为国外高端种子"引进来"及中国优质种子"走出去"的中转门户枢纽和综合服务平台。

2. 建设种业国际科技教育中心

依托市内高端科技教育平台,加强与粤港澳大湾区核心城市种业科技教育合作,结合粤港澳大湾区"菜篮子"等重大平台载体建设,以泛珠三角地区为发展腹地,以共建"一带一路"国家地区为重点市场,突出热带、亚热带地区种业科技教育特色,提升种业科技创新水平,推进种质资源保护开发和高端种业研发联合攻关,壮大国际种业教育培训及品种推广,发展新品种种权保护服务,建设成为中国面向共建"一带一路"国家及南南国家种业科技教育合作的示范区和先行区。

3. 全力打造广州种业小镇

发挥广州种业小镇等重大平台示范效应,打造种业创新发展示范平台,谋划建设广州南沙种业现代化农业产业园,吸引国内外知名种业企业进驻或设立分支机构,争取承办具有国际影响力的种业博览会和新品种展示推广会。优化广州国际种业中心功能布局,更加突出商贸和科教功能,推动种业

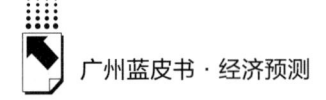

上游及下游产业链高端要素在中心城区集聚；从全省乃至全国范围布局试验与育种功能，加强与粤北及雷州半岛种子基地、海南国家南繁基地等市外种子生产基地合作。

### （二）种业管理模式探索的思路与对策

立足种业发展需求及特点，加强政府种业管理服务职能，提升种业企业依法经营及行业自律发展水平，激发各类机构综合服务能力，构建政府引导与市场主导相结合，上下联动、多元主体协同参与的新型种业治理体系。

1. 加强政府管理

充分发挥政府在市场准入、政策引导、市场监管、良种推广等方面的引导作用，发挥市政府在市域范围内市场化、特色化种业资源保护开发管理中的创造性和灵动性，夯实种业公共服务保障能力，培育规范种业市场规则及市场秩序，优化营商环境，严厉打击各类种业违法违规行为，重点在特色种质资源保护开发、龙头型及平台型种业企业引育、重大种业发展平台载体规划建设、特色种业扶持政策制定实施、种业国际合作交流等方面先行先试，勇于改革创新。

2. 推动行业自律

充分发挥种业企业市场主体地位，激发种业企业在科技创新、种子生产及推广、市场营销等方面的积极性，依托广州国际种业联盟整合种业资源，以蔬菜、花卉、乳业、畜禽、水产等领域大中型农业企业为核心载体，鼓励支持向种业研发生产销售业务拓展，创建国家种业信用骨干企业，提升广州种业行业自律治理水平。

3. 持续强化种业市场化改革

全面落实新《种子法》，进一步强化种业市场化改革，加大"放管服"推进力度，完善种业管理相关法规，积极承接上级种子行政审批权限下放，破除种业发展的制度性樊篱。依托广州种业小镇，争取上级政策支持，探索开展"品种注册制"、种子进出口贸易、种业科技成果交易等方面改革试点。完善种子检疫制度，在保留进出口检疫和产地检疫基础上，探索取消调运检疫或以省为范围开展调运检疫。

4. 深化种业科研成果权益体制改革

深化市属种业科研机构事业单位改革，根据《广东省推进种业人才发展和科研成果权益改革试点工作方案》要求，加快推动广州市农业科学院、市果树科学研究所、市花卉研究中心等市属种业研究机构探索种业人才发展和科研成果权益改革，激发种业发展内生动力。加强现代生物育种技术研究，与传统育种技术相结合，提高育种效率，抢占未来种业科研创新的制高点。

5. 加大市级种业政策扶持力度

总结南沙区种业企业落户扶持政策经验，将南沙区针对广州种业小镇的部分特殊政策复制推广到全市范围，市区两级财政协同，探索建立市级新增持证企业奖补扶持政策以及市级新品种权审定登记奖补扶持政策，激励社会资本参与种业主体建设和推动种质资源有效转化。

**参考文献**

1. 农业农村部种业管理司、全国农业技术推广服务中心、农业农村部科技发展中心：《2018年中国种业发展报告》，中国农业科学技术出版社，2018。
2. 农业农村部种业管理司、全国农业技术推广服务中心、农业农村部科技发展中心：《2019年中国种业发展报告》，中国农业科学技术出版社，2019。
3. 侯军岐：《中国种业调研报告》，中国农业出版社，2018。
4. 鄢远会、李城辉、朱英明：《广州建设国际种业中心打造大种业产业集群》，《南方农机》2017年第48期，第76~78页。
5. 何德银、郭奕生、胡侃：《广东"十二五"现代农作物种业发展情况》，《中国种业》2018年第10期，第24~28页。

# 财税金融篇
Taxation and Finance

## B.5 金融服务升级助推广州经济高质量发展研究[*]

刘胜 胡雅慧[**]

**摘　要：** 金融服务质量对实体经济发展起着日益重要的作用。虽然近年来广州市金融业规模逐步壮大，金融产品和服务种类逐渐增多，但也存在金融发展能级有待跃升、金融区域协调发展度不够、金融国际化程度相对不足和金融生态系统不够完善等问题。为此，本文对广州市现阶段金融服务存在的问题进行梳理并提出针对性的政策思路，为"十四五"时期进一步提升广州市金融服务实体经济能力并促进经济高质量发展提供参考依据。

---

[*] 基金项目：广东省自然科学基金面上项目（2019A1515011581）、广东省哲学社会科学规划专项项目（GD20SQ12）、广州市哲学社会科学规划课题（2020GZGJ158、2020GZYB42）、广东省普通高校新冠肺炎疫情防控专项研究项目（2020KZDZX1152）。

[**] 刘胜，经济学博士，广东外语外贸大学粤港澳大湾区研究院云山学者、副教授、硕士生导师，研究方向为产业经济学；胡雅慧，广东外语外贸大学经济贸易学院在读生，通讯作者。

关键词： 广州市 金融服务升级 高质量发展

# 一 引言

良好的区域金融服务体系对驱动地区经济可持续发展具有重要的作用。而随着中央政府《粤港澳大湾区发展规划纲要》和广东省配套实施意见及三年行动计划的贯彻落实，广州市正加快向着建设高水平国际一流大都市的方向推进。2020年5月，中国人民银行、银保监会、证监会、外汇局发布《关于金融支持粤港澳大湾区建设的意见》，对金融服务升级促进广州市高质量发展提出了具体的要求和部署，这也为广州市金融服务结构优化升级和经济高质量发展带来了机遇。在当前国内外新的形势下，要推动广州市高质量发展，打造国际金融枢纽或国际金融中心，就有必要打造更高质、更高效的金融服务体系来对相关政策目标予以支撑。基于此，亟须借助新型基础设施建设契机和数据要素赋能，加快广州市金融服务供给侧结构性改革、全面提升金融服务效率，从而构筑内外联动、更加完善有效的金融供给体系。

总的来看，已有文献对金融服务与产业转型升级、广州市金融发展领域进行了深入的探讨，得到了很多富有启发意义的结论。例如，刘胜等（2019）探讨了金融服务业与制造业空间协同分布对制造业转型升级的影响。彭芳梅（2019）测算了粤港澳大湾区金融发展水平，并进一步研究了粤港澳大湾区金融发展和空间联系如何影响其经济发展质量。刘向耘（2018）分析了如何通过优化粤港澳大湾区金融发展来支撑经济转型升级。郭文伟等（2018）利用空间计量方法探讨了粤港澳大湾区金融集聚对科技创新的空间溢出效应及其行业异质性。刘孝斌等（2018）对工业化后期中国的三大湾区金融资本产出效率的差异性进行分析，并以此提出了有关的对策建议。邹薇等（2018）从规模、效率和结构等方面探讨了金融支持粤港澳大湾区建设的现状问题及其影响的规模、效率与结构差异。应该说，已有成果为本文的研究提供了重要的研究基础，但遗憾的是，多数的现有文献没有立足广州市金融业发展的特色特点,基于"问题导向"进行"精准施策"。为此,在既有文献的基础上,本文进一步探讨了金融服务升级对广州市高质量发展的支撑作用,金融服务存在的问题以及未来的改进路径。

## 二 广州市金融服务发展现状

### (一)金融业规模快速攀升,但发展质量亟须提升

近年来,受益于实体经济的强劲增长势头,大湾区城市尤其是广州市和深圳市的金融服务业也保持了快速健康发展的态势。总体上看,广州市金融发展规模有了很大的改观,金融服务功能显著增强,金融生态环境明显优化,为推动广州市经济与社会可持续发展提供了重要的基础。根据《广东统计年鉴》,以广州市和深圳市为例,2018年两地金融业增加值分别为2079.46亿元和3067.21亿元,相比2015年分别增长了27.62%和20.62%。来自各地市统计局的数据显示,在2010~2019年,广州市金融业增加值持续增加,规模持续扩大,至2019年金融业增加值已达到2041.87亿元的规模,占同期GDP总值的8.6%;金融业税收收入448.7亿元,占全市收入的8.1%。而2019年深圳金融业增加值为3667.63亿元。2020年,虽然遭受疫情冲击,但广州市金融业规模仍在稳步发展,为助推广州市经济恢复和稳增长、增就业提供了重要的支撑。《广州金融发展报告(2020)》数据显示,2020年1~9月广州市金融业增加值达1716亿元,占全市生产总值的9.8%,稳守广州市内第四大支柱产业地位。总的来看,参与粤港澳大湾区建设以来,广州市金融服务业发展规模和绩效持续向好,也为推动本地经济快速发展提供了非常强劲的新动能。在新的发展阶段下,为进一步推动广州市经济高质量发展,广州市金融服务业发展仍需持续发力。

从金融业的发展质量来看,根据证券时报社中国资本市场研究院与新财富联合编制的《2020中国内地省市金融竞争力排行榜》,在内地金融中心城市中,北京、上海和深圳逐渐形成了"三足鼎立"格局。从2020年情况来看

（见表1），广州市金融业发展水平仍与上海等第一梯队城市有一定的差距。广州市地方金融监督管理局发布的"十三五"金融成绩单数据显示，广州市2020全年的金融业增加值逾2234亿元，根据预计值计算其占GDP的比重约为8.93%，分别落后京沪10.98个和9.59个百分点。这一数据也与广州市作为省会城市和一线城市的经济发展状况和实力不甚匹配，未来亟须进一步协同优化广州市金融业发展规模和质量，促进广州金融业不断"做大做强"。

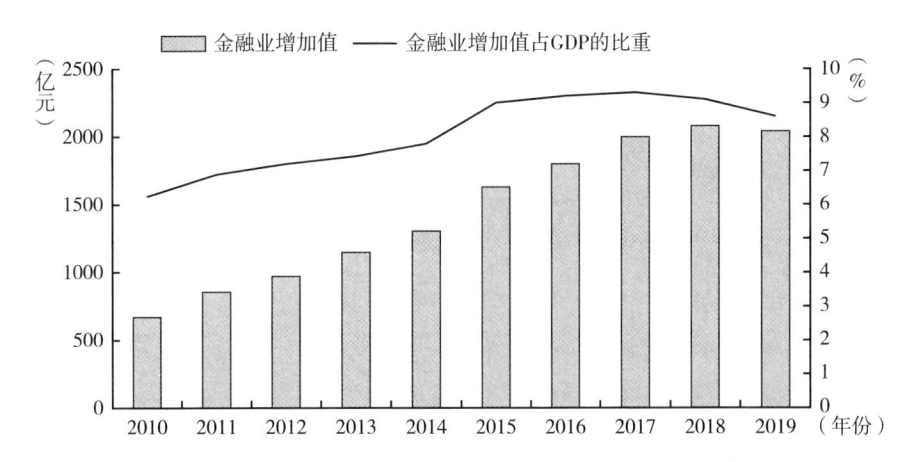

**图1　2010~2019年广州市金融业增加值及占当年GDP的比重**

资料来源：广州市地方金融监督管理局发布的《广州金融白皮书》。

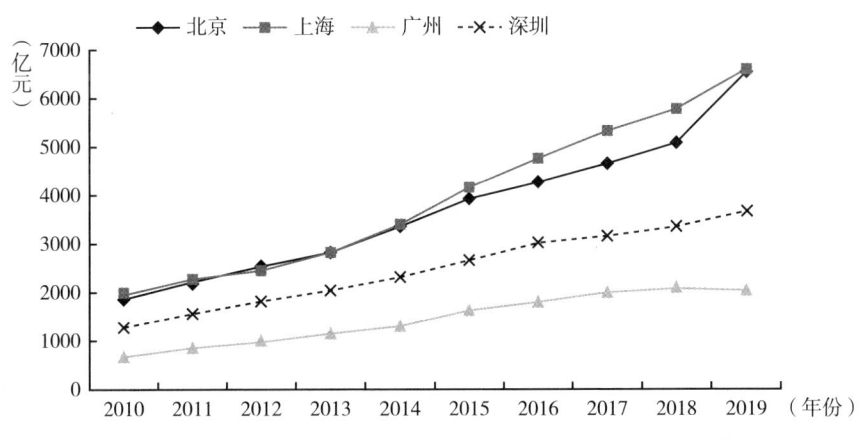

**图2　2010~2019年北京、上海、广州、深圳金融业增加值**

资料来源：各地市统计局。

表1  2020年北京、上海及广州金融业增加值情况分析

| 城市 | 金融业增加值（亿元） | 同比增速（%） | 2020年地区GDP（亿元） | 金融业增加值占比（%） |
| --- | --- | --- | --- | --- |
| 北京 | 7188 | 5.40 | 36102.60 | 19.91 |
| 上海 | 7166.26 | 8.40 | 38700.58 | 18.52 |
| 广州 | 2234.06 | 8.3 | 25019.11 | 8.93 |

资料来源：各地市统计局及地方金融监督管理局。

## （二）银行业发展态势向好，服务实体经济持续发力

**1. 银行业信贷规模持续扩大**

近年来，广州市银行业信贷规模持续攀升，信贷结构进一步优化，持续加大对实体经济支持力度。数据显示，2019年，虽然广州市金融机构（含外资）本外币贷款余额要落后于北上深，但同比增长15.6%，保持了较快的增长速度。来自中国人民银行广州的数据显示，截至2020年12月末，广州市各项贷款余额共计54387.64亿元，相比年初增加7284亿元，同比增长15.5%。其中80%的新增额流向实体经济，企（事）业贷款累计新增5811亿元。通过"粤信融稳企业保就业平台"，银行机构可以为企业提供更为精准的金融服务，企业获得授信金额合计625亿元。不仅如此，针对中小微企业，广州市2020年累计发放贷款1.87万亿元，同比增长23.1%。同时，广州市利用央行专项优惠利率贷款，将金融服务下沉至受疫情冲击较大的中小微企业，共计协助1.3万多家小微企业获得优惠利率贷款逾380亿元，有效地降低了企业融资成本，帮助各类型企业顺利地渡过了难关。

**2. 银行业各项存款稳定增长**

广州市统计局数据显示，截至2020年12月，广州市本外币存款余额为67798.81亿元，同比增长14.7%，资金总量位居全国第四。其中，人民币各项存款余额65615.47亿元，同比增长15.7%，保持较高的增长速度。在疫情冲击下，广大中小企业面临资金流断裂的经营风险和财务困

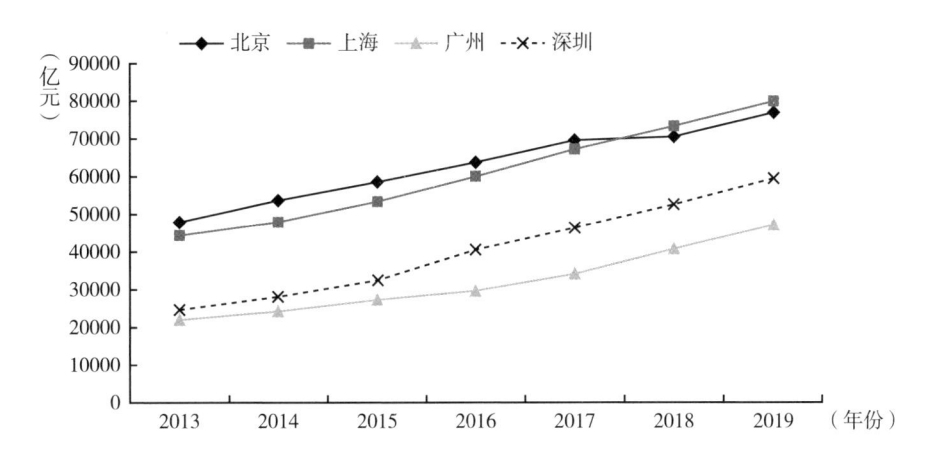

图3 2013～2019年北京、上海、广州和深圳全市金融机构
（含外资）本外币贷款余额

资料来源：各地市统计局及地方金融监督管理局。

境，而在此情形下，广州市银行机构储蓄存款的动能蓄积为后疫情时代进一步落实金融支持政策、纾解企业资金困境、助推经济高质量发展提供了坚实的后盾。

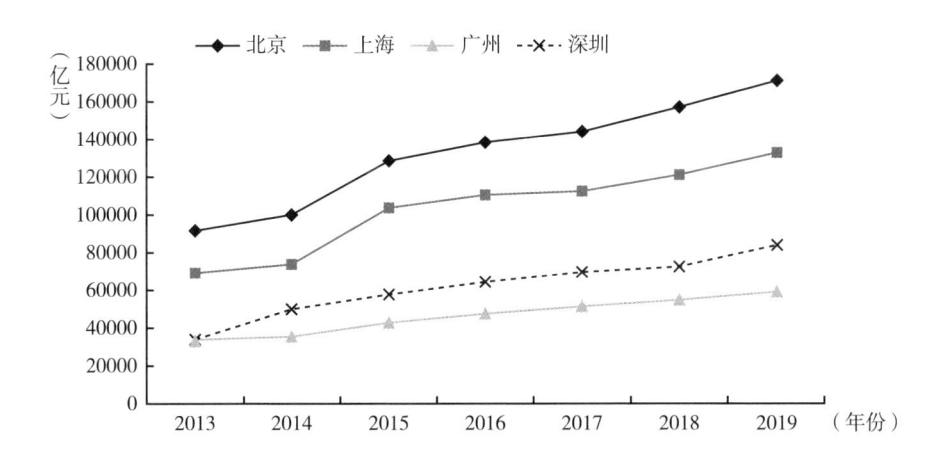

图4 2013～2019年北京、上海、广州和深圳全市金融机构
（含外资）本外币存款余额

资料来源：各地市统计局及地方金融监督管理局。

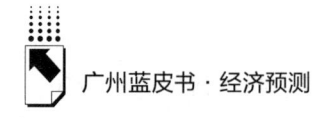

**3. 银行业资产质量保持平稳**

广州市地方金融监管局统计数据显示，截至2020年11月末，广州市银行业机构的不良贷款余额为516.65亿元，不良贷款率1.04%，较年初增加0.16个百分点，较2019年同期增加0.11个百分点，相较全省水平（不含深圳）低0.15个百分点。在国内外各种风险挑战的面前，广州市金融机构的稳健发展至关重要。银行等金融机构的审慎经营、稳健发展有利于优化资金配置效率、保持资产质量持续稳定，有助于进一步增强风险抵补能力，进一步加大对实体经济企业的支持力度。

### （三）证券业加快发展，升级趋势日益明显

近年来，广州市证券交易平台日益丰富，证券市场逐渐完善。"十三五"时期，上海证券交易所南方中心、深圳证券交易所广州服务基地等的入驻，以及广东股权交易中心的落户，其所提供的多层次交易平台有利于进一步优化广州市证券市场发展格局。根据广州市地方金融监管局编制的《2020年广州金融发展形势与展望》，广州2019年证券交易额为15.07万亿元，同比增长23.22%，相比2012年增长370.9%。但需要指出的是，2019年深圳证券交易额达32.78万亿元，是广州市的2倍。在企业越来越依赖于多元化投融资需求的面前，未来广州市证券市场仍需加快发展。

2020年，虽然证券市场承受着疫情的冲击，但广州市证券行业仍保持活力，规模稳步扩张。广州市地方金融监管局的数据显示，2020全年广州市证券交易额累计20.62万亿元，同比增长36.85%；其中，股票交易额11.8万亿元，同比增长55.08%。在客户非传统、多元化金融需求日益增长背景下，资本市场融资服务加快升级有利于为广州市实体经济发展提供更多样化、更多层次的投融资渠道和资金支持方式。

### （四）期货市场迎来新风口，发展前途可期

近年来，广州市期货市场发展总体维持良好态势，期货市场结构逐步完善，规模稳步扩大。《2020年广州金融发展形势与展望》的数据显示，截至

2019年底，注册地在广州市的期货公司共有7家，总资产为481.85亿元，净资产总额为75.5亿元，同比分别增长25.17%和3.39%。期货公司全年代理成交额为46.09万亿元，同比增长48.10%。2020年，广州市期货市场竿头直上，期货交易部代理交易额累计8.28万亿元，同比增长48.85%。

随着《粤港澳大湾区发展规划纲要》逐步落实，广州市的期货市场发展有望在2021年取得重大突破。2021年1月22日，中国证监会正式批准设立广州期货交易所，这对缺乏一个全国性金融交易平台的广州而言，无疑是一个重大的利好。广州期货交易所定位于"创新型、市场化、国际化"，在风险管理和掌握定价权两方面具有战略意义。进一步而言，广州期货交易所的成立会促进金融机构、金融资本与高层次金融人才进一步集聚，提升金融业对广州市先进制造业、战略性新兴产业与现代服务业等重大产业项目的服务水平，对金融支持广州市高质量发展、构建新发展格局具有至关重要的意义。

### （五）保险销售持续回升，复苏态势逐步巩固

近年来，广州市保险市场总体发展向好。从保险市场规模来看，"十三五"期间，广州市保险资产增长迅速。据广东银保监局数据统计，2020全年广州市原保费收入共计1490.38亿元，同比增长5.15%，占全省（不含深圳）原保费收入总额的35.49%。

从保险服务性能来看，保险业支撑实体经济和民生能力日益凸显。2020年末，广州市累计吸引保险资金投资余额超4000亿元，去向主要为广州市重大基础设施及新兴产业发展等重大项目；同时，广州市累计承保319.3万户次，承保覆盖率达99%以上，累计提供1489.7亿元住房风险保障。

从保险行业结构来看，寿险仍是原保险收入的主要来源，广州市居民的健康保障意识提高，尤其是健康险和寿险类的长期保障型保险占比显著提升。而受新冠肺炎疫情影响，财产保险市场收入负增长。出现这一变化主要是受到前期疫情的影响，居民消费意愿下降，车险保费收入随之压缩。此外，秉承"降价、增保、提质"目标，2020年9月落地的"车险综改"也在为广州市车险市场减压，从而助力广州市财产险市场结构转型。

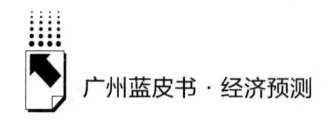

表2 2019年、2020年广州市原保险保费收入情况

单位：亿元，%

|  | 合计 | 财产保险 | 寿险 | 意外险 | 健康险 |
| --- | --- | --- | --- | --- | --- |
| 2019年 | 1417.37 | 341.94 | 812.49 | 45.77 | 217.17 |
| 2020年 | 1490.38 | 337.24 | 850.27 | 44.89 | 257.97 |
| 同比增长 | 5.15 | -1.37 | 4.65 | -1.92 | 18.79 |

资料来源：广东银保监局。

### （六）资本市场快速发展，直接融资活跃度不足

当前，广州市正逐步夯实资本市场的发展基础，为企业推动转型升级战略提供了更为丰富和多元化的直接融资渠道。广州市地方金融监管局公布的数据显示，截至2020年末，广州全市累计上市公司201家，累计总市值约3.28万亿元，同比增加40.7%。其中境内上市公司117家，总市值约2.01万亿元。累计新三板挂牌公司502家，其中2020年新增10家。

与全国金融中心城市相比而言，广州上市公司市值偏小。在各城市日益激烈的引资竞争面前，广州市对资本吸引能力偏弱的短板日益凸显。根据中国基金报联合数据宝编制的《2020年末中国内地各大城市上市公司市值排行榜》，北京上市公司总市值居全国第一，深圳以16.36万亿元总市值紧随其后，约是广州的5倍。此外，2020年广州市金融业新增市值也在北上广深四市中排名落后，实体经济表现活力不足。广州市值突破千亿元的公司总数仅有8家，吸引大额资本的能力明显不如北京、上海和深圳。

当前，广州市正在逐步推进本市上市公司板块的培育进程。为进一步优化资本市场生态，为企业上市或融资提供更优质的营商环境，2020年5月，广州市地方金融监管局出台《广州市加快推进企业上市高质量发展"领头羊"计划（2020~2022年）》，目标为计划时间内广州市新增境内外上市公司60家；同年6月，广州市举行"领头羊"计划推进活动，为广州市企业上市保驾护航；2021年1月，广州市金融发展服务中心与各类金融、法务机构共建广州市上市综合服务平台机构库,从而有利于为上市公司提供更为全面的金融服务保障。

表3　2020年北京、上海、广州和深圳上市公司总市值分析

| | 上市公司总市值<br>(万亿元) | 总市值增长<br>(万亿元) | 千亿元市值公司数(家) |
|---|---|---|---|
| 北京 | 27.18 | 2.91 | 49 |
| 上海 | 12.42 | 4.3 | 24 |
| 广州 | 3.28 | 1.02 | 8 |
| 深圳 | 16.36 | 1.77 | 25 |

资料来源:《2020年末中国内地各大城市上市公司市值排行榜》。

## (七)新业态发展活跃,赋能金融生态优化

深圳在科技金融、供应链金融等金融服务创新上表现优异,在金融服务新产品、新业态、新模式上不断取得新的进展。受其带动,广州市金融科技或"互联网+金融"也有了较大的进步。《广东统计年鉴》数据显示,2018年,深广两地发明专利授权量分别为21309件和10797件,相比2015年分别增长了25.67%和62.95%。可见,在高质量发展目标导向下,科技金融等新业态、新技术、新模式的产生和繁荣,有利于为促进金融服务升级和广州市经济高质量发展提供更有力的技术支撑和创新空间。

1. 科技金融孵化产业新生态

随着"互联网+金融"深度融合,广州市持续革新金融产业发展,科技金融、产业金融等发展迅速。2019年6月20日,广州市政府审议通过《广州市进一步加快促进科技创新的政策措施》,提出了12条深入发展科技创新战略。2020年7月,广州市被纳入中国人民银行金融科技创新监管试点。应该说,上述政策利好为推动广州市科技金融高质量发展带来了良好的机遇。

科技金融推动产权金融交易创新。2020年6月,广州开发区知识产权金融服务中心揭牌,同期"广州开发区金融服务超市"投入运营。开发区

的高速发展使众多企业尤其是中小企业受惠。例如，华银健康公司借助服务对"远程病例诊断切片数字图像及传输技术"等四件发明专利许可实现了2300万元融资。通过形成"技术交易—创新服务—科技金融—孵化育成"的新型产业链条，科技金融直接解决了不少科技型企业的资金链问题。

2. 供应链金融形成"广州模式"

2021年1月，广州市供应链金融纠纷在线多元化解平台上线运行。该平台服务于供应链金融纠纷全程，重点解决"缺乏配套系统管理、司法处置周期长见效慢、电子证据可信度不高、线下纠纷案件执行难"等行业痛点。该平台可将司法处置时间最短压缩至20天，极大地提高了广州数字金融发展的效率，也为全国其他城市的供应链金融发展提供了"广州范本"。

3. 绿色金融发展凸显特色

自2017年广州市获批国家级绿色金融改革创新试验区以来，试验区绿色金融服务发展迅猛，逐步成为广州市金融服务业发展的特色名片。来自广东省地方金融监管局的数据显示，截至2020年末，广州市绿色贷款余额超3800亿元，在全国六省九地金融改革试验区中规模问鼎；累计发行各类绿色债券逾700亿元，总量和增速均位列各试验区榜首。

鉴于绿色金融业在经济社会发展中的重要性进一步凸显，广州市将继续深化推进绿色金融创新改革。2019年初中共中央、国务院印发的《粤港澳大湾区发展规划纲要》提出，广州期货交易所定位是"以碳排放为首个品种的创新型期货交易所"。广州期货交易所积极推进碳排放权期货市场建设，有望进一步加大对绿色金融等新兴产业的支持力度。同时，广州市也将进一步深化与其他城市之间在绿色金融方面的合作，实现优势互补、强强联合。

4. 金融生态环境持续改善

从人才发展环境来看，广州市坚持以人为本，强调保障人民福祉，在2020年蝉联"最具幸福感城市"。广州市教育、医疗公共后备资源表现良好，在大城市中位居前列。"十三五"期间，广州市着力建设优质公共服务供给体系，用于民生支出合计8561亿元。可以说，人才发展的良好环境为促进广州金融规模化和高端化发展提供了重要的人力资本支撑。

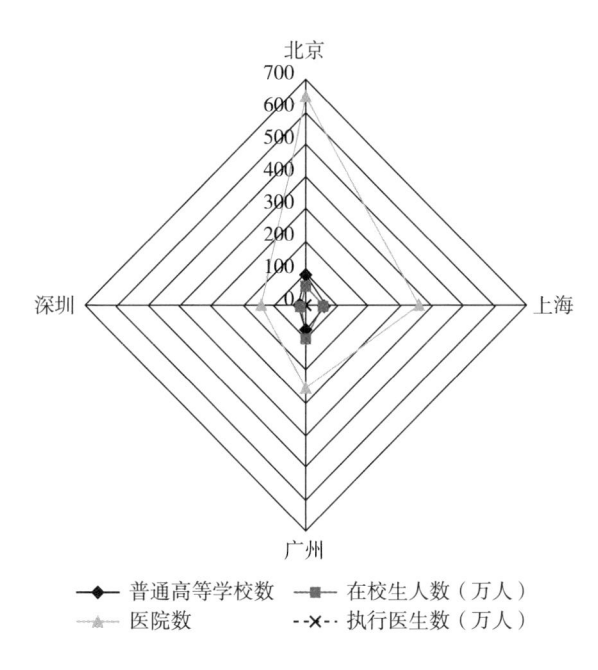

图 5 北上广深金融人才发展环境对比

资料来源：各市统计年鉴，因上海仅更新至2019年，故都采用2019年统计数据。

从金融需求来看，近年来，广州市经济规模稳步上升，产业结构持续优化，经济社会发展水平在国内处于前列。广州市统计局数据显示，2020年，广州市地区生产总值为25019.11亿元，同比增加2.7%，总量居广东省第二位。"十三五"期间，广州市地区生产总值年均增长6%，人均地区生产总值超过2万美元。可以说，广州市经济社会的快速发展为推动本地金融业发展提供了强有力的后盾，有效地刺激了其对金融服务的庞大需求，进而促进了广州市金融业的高速增长。

从金融机构的政策支持来看，近年来广州市也不遗余力地出台各项相关政策，全力支持广州市金融机构发展，从而为推动广州市金融服务业全面发展打下了扎实的基础。例如，2019年1月，广州市发布了《关于支持广州区域金融中心建设若干规定的通知》，规定了金融机构入驻的奖励力度。截至2019年，广州市法人金融机构54家，持牌金融机构共计323家。金融功能区建设卓有成效，民间金融街和国际金融城分别入驻机构309家和14家。此外，分别建成农村金融服务站和社区金融服务站238家和479家。

综上，广州市通过在"人才环境"、"经济支撑"和"政策支持"等方面协同发力，持续推进政策创新改革和提高吸引资本入驻能力，进一步优化金融发展生态环境，为打造金融服务业发展高地提供了来自硬件和软件方面的"协同配套"，也为吸引高端金融要素集聚和形成"双循环"发展新格局提供了创新创业的土壤和营造了良好的社会氛围。

## 三 广州市金融服务发展存在的问题

虽然近年来广州市金融服务业规模快速扩张，在金融规模发展等方面取得了一定的成就，但也应客观地看到，广州市旨在对标打造世界级大都市的高质量发展典范，在数字经济背景下，其对广州市金融服务创新和实体经济支撑能力提出了更高的要求。对标纽约、伦敦、上海等国际金融中心，基本上有着较为完善的、高效高质的金融服务生态系统。而当前，广州市金融服务对实体经济的支撑作用还存在一定的短板，为广州市经济社会向更高发展阶段跨越带来了更多新的挑战。具体来看，广州市在金融资源配置、高端人才集聚、金融服务政策效能等方面还存在较大的改进空间，主要包括以下几点。

一是金融发展能级有待跃升，金融中心地位有待提升。虽然香港作为国际金融中心拥有香港交易所，而深圳作为国内科技创新中心拥有深圳证券交易所，但相较北京国内外大型金融机构总部云集、上海国际金融中心国家战略地位凸显等国内其他地区的诸多金融发展优势而言，当前粤港澳大湾区高端金融交易和服务平台还相对匮乏。尤其是，广州市作为广东省会和国际大都市区，其在知识密集型或高技术领域的金融服务创新能力还不够强，在我国金融业改革发展全局中的地位还不够突出，其对重大核心技术创新和创新平台的支撑作用还有待提升。特别是，在金融业数字化转型背景下，如何进一步提升广州市金融服务质量和效率、补齐传统业务结构中的技术短板、推动科技金融和重大产业项目的融合、强化重大金融发展平台载体等，需要深入思考并作出决策。

二是广州市的金融服务区域协调发展程度不够。当前，除了香港特区、澳门特区、深圳和广州等城市具有较强的金融服务综合能力，其他城市的金融服务发展能力还存在发展相对滞后的问题，特别是，对多数大湾区城市包括广州市而言，"强生产制造、弱金融服务"的这一短板较为明显。此外，广州市金融服务供给区域不协调的问题依然存在，多数金融服务企业和金融服务平台集聚在天河区和越秀区等传统中心城区，增城区、从化区和花都区的高端金融服务平台和企业相对较少，在此背景下，金融服务升级对实体经济的支撑作用和地区经济协调发展的促进效应还没有得到充分有效的发挥。

三是金融国际化程度相对不足。目前，在粤港澳大湾区城市中，香港特区和澳门特区的金融业国际化开放程度较高，而广州等珠三角城市的金融业国际化开放水平还不够高，尤其是，其在金融法制、税收、信用、监管等金融营商环境建设方面尚未实现与国际标准接轨。此外，广州市本地的金融服务企业与境外企业协同集聚度不够，外资金融机构数量偏少，金融服务业"引进来"的作用未得到充分发挥。与此同时，广州市金融服务业"走出去"的潜力也未能得到充分释放，主要表现为当前广州市具有国际知名度的本土金融机构不多，其在全球知名度和国际竞争力上仍有较大的提升空间。

四是金融生态系统不够完善，金融发展制度机制环境还有待优化。金融服务行业属于"契约密集型"行业，对本地制度环境质量非常敏感。但是，当前广州市金融服务环境和现代化治理体系还相对滞后。人工智能、区块链等新一代信息技术对传统金融服务行业形成了巨大的冲击，但当前广州市面向新业态、新技术、新模式的金融监管体制和服务功能还有待完善，尤其是广州市的郊区地带金融服务发展基础还较为薄弱。此外，广州市精通金融技术和服务高端技能的跨行业复合型人才还相对缺乏，科技研发、成果转化、风险分担等现代金融服务配套体系还不健全，对中小微企业的支撑作用还不够充分。

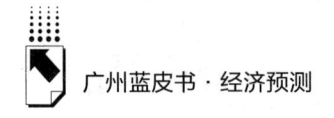

## 四 以金融服务升级驱动广州经济高质量发展的路径

在高质量发展目标导向下,为更好地以国际金融枢纽驱动国际科技创新中心建设和高质量发展等目标的实现,促进金融服务创新更好地支持广州市高质量发展,亟须以加快落实"四个着力于"作为金融服务升级的主要抓手,进一步强化金融服务实体经济能力,具体路径包括以下四点。

第一,着力提升广州市金融发展能级。依托深圳前海、广州南沙、珠海横琴等重大粤港澳合作平台,联动海南自由贸易港建设,促进大湾区内香港、深圳和广州等金融核心集聚区的功能配置和升级,推动金融服务业集聚由单中心圈层发展向多核心联动发展转变,从而更好地服务大湾区高质量发展。在新一代信息技术与金融服务深度融合背景下,应以人工智能、大数据、云计算、区块链等提升金融服务关键核心技术领域的创新能力,强化香港、澳门、深圳和广州金融服务功能外溢能力,通过跨境跨地金融服务分工协作、优势互补,开展差异化竞争,全面提升广州市国际金融中心的影响力和辐射力。

国际金融中心建设的逻辑不仅应当立足于实现本市金融资源配置功能,还应立足全国乃至世界视野,逐步建立起金融服务发展全球战略网络。"十四五"时期,广州要进一步发挥好广州期货交易所的金融赋能,配套出台更为精确的金融产业政策,进一步拓宽广州金融业的辐射范围,使得广州真正成为跨区域配置金融资源的区域性和全球性金融中心。同时,期货交易的属性决定了广州期货交易所具有风险管理和掌握定价权的能力,在未来广州应利用广州期货交易所对风险的管控和对定价权的战略性把控,强化其国际市场地位和国际话语权。

当前,广州金融服务业的快速发展对金融配套服务政策体系提出了更高的要求,金融科技的高速发展也为广州建设国际化的金融中心提供了更扎实的技术基础。广州地方金融监管局正在积极推进依托人工智能、区块链等新一代信息技术,全面推动金融监管与服务体系中"监管链"、"风控链"、

"司法链"、"征信链"、"服务链"的"五链协同"。需要指出的是，"五链协同"并非单枪匹马地行进，而应依托金融与科技行业的联动改革升级方案，进一步优化金融科技的创新生态环境。广州市政府可继续加大在金融科技上的投入和优化投入结构，完善配套优惠政策，多管齐下深入推动金融机构与科技企业的合作，促进科技成果转化。

第二，着力于提升广州市金融服务区域协调发展程度。在实现各自高质量发展的基础上，构建互联互通、区域联动、协调发展的深层次合作机制体制，特别是，强化香港、深圳和广州等先发城市与肇庆、江门等后发城市金融服务合作，加强广州中心城区和周边郊区之间的金融合作，实现功能互补、开放包容、互利共赢，打破地区行政区划壁垒，构建跨区域合作利益共享机制，多渠道促进金融资源跨地区流动与优化配置。

例如，在粤港澳大湾区内，香港特区和澳门特区跨境业务发达，香港特区作为全球性金融中心，其金融资源配置能力较强，金融产业政策规范；而澳门特区具有与葡语国家的贸易优势。在大湾区协同发展背景下，广州要主动抓住大湾区建设的历史机遇，利用大湾区金融合作平台与湾区其他城市之间协同探索国际金融发展路径，促进金融协同创新。

而在广东省区域内，城乡发展不协调逐渐成为阻碍金融高质量协调发展的重要因素。作为广东省会和国家一线城市，广州不仅要发展好自身的金融服务体系，还肩负着促进广东省内金融行业协调发展的重任。为更好地发挥广州金融中心的辐射带动作用，应继续关注和建立面对农村地区、具有规范性的农村产权金融，发展普惠性金融。

从全国视野来看，广州还可以进一步深化多地域、多层次的金融合作，加强与泛珠三角城市，北京、上海、江苏和浙江等发达地区，以及中西部欠发达地区之间在金融服务业上的深度合作，做到不同地区之间的金融资源优势互补、竞争优势合作共赢，助力广州更充分地完善区域金融中心和金融网络枢纽的资源配置和协调互动功能。

第三，着力于提升广州市金融国际化程度。对标国际先进地区，打造市场化法治化国际化金融营商环境，推动税收、信用、监管制度等金融营商环境建设与国际标准相接轨,强化金融服务资源的区域内外、国内外优化配置、协同布局,促进金融服务投资贸易的自由化,深度嵌入全球科技金融服务创新网络,打造"湾区金融"国际品牌。

优化和创新适合金融国际化发展的营商环境,有利于加速国际资本在本地的集聚。由此目标出发,撬动体制性改革,并细化至阶段性任务,从而扎扎实实推进营商环境优化。税收环境是营商环境的重要组成。从税收政策展开而论,典型国际金融中心的金融业税收政策具有灵活性,不同金融中心对税收政策的依赖程度也不同。当前,广州金融产业正处于快速发展阶段,配套税制的设计应当因地制宜,简明可行。参照国际金融中心税制改革的成功经验,通过对增值税金融行业如免税和进项抵扣环节的设计,进一步强化企业所得税与个人所得税对吸引金融企业项目和高端金融人才的税收优惠效应,使得税收新政策和新机制成为推动广州金融产业转型升级的新动力,加速形成现代金融产业发展的"广州模式"。此外,金融行业的税收制度改革并非单兵先行,顶层制度的其他政策改革的协同配合也极为重要。

第四,着力于提升广州市金融生态系统整合效率。制度环境对金融服务等行业的效率提升具有重要的意义。因此,应利用南沙自贸区和广州期货交易所等平台载体"先试先行",探索优化对科技金融、供应链金融、离岸金融、普惠金融等新业态的监管治理,吸引高层次金融项目、金融人才等要素集聚,健全科技研发、成果转化、风险分担等配套金融服务体系,通过"互联网+"等先进技术,加强金融服务创新对高技术产业和中小微企业的支撑。

继珠江新城和琶洲会展区的开发后,广州正在着手打造本地又一重要金融集聚区——广州国际金融城。金融城的规划和配套设施对标国际金融中心,体现了广州发展金融业的决心。在新发展阶段下,产业空间的布局和规划、标杆性企业的引入,以及产业链、创新链和资金链上每个环节的融合互动都对推动广州市经济高质量发展举足轻重。为此,应积极争取中央和各级地方政府的全力支持,汇聚各方力量全面建设好国际金融城,强化其与其他金融集聚区和重大产业发展平台之间的联动效应,充分发挥金融资源聚集区的协同效应，为推动广州市金融服务升级与经济高质量发展提供源源不断的内生动力。

## 参考文献

1. 刘胜、陈秀英：《金融服务业与制造业空间协同分布驱动制造业转型升级了吗》，《金融经济学研究》2019年第1期，第111~120页。
2. 彭芳梅：《金融发展、空间联系与粤港澳大湾区经济增长》，《贵州社会科学》2019年第3期，第109~117页。
3. 刘孝斌、钟坚：《工业化后期中国三大湾区金融资本产出效率的审视——中国三大湾区44个城市面板数据的实证》，《中国软科学》2018年第7期，第80~104页。
4. 邹薇、樊增增：《金融支持粤港澳大湾区建设的实证研究——基于城际面板数据》，《国际经贸探索》2018年第5期，第55~67页。
5. 郭文伟、王文启：《粤港澳大湾区金融集聚对科技创新的空间溢出效应及行业异质性》，《广东财经大学学报》2018年第2期，第12~21页。
6. 刘向耘：《从粤港澳大湾区建设看金融如何支持经济转型升级》，《金融经济学研究》2018年第1期，第3~8页。
7. 刘胜、陈秀英：《行政审批改革对服务业生产率的影响研究——基于制度性交易成本视角》，《云南财经大学学报》2019年第9期，第55~63页。

# B.6
# 财税政策视野下的广州汽车制造业发展研究

广州市税务学会课题组*

**摘　要：** 汽车制造业是广州经济发展的重要支柱，广州市政府提出，到2025年，广州市汽车总产能达500万辆，力争产销规模居中国汽车制造基地第一，力争实现汽车产业年产值1万亿元。本文从财税视角分析广州汽车制造业近年发展情况，从新能源汽车、技术创新和人才培养、零部件和产业园规划、重点车企自主品牌四方面剖析了广州市汽车产业发展问题，提出了促进广州汽车制造业发展的建议。

**关键词：** 广州　汽车制造业　税收　城市竞争力

城市的产业发展是其核心竞争力，广州市政府在"全力提升经济中心功能"出新出彩方面提出目标，要把广州打造成为具有国际影响力的汽车产业"两区一高地"。具体目标是到2025年，广州市汽车总产能达500万辆，力争产销规模居中国汽车制造基地第一，力争实现汽车产业年产值1万

---

\* 课题组组长：王义平，广州市税务局局长。课题组成员：张忠锋，广州市税务局二级巡视员；丘伟元，广州市税务局税收科学研究所处长；郭建明，广州市税务局第三税务分局局长；曾谊，广州市税务局第三税务分局副局长；林向前，广州市税务局第三税务分局副局长；刘忠，广州市税务局第三税务分局三级调研员；余颂年，广州市税务局第三税务分局科长；黄静，广州市税务局第三税务分局副主任；吴晓芸，广州市税务局第三税务分局二级主任科员。

亿元,汽车行业成为广州提升经济中心功能的强劲引擎。在汽车产业链中,汽车制造业是绝对核心,汽车产业链其他相关环节、行业都是围绕汽车制造业而展开的。本文以汽车制造业为视角,以税收、财税数据为出发点,创新运用发票数据、财务报表数据、各税种明细申报数据等小颗粒数据,对广州近三年来汽车制造业的发展情况进行系统梳理,借鉴国内、国外先进经验,对税收在广州汽车制造业近中期战略规划中可发挥的支持性作用进行展望并提出建议,对税务机关做好汽车制造业税收管理与服务提出设想,提升税收工作服务经济社会发展大局的能力,从国家税收监管部门的角度对广州提升城市核心竞争力的战略规划进行积极回应。

# 一 广州汽车制造业近年发展现状

## (一)广州汽车制造业财务状况分析

1. 营业收入保持连续增长趋势

2017~2019年,广州市汽车制造企业营业收入分别为3728.58亿元、4082.52亿元、4133.08亿元(如图1所示),其中,2018年营业收入同比增长9.49%,2019年为1.24%,营业收入保持连续增长,但2019年增长趋势明显放缓。

2. 净利润呈倒"V"形发展趋势

2017~2019年,广州市汽车制造企业净利润分别为390.45亿元、430.79亿元、362.19亿元,其中2018年净利润同比2017年增长40.34亿元,增幅为10.33%;2019年净利润同比2018年下降68.6亿元,降幅为15.92%。广州市汽车制造企业2019年净利润出现大幅跳水,利润总额为近三年最低。

3. 营业成本呈逐年递增趋势

2017~2019年,广州市汽车制造企业营业成本分别为3020.73亿元、3359.02亿元、3435.58亿元,2018年、2019年同比分别增长11.20%和

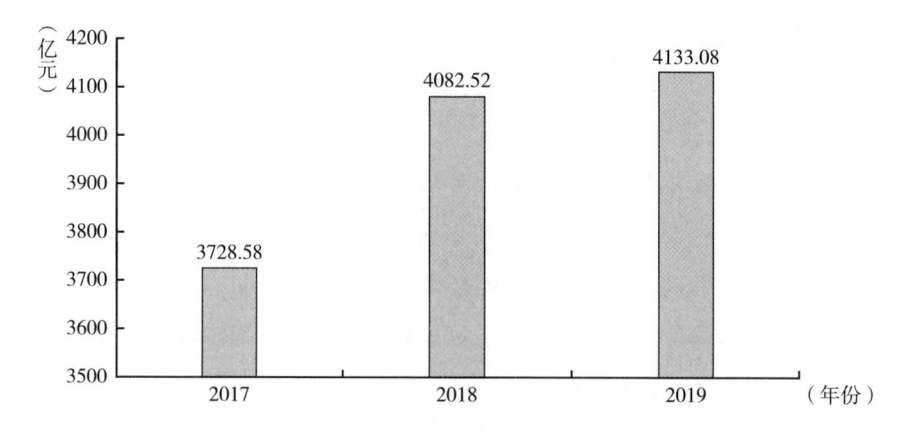

**图1 广州市汽车制造企业2017~2019年营业收入情况**

资料来源：广州市汽车制造企业2017~2019年企业所得税年度申报表。

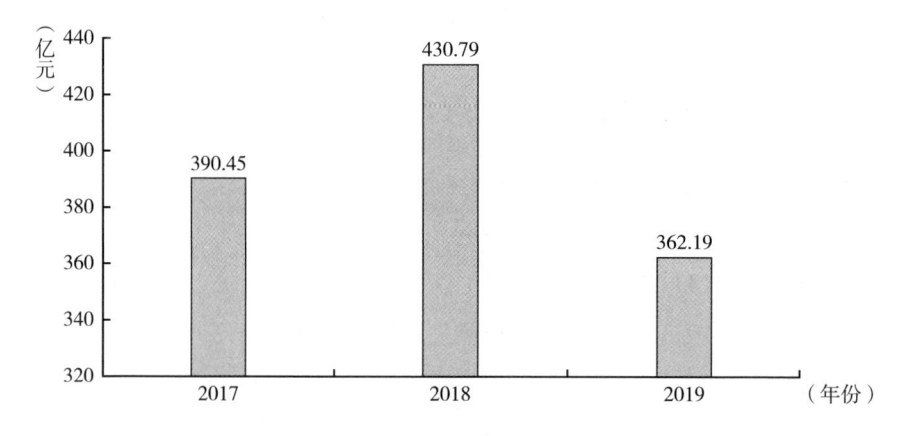

**图2 广州市汽车制造企业2017~2019年净利润情况**

资料来源：广州市汽车制造企业2017~2019年企业所得税年度申报表。

2.28%。广州市汽车制造企业近三年用于原材料采购、汽车制造以及员工工资支出的费用一直保持连续增长趋势。

4. 期间费用各项目支出情况存在差异

（1）销售费用：2017~2019年，广州市汽车制造企业销售费用分别为54.36亿元、73.76亿元、67.52亿元，2018年增幅为35.69%，2019年降幅为8.46%。广州市汽车制造企业不同年度的销售费用支出有所波动。

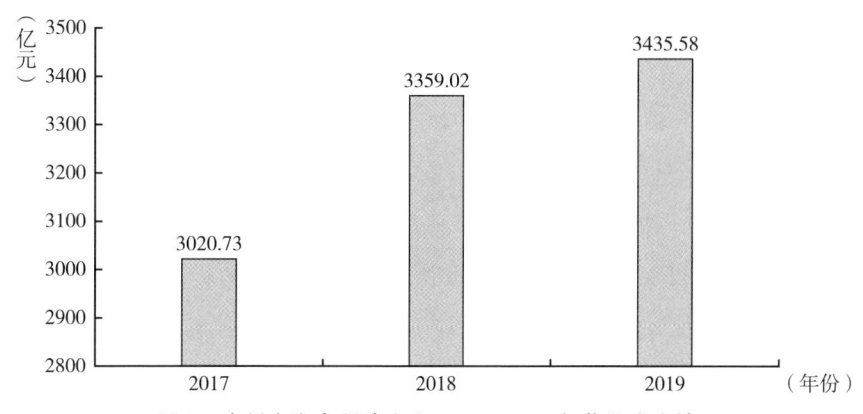

图3 广州市汽车制造企业2017~2019年营业成本情况

资料来源：广州市汽车制造企业2017~2019年企业所得税年度申报表

（2）管理费用：2017~2019年，广州市汽车制造企业管理费用分别为174.53亿元、199.83亿元、209.93亿元，2018年、2019年同比增幅分别为14.50%、5.05%。广州市汽车制造企业用于企业日常管理方面的支出呈逐年递增趋势。

（3）财务费用：2017~2019年，广州市汽车制造企业财务费用分别为-5.16亿元、-5.05亿元、-6.21亿元。近三年财务费用都是负数，说明广州市汽车制造企业现金流比较充足。

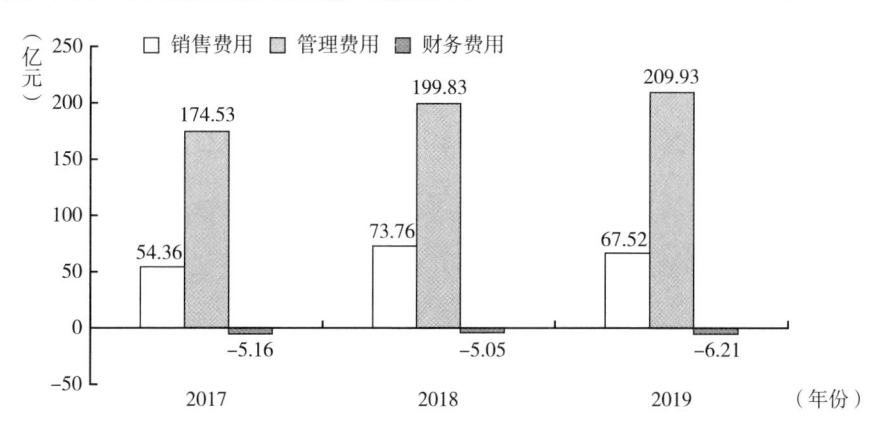

图4 广州市汽车制造企业2017~2019年费用支出情况

资料来源：广州市汽车制造企业2017~2019年企业所得税年度申报表

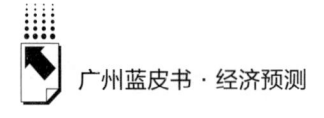

## （二）广州税收营商环境分析

近年我国大规模实施减税降费政策，振兴实体经济，为企业降成本、减负担，不断增强企业效益和活力，作为减税降费政策最大受益者的制造业税收负担持续下降。对于汽车制造业来说，这一系列政策营造了一个良好的税收营商环境，有利于汽车制造业的可持续发展。减税降费背景下，2019年广州市汽车制造业实现税收收入359.56亿元，同比下降6.07%，其中，中央级收入同比微增0.56%，省级收入同比下降20.83%，市区级收入同比下降14.62%。

**1. 减税降费政策持续发力，税收负担不断减轻**

近年来，税务部门围绕党中央、国务院关于落实减税降费工作的重大决策部署，对汽车制造业重点企业开展"个性化、智能化、专业化"的征管服务，针对纷繁复杂的减税降费政策适用及效应差异，依托纳税人学堂、点对点培训、上门辅导、媒体报道、户外宣传、电影作品等多种形式开展科学性和针对性宣讲。

伴随深化增值税改革，汽车制造业增值税税率从17%降至16%，再降至13%，2018年、2019年全市汽车制造业增值税同比分别下降17.35%、24.17%；2017~2019年，广州汽车制造业增值税税负从3.51%下降至1.79%，企业所得税税负从2.60%下降至2.20%，税负的减轻有利于企业增强发展动能。

以2019年增值税税收规模排名前十的重点汽车制造企业为对象分析增值税税负率，可以看到汽车制造企业的增值税税负率近三年呈现一个整体下降的趋势（如图5）。其中，增值税税负率较高的汽车制造企业下降幅度较大，以增值税税负率最高的C公司为例，2017年为14.75%，2019年为11.73%，降幅达20.47%。而增值税税负率下降幅度最明显的D公司和J公司，2019年与2017年相比，增值税税负率下降幅度分别为76.47%、75.45%。

以2019年企业所得税税收规模排名前十的重点汽车制造企业为对象分

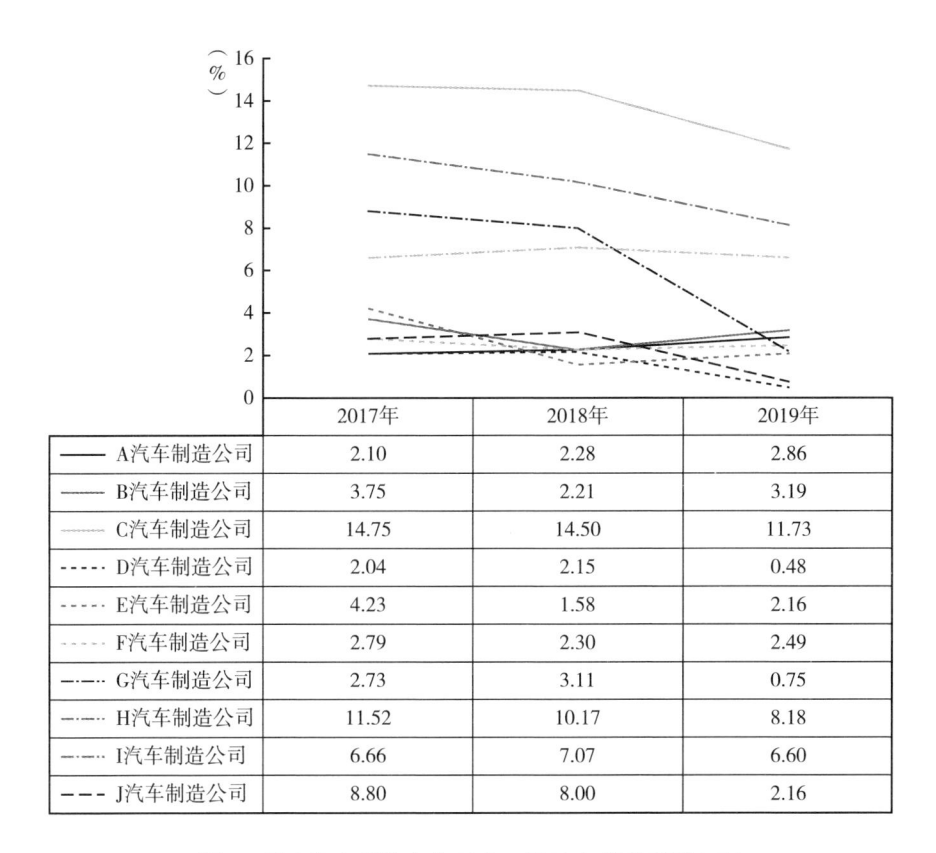

| | 2017年 | 2018年 | 2019年 |
|---|---|---|---|
| ——— A汽车制造公司 | 2.10 | 2.28 | 2.86 |
| ——— B汽车制造公司 | 3.75 | 2.21 | 3.19 |
| ——— C汽车制造公司 | 14.75 | 14.50 | 11.73 |
| ------ D汽车制造公司 | 2.04 | 2.15 | 0.48 |
| ----- E汽车制造公司 | 4.23 | 1.58 | 2.16 |
| ——— F汽车制造公司 | 2.79 | 2.30 | 2.49 |
| –·–·– G汽车制造公司 | 2.73 | 3.11 | 0.75 |
| –··–·· H汽车制造公司 | 11.52 | 10.17 | 8.18 |
| –—–— I汽车制造公司 | 6.66 | 7.07 | 6.60 |
| – – – J汽车制造公司 | 8.80 | 8.00 | 2.16 |

**图5 重点汽车制造企业2017~2019年增值税税负率**

析企业所得税税负率，可以看到不同的汽车制造企业在企业所得税税负率的变化上有着较大的区别（如图6所示）。其中，以企业所得税税负率最高的C公司为例，2018年同比下降31.72%，而2019年同比增加75.83%，上下波动较大。而从近三年的整体情况看，10家重点汽车制造企业中，仅4家企业所得税税负率出现了下降。仅从企业所得税税负率看，可能是由于广州市的重点汽车制造企业大部分均为传统汽车制造，而企业所得税相关的税收优惠政策集中在技术创新、研发支出方面，未能对传统产能实现有效支撑。

2. 创新激励政策支持力度有待进一步增强

由于提高研发费用税前加计扣除比例和固定资产加速折旧优惠扩围，广州市汽车制造业近三年研发费用税前加计扣除额同比增长46.79%，2018~

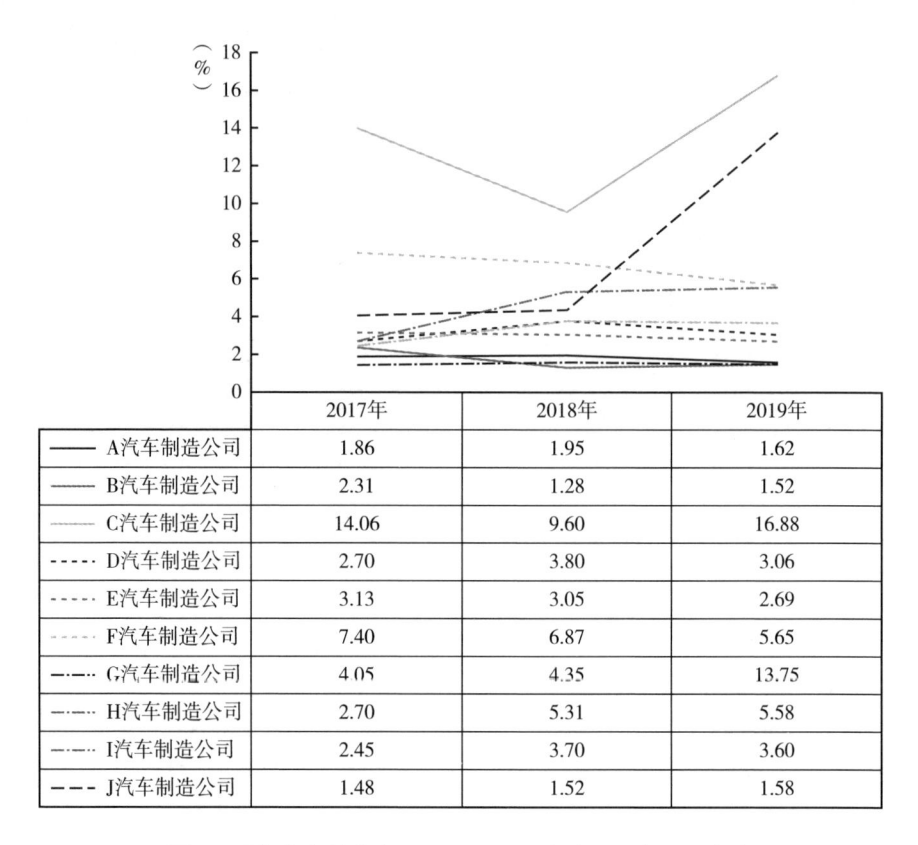

| 公司 | 2017年 | 2018年 | 2019年 |
|---|---|---|---|
| A汽车制造公司 | 1.86 | 1.95 | 1.62 |
| B汽车制造公司 | 2.31 | 1.28 | 1.52 |
| C汽车制造公司 | 14.06 | 9.60 | 16.88 |
| D汽车制造公司 | 2.70 | 3.80 | 3.06 |
| E汽车制造公司 | 3.13 | 3.05 | 2.69 |
| F汽车制造公司 | 7.40 | 6.87 | 5.65 |
| G汽车制造公司 | 4.05 | 4.35 | 13.75 |
| H汽车制造公司 | 2.70 | 5.31 | 5.58 |
| I汽车制造公司 | 2.45 | 3.70 | 3.60 |
| J汽车制造公司 | 1.48 | 1.52 | 1.58 |

图6　重点汽车制造企业2017~2019年企业所得税税负率

2019年加速折旧优惠金额每年均超7亿元。

从国家需要重点扶持的高新技术企业减按15%的税率征收企业所得税，研发费用加计扣除，享受加速折旧政策的资产按税收一般规定计算的本年折旧、摊销额三个维度看税收营商环境对汽车制造业的创新激励作用，可以看到2018年推行减税降费后，对汽车制造业的创新激励有了飞速的提升，2019年相比2018年呈现稳步提升的趋势。

在国家需要重点扶持的高新技术企业减按15%的税率征收企业所得税方面，2018年同比增幅64.48%，2019年为21.02%，2019年增幅相比其他两个指标增幅最大。

在研发费用加计扣除方面可以看到，在2017年提高科技型中小企业研

□ 享受加速折旧政策的资产按税收一般规定计算的本年折旧、摊销额
■ 研发费用加计扣除
■ 国家需要重点扶持的高新技术企业减按15%的税率征收企业所得税

**图7 广州市汽车制造企业2017～2019年创新激励税收政策成效**

究开发费用税前加计扣除比例至75%后，汽车制造企业的研发费用加计扣除金额在2018年实现了几乎翻倍增长，体现出减税降费政策对研发费用支出有明显的拉动效应。

在加速折旧方面，2018年同比增幅为39.12%，而2019年仅为1.54%。结合汽车制造企业财务报表可以看到，固定资产在2019年也有大幅下降，初步判断近两年汽车制造业也在不断投资改造固定资产，逐步淘汰旧产能。

结合汽车制造业财务状况分析，近三年研发费用年均增长22.60%，营业收入年均增长5.27%。由于研发投入回报周期往往较长，全市汽车制造业利润总额近三年年均下降4.01%，当前创新激励税收政策对汽车产业的支持力度有待进一步增强。

3. 2020年受疫情影响汽车制造业发展先抑后扬

近两年汽车终端市场相对低迷，新冠肺炎疫情进一步加剧了汽车产业的经营困难，2020年一季度，广州市汽车销售总量同比下降48%。二季度以后，一方面国内疫情得到有效控制，广州各大厂商复工复产良好，产能得以快速修复，出行端需求恢复带动汽车消费复苏；另一方面党中央提出"双循环"发展战略，出台一系列扩大内需、促进消费的激励政策，广州市也

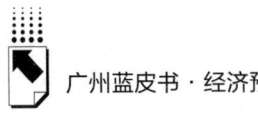

陆续出台《广州市促进汽车产业生产消费若干措施》《广州市促进企业产业加快发展的意见》等政策，支持汽车产业发展，汽车消费市场得到有效提振。1~11月，汽车制造业总产值同比增长2.8%，其中新能源汽车受政策利好带动，产量增长25.6%。汽车制造业创税能力也逐渐回升，1~11月共实现税收收入329.16亿元，税收降幅较上年同期缩窄至4%。

## 二 财税视角下的广州汽车产业发展分析

### （一）广州汽车产业已有比较清晰的发展规划

2001年，我国第一次明确提出新能源汽车"三纵三横"①的基本技术体系和发展布局，新能源汽车产业作为战略性新兴产业之一，纳入我国发展绿色城市的重要战略部署。作为中国重要汽车生产基地的广州，2019年底新能源汽车达到10万辆左右。目前，广州拥有四个新能源汽车自主品牌：东风日产晨风、广汽传祺、广汽比亚迪和北汽。近两年，小鹏汽车、恒大汽车等新能源汽车企业相继落户广州。如果能把发展新能源汽车作为推动汽车产业发展的重要出发点，将有助于广州在汽车产业里获得弯道超车的机会。汽车企业的发展离不开新产品的研发、技术创新和技术改造，它们决定着企业的产品市场拓展能力、成品水平和技术水平，是企业竞争力的最重要因素。技术创新能力的强弱是汽车企业竞争力的重要体现。市场竞争的背后是技术创新能力的竞争。如果汽车企业的技术创新能力低下，就意味着缺乏市场竞争力，最终将在竞争中被淘汰。汽车零部件产业作为汽车工业可持续发展的根基，是汽车产业做大做强的坚实支撑。近年来，广州密集出台政策规划加快汽车零部件产业发展，2016年的《广州国际汽车零部件产业基地建设实施方案》提出实施"153"战略（一个基地、五个园区、三个重点）

---

① "三纵"指混合动力汽车、纯电动汽车、燃料电池汽车；"三横"指多能源动力总成系统、电机驱动系统、控制单元、动力电池和电池组管理系统。

"构建广州国际汽车零部件产业基地,打造国际高端汽车零部件制造和出口基地、国家级新能源汽车零部件产业集聚区和国家级智能网联汽车零部件产业集聚区"。2018年的《广州市汽车产业2025战略规划》提出要"加强整零协同发展,实现关键核心零部件突破","建立智能网联新能源汽车核心零部件产业集群,逐步培育本地核心零部件企业"。

## (二)新能源汽车发展面临四大瓶颈

一是新能源汽车产业快速增长,但整体规模仍较小。新能源汽车及智能网联汽车是未来汽车产业的关键领域,也是广州汽车产业未来发展的重点。近年来,广州在新能源汽车领域加快发展步伐,不断加大投入和政策扶持,在全市汽车产量持续下滑的背景下,新能源汽车产量仍保持高速增长,2017~2019年年均增长率高达186.53%,远超全国平均水平(25.07%),占全国新能源汽车产量的比重从0.93%提升至4.88%。2019年,广州汽车制造业税收同比下降6.02%,新能源车整车制造业因上年有大额增值税留抵退税收入为负,税收同比增收1.22亿元。虽然广州新能源汽车产业呈现良好发展态势,但总体规模仍然偏小,2019年新能源车整车制造业贡献税收0.58亿元,占全市汽车制造业税收的比重仅为0.16%。二是市场推广相对滞后,导致增长放缓。2010年以来,实施了一系列新能源汽车补贴政策,在全国推广,取得了明显成效。2014年,广州市开始实施新能源汽车补贴政策,开展回溯补贴。然而,与其他新能源产业的新兴城市相比,广州却错失了新能源汽车产业的发展先机。2018年新的补贴政策突出了技术进步的要求,大幅倾斜了高技术车型补贴资金,鼓励应用高能量密度和低能耗车型,并明确提高了技术门槛要求。随后,广州市出台《关于广州市汽车产业2025年战略规划的通知》,出台了新能源汽车相关补贴政策,规定部分插电混合车型可获1万元本地补贴,加速推广应用新能源汽车。三是充电桩等基础设施建设成为重要制约因素。截至2019年底,广州市新能源汽车保有量约10万辆,在新能源汽车充电基础设施建设方面,截至2019年6月底,广州已完成约2万个充电基础设施建设,累计建设完成84个公交充电站点、

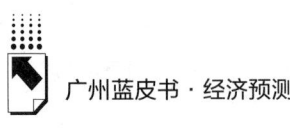

2319个充电桩，充电基础设施数量与新能源汽车数量存在不匹配的问题。"充电难"是困扰新能源汽车发展的瓶颈之一，尽管广州市一直重视新能源汽车充电设施建设，但由于停车场地物管配合度较低、建设用地难以落实、企事业单位积极性不高，充电桩与新能源汽车数量不匹配的问题依然突出，并且随着新能源汽车数量及市场的扩大，充电基础设施的建设将成为新能源汽车推广的重要制约因素。要在广州市全面推广新能源汽车，需要加强充电桩等基础设施建设。四是重点技术有待突破，核心竞争力需要提高。广州市新能源汽车产业在动力电池系统、驱动电机、电控系统等三个方面的核心技术研发能力仍较弱，新能源汽车产业技术研发方面还处于起步阶段。放眼全国新能源汽车产业，发展比较迅猛的是上海市、深圳市，其中，上海市是新能源汽车密度最大的地区。2018年，外资汽车企业股比限制被放开后，新能源汽车巨头特斯拉与上海市政府签署纯电动车项目投资协议，超级工厂正式落户上海临港地区，2019年超级工厂正式开工，为国内新能源汽车产业注入竞争的活力。深圳是全球纯电动出租车发展的起源地，比亚迪作为国内新能源汽车产业的龙头企业，在掌握"三电"核心技术的基础上，生产研发出可满足大型城市运营需求的电动出租车、电动公交车，并获得深圳市的采购。深圳市的纯电动公交车中，90%以上来自比亚迪。

### （三）汽车产业技术创新和人才培养有较大上升空间

一是技术创新是汽车产业发展的关键。2018～2019年，广州市整车制造企业研发费用分别为0.85亿元、9.88亿元。研发费用的大幅度上升与研发费用加计扣除比例从50%提高到75%的减税降费政策呈现同方向变动趋势，体现出减税降费政策对研发费用支出有明显的拉动效应。但2019年研发费用占营业收入比例约0.4%，反映出技术创新动力仍有待加强，企业的研发支出仍有较大上升空间。二是在新科技革命的驱动下，全球汽车产业正在发生颠覆性变革，而产业变革将对未来汽车人才需求产生重大影响。与传统汽车产业相比，新能源和智能汽车领域对高端人才需求旺盛。数据显示，在传统汽车领域，14%的人才具有跨行业工作经历，而在新能源、智能汽车领域，90%的人才具有跨行业工作经历，体现了该领域人才的高度多元化和跨境流动性。经数据分析，2017～2019年，广州整车制造企业的职工教育经费支出分别为0.29亿元、0.40亿元、0.33亿元，2018年、2019年同比增幅分别为37.93%、-17.5%，企业对职工的教育培训投入仍有待增加。

### （四）零部件研发和产业园规划亟待强化

一是产业政策规划持续发力，汽车零部件产业发展加快。在政府的高度重视和大力支持下，广州汽车零部件及配件制造业固定资产投资在经历连续4年下滑后，2019年同比增长86.70%，高于汽车制造业固定资产投资增速30.70个百分点，2017～2019年全市规模以上汽车零部件制造业产值从1398.01亿元增长至1428.02亿元，占全市规模以上工业总产值的比重从6.68%提升至7.44%。二是汽车零部件区域发展分化明显，东部集群占据半壁江山。广州按照差异化发展原则，在现有产业基础上布局番禺、增城、花都、南沙、黄埔和从化六大汽车零部件产业园区。目前全市有汽车零部件及配件制造企业1400余家，围绕本田、日产、丰田三大日系整车生产企业，形成了东部、北部、南部三大汽车零部件产业集聚区。2019年三大集聚区合计贡献汽车零部件及配件制造业税收107.89亿元，占全市汽车零部件及配件制造业税收的99.35%，较2017年占比提高0.11个百分点。从税收数据看，东部的黄埔、增城，依托广汽本田、北汽两大整车制造带动，汽车零部件产业规模最大，近三年的汽车零部件及配件制造业税收全市占比均保持在50%以上，2019年实现相关税收54.65亿元，全市占比50.33%；北部凭借花都的东风日产和从化的广汽日野，汽车零部件产业发展最快，汽车零部件及配件制造业税收规模从2017年的32.91亿元增长至2019年的35.81亿元，税收占比从2017年的24.87%提升至2019年的32.98%；南部围绕番禺的广汽乘用车和南沙的广汽丰田，致力打造多元化汽车零部件基地、新能源汽车及关键零部件基地、区域零部件出口基地，2019年实现相关税收17.42亿元，税收占比16.04%。三是汽车零部件落后于整车制造业，核心竞争力仍待提高。广州汽车零部件产业虽然近年来加快发展，但发展水平与汽车整车制造业相比仍然落后。从近三年全市汽车制造业税收构成看，整车制造业税收占比近七成，零部件及配件制造业税收占比约三成，与产值占比大致吻合。2019年，零部件制造业税收同比下降21.64%，低于整车制造业税收增速约25个百分点，是全市汽车制造业税收下降的主要原因。当前广州汽车零部件产业主要存在以下问题：一是汽车零部件本地化率较低。近三年广州规模以上汽车零部件制造业与整车制造业的产值比约为0.3∶1，而我国汽车零整产值比为1∶1左右，发达国家能达到1.7∶1，由于广州汽车产业以日系品牌为主，汽车核心零部件多依赖进口，近三年全市汽车零部件进口额年均增长4.98%，出口额年均下降9.23%，汽车零部件领域的贸易逆差始终存在。二是汽车零部件的技术含量和附加值不高。广州生产的汽车零部件除发动机外，以内饰等非功能性的产品居多，2019年全市汽车零部件及配件制造业税收规模前十的企业中，汽车内饰生产企业就占了3家，广州在电子控制系统等技术含量高、附加值高的零部件领域生产能力不足，很大程度上制约了广州汽车产业整体价值链的提升。三是缺少竞争力强的汽车零部件龙头企业。近三年入围全球汽车零部件商百强榜的中国企业从5家增长至7家，但广州企业未在其中，也无缘中国汽车零部件企业百强榜前十。广州2019年营业收入超100亿元的汽车零部件企业有2家，与2017年持平，超10亿元的有41家，较2017年增加1家，距离"到2020年，力争营业收入超100亿元汽车零部件企业4家、超10亿元50家"的发展目标尚有一定差距。2017～2019年，全市汽车零部件及配件制造业年纳税超亿元的企业从2017年的26家下降至2019年的23家，户均纳税额同比下降14.8%。

**（五）广州重点车企自主品牌存在发展制约**

广州汽车产业发展主要依靠广汽集团和东风日产两大龙头车企，中日合资品牌占据主导地位，自主品牌近年来加快发展，但因起步较晚，与国内其他汽车城市相比尚存在一定差距，成为制约广州汽车产业做大做强的短板。一是龙头车企带动效应显著，盈利能力优于行业整体水平。广州汽车整车制造企业主要是广汽集团旗下的广汽本田、广汽丰田、广汽乘用车和东风日产旗下的风神汽车、东风日产乘用车,上述五大重点车企2019年合计贡献全市汽车制造业税收的70.86%,占比较2017年提高2.92个百分点,税收集中度进一步提升。近三年,伴随广州汽车制造业税收逐年下降,重点车企在2019年逆势增长4.49%,高于全市汽车制造业税收增速10.51个百分点,龙头企业带动效应明显。从企业所得税年度申报表反映的财务状况看,2017~2019年,重点车企营业收入和利润总额分别年均增长7.38%和4.86%,分别高于全市汽车制造业年均增速2.10个和8.54个百分点,盈利能力优于行业整体水平。但也应看到,重点车企近三年营业成本年均增速(8.58%)快于营业收入年均增速(7.38%),同时高于全市汽车制造业营业成本年均增速1.93个百分点,反映出在汽车市场下行的背景下,重点车企经营压力增大,利润空间变小。二是合资品牌占据主导地位,自主品牌发展相对落后。广州汽车产业主要以合资品牌为主,自主品牌数量较少。广汽集团经过历年发展,形成了广汽本田、广汽丰田、广汽菲克、广汽三菱四大合资品牌,2010年推出首款自主品牌广汽传祺。从汽车销量情况看,广汽本田、广汽丰田两大日系合资品牌占广汽集团汽车销量的比重从2017年的57.34%提高至2019年的70.45%,近三年销量年均增长12.53%,高于广汽集团年均增速11.01个百分点,是拉动集团业绩增长的主要力量;自主品牌广汽传祺自2015年推出"传祺GS4"后迎来快速增长期,但近三年销量增速逐年放缓,2017年、2018年分别增长36.71%、5.23%,2019年同比下降28.14%,占广汽集团汽车销量的比重从2017年的25.42%下降至2019年的18.65%。东风日产2010年成立自主品牌东风启辰,2017~2019年,合资品牌东风日产销量年均增长2.11%,自主品牌东风启辰销量年均下降7.34%,2019年仅为东风日产销量的1/10,二者销量差距不断扩大。究其原因,广州汽车自主品牌在技术积累、质量把控、产品力及升级换代方面都与合资品牌存在较大差距,仅靠一两款明星产品很难长期占领市场,也存在较大的结构风险。三是广州车企实力次于上海、长春,自主品牌竞争力较弱。根据中国乘联会数据统计,2019年狭义乘用车批发销量前15名的车企排行榜中，广州入围3家，均为中日合资品牌企业，分别是东风日产（第5名）、广汽本田（第10名）、广汽丰田（第14名），入围数量与上海并列第一。从榜单销量情况看，上海凭借上汽大众、上汽通用和上汽乘用车，总销量位居榜首，长春依靠一汽大众和一汽丰田，总销量紧随其后，广州总销量虽然排名第三，但在国内车市整体低迷的大环境下，依靠三大日系品牌车企销量带动，逆势增长4.56%，增速明显快于上海（-9.77%）、长春（0.82%）。从自主品牌入围情况看，国内共5家自主品牌车企入围，占据榜单的1/3，分别是杭州的吉利汽车（第4名）、保定的长城汽车（第7名）、重庆的长安汽车（第8名）、上海的上汽乘用车（第12名）、芜湖的奇瑞汽车（第15名），广州并无自主品牌车企入围，广汽传祺和东风启辰两家自主品牌销量合计尚不及排名第15的奇瑞汽车，自主品牌市场竞争力与其他汽车城市相比尚存在较大差距。综上所述，广州车企实力虽然排名靠前，但都是依靠日系合资品牌增长拉动，自主品牌发展较为落后，影响了广州汽车整体竞争力的提升。

## 三 广州汽车制造业发展政策建议

### （一）大力为新能源汽车发展培育沃土

一是广州要获得汽车产业"超车"的机遇，需要加快发展新能源汽车产业，通过降低产品成本和价格，增加续航里程，促进汽车产业转型升级，通过相关财税政策，降低运营维护成本，完善充电网络，鼓励私人购买新能源汽车。对广州市符合条件的新能源汽车推广应用，要进一步加大地方财政对新能源汽车购置补贴力度，继续完善和优化新能源汽车的牌照申请和上牌流程。二是从财税角度看，收费基础设施建设滞后的原因之一是建设成本过高。政府要合理规划和加大资金投入，支持充电基础设施建设，通过直接补贴充电基础设施建设和对充电基础设施实施税收优惠政策，增加公、私充电桩数量，实现新能源汽车与充电基础设施的合理匹配，确保新能源汽车的正常运营和推广。三是促进广州市新能源汽车产业发展，要抓好重点技术尤其是"三电"核心技术的研发。政府可通过提高补贴门槛，倒逼企业加大力度投入核心研发中，掌握动力电池系统、驱动电机、电控系统等核心技术，提高新能源汽车的自主创新水平。

## （二）加快汽车行业技术创新和人才培养

一是加大相关政策扶持力度，抢占先机，扶持本土车企弯道超车，赶超国外老牌车企。首先对新能源汽车可以加大现有的税收优惠政策的优惠力度，适当放宽税收优惠的条件。例如，扶持本土车企新能源品牌发展，可以效仿化妆品行业，将企业发生的符合条件的广告费和业务宣传费支出提高扣除限额，从15%提升到30%，鼓励企业提高自身品牌知名度及新能源汽车的社会认可度，放宽研发费加计扣除、加速折旧政策的限制条件等。另外，可以给予新能源汽车基础设施建设企业一定的税收优惠，加速基础配套设施的建设也是促进该行业发展的有力手段。二是提升广州人才吸引力，一方面要搭建和完善汽车产业高端人才税负补贴机制，对于引进的外籍技术专家、科研人员等，就该国与我国的个人所得税税负差给予补贴，进一步降低外籍技术专家实际税负水平，提高广州整体城市的吸引力和人才聚集力；另一方面要形成核心人才白名单，对于在汽车产业关键领域的关键人员给予免征个人所得税的政策，并对其在教育、医疗、落户、购房等方面给予优惠待遇或补贴，吸引、留住一批汽车产业科研领域领军人才，提升广州汽车产业的核心竞争力。

## （三）巧借他山之石取长补短，推动汽车零部件产业政策不断完善

武汉作为全国六大乘用车生产基地之一，汇集了中、美、法、日、英五大车系，拥有全系列汽车零部件产业链，多年来汽车产业位居全市第一大支柱产业，是名副其实的汽车之城。通过比较广州、武汉关于支持汽车零部件产业的财政政策，可以发现各自的侧重点有所不同，广州更侧重于对企业或项目的引进，比如："对新引进广州国际汽车零部件产业基地的国内外一流

汽车零部件制造企业（项目），实缴注册资本2000万元以上的，择优按实缴注册资本的5%给予补助，每家企业最高不超过5000万元。""支持本地骨干龙头汽车零部件企业按照市场化原则兼并收购国际汽车关键零部件企业，并将注册地迁入本市，对成功迁入的，额外给予一次性奖励300万元。""对新建或迁移至广州国际汽车零部件产业基地内的公共技术服务平台，按实缴注册资本的30%给予补助，最高不超过5000万元。""成立关键零部件研发制造中心的，按实缴注册资本的10%给予奖励，每家中心最高奖励2000万元。"《广州国际汽车零部件产业基地建设实施方案》将"开展国际化引资引技引智"作为基地建设规划的主要任务之一。武汉更侧重于对企业的成长扶持，比如：为支持企业扩大规模，按年产值规模划分企业，根据产值增幅的不同且对财政贡献呈正增长的，给予相应的奖励；为支持企业转型升级，符合产业发展规划的投资项目，在建设有效期内固定资产达到3000万元以上的，按固定资产投资的6%给予补助，最高不超过1000万元；为支持产业联动发展，鼓励企业相互采购，并按规定给予补贴；对有发展潜力的企业，租赁工业厂房进行生产制造的，每年给予一定的补贴。单个企业享受补贴的最大面积不得超过2000平方米。对年销售额2000万元以上或年增长80%以上的企业，可累计补贴3年；为支持中小企业发展，战略性新兴产业或"中国制造2025"重点领域的中小企业获得银行贷款，将给予贴息支持。建议广州借鉴武汉经验，在加大招商引资力度的同时，更加注重企业的可持续发展，支持汽车零部件企业依托产业链优势环节开展核心技术研发攻关，推动汽车零部件产业集群不断发展壮大。

**（四）合理运用税收促进广州汽车自主品牌发展**

广州的汽车自主品牌因起步较晚，已错过第一轮发展先机，要赶超国内其他汽车自主品牌，缩小与合资品牌的发展差距，就要好好把握新能源和智能网联汽车的发展机遇，在产品质量和服务上多下功夫，推动广州汽车自主品牌"走出去"。税务部门应加大对汽车自主品牌的政策扶持力度，营造良好税收营商环境，助力自主品牌车企降本增效，提高竞争力。一是延长研发费用加计扣除的税收优惠政策,鼓励自主品牌车企持续加大研发投入,推动技术创新和产品升级。二是适当放宽高新技术企业认定条件,简化认定流程,保证自主品牌车企应享尽享相关税收优惠及政策扶持。三是加快消费税改革,由中央税改为中央与地方共享税,将汽车消费税征收由生产环节后移至消费环节,减少生产企业资金占用,增强企业发展动能,调动地方改善汽车消费环境的积极性,调整汽车消费税征税范围,对高端豪华车型或汽车排量、价格达到一定标准的车辆实施征收,降低车企税收负担。四是加强用地用房政策支持,通过优化土地使用税和房产税减免政策,支持自主品牌车企扩大生产和转型升级。五是强化信贷支持,深化银税互动机制,帮助企业解决融资难题,建议将贷款利息纳入增值税进项抵扣范围,切实减轻自主品牌车企资金压力。六是加大对自主品牌汽车的车辆购置税优惠力度,降低消费者购车成本,提高对自主品牌汽车的购买意愿。

## 参考文献

1. 《2020 年后广州新能源汽车将达 20 万辆》,《能源与环境》2020 年第 1 期,第 97 页。
2. 《广汽与国网电动合作推动新能源》,《汽车与配件》2019 年第 23 期,第 18 页。
3. 孙维维:《上海:打造新能源汽车"新高地"》,《宁波经济(财经视点)》2019 年第 1 期,第 17 页。
4. 陈远鹏:《比亚迪:从深圳出发走向世界》,《小康》2018 年第 20 期,第 36 ~ 37 页。
5. 高远、赵黎:《2017 年全国新能源汽车销量前十城市详解》,《汽车纵横》2018 年第 3 期,第 35 ~ 39 页。
6. 甄文媛:《广汽传祺:从中国品牌到国际品牌》,《汽车纵横》2017 年第 12 期,第 30 ~ 32 页。
7. 范如国、冯晓丹:《"后补贴"时代地方政府新能源汽车补贴策略研究》,《中国人口·资源与环境》2017 年第 3 期,第 30 ~ 38 页。
8. 马小毅:《新能源汽车在广州的发展》,《交通与运输》2017 年第 1 期,第 18 ~ 19 页。

9. 于颖哲、吕洪涛、李明磊：《新能源汽车产业税收政策的选择》，《国际税收》2015年第11期，第73~76页。

10. 黄栋、祁宁：《我国新能源汽车产业破坏性创新的政策支持研究》，《当代经济管理》2014年第8期，第79~86页。

11. 刘敏：《低碳践行　缔造传祺——广汽集团新能源产品战略》，《广东科技》2013年第17期，第42~44页。

12. 林维奇、陈启杰：《关于新能源汽车的文献综述》，《特区经济》2012年第11期，第287~290页。

# B.7
# 广州南沙航运金融发展研究报告

陈婉清　魏茜娜[*]

**摘　要：** 南沙因海而兴，港口和航运物流产业是南沙贡献最大、最具特色、最有影响力的产业。本文通过分析南沙航运金融现状，比较研究先进地区航运金融发展的特点与经验做法，查摆发展中面临的困难和问题，提出未来规划和发展建议，助力南沙加快建设大湾区国际航运、金融和科技创新功能的承载区。

**关键词：** 广州南沙　航运金融　航运保险　金融要素交易平台

《粤港澳大湾区发展规划纲要》[①] 提出建设粤港澳大湾区深度合作平台，高标准打造国际高端航运服务中心，重点发展航运金融等现代航运服务业。广州正大力建设国际航运中心，将南沙作为国际航运中心核心功能区，鼓励航运与海洋金融机构和相关中介服务机构在南沙区集聚发展，打造航运金融服务集聚区适逢其时。2020年广州港完成货物吞吐量5.3亿吨、集装箱吞吐量2173万TEU，稳居全国港口第四位、世界港口第五位。其中，南沙港区货物吞吐量3.43万吨、集装箱吞吐量1721.68万TEU，两项指标分别占广州港的65%和79%。2019年11月广州南沙国际邮轮母港开通运营及

---

[*] 陈婉清，广州南沙经济技术开发区金融工作局副局长；魏茜娜，广州南沙经济技术开发区金融工作局工作人员。
① 中共中央、国务院：《粤港澳大湾区发展规划纲要》，2019年2月印发实施。

2020年8月南沙保税港区获批升级为综合保税区，南沙航运产业在全国的地位日益凸显，与之相适应的航运金融及相关服务创新发展也将成为助推广州国际航运中心建设的重要力量。

## 一 南沙航运金融发展情况

目前全球航运业发展态势表明，世界航运物流运输的相关业务重心已由欧洲逐步转向亚洲，全球航运金融服务业的发展重心也呈现向亚洲转移态势。数据显示，2020年全球十大集装箱港，亚洲占了9个，而中国就占了7个[①]。亚洲急需打造一个能为船东及船舶的运营商提供金融服务的一站式国际航运中心。

《粤港澳大湾区发展规划纲要》全文近2.7万字，关于航运金融的关键词有金融（62次）、跨境（33次）、海洋（31次）、航运（17次）、保险（17次）、物流（16次）、港口（12次）。其中，对南沙的定位为："携手港澳建设高水平对外开放门户。充分发挥国家级新区和自贸试验区优势，加强与港澳全面合作，加快建设大湾区国际航运、金融和科技创新功能的承载区，成为高水平对外开放门户。"

自贸区挂牌以来，南沙加快培育航运金融服务产品，发展航运保险、融资租赁、融资担保等服务业务，并在推进航运要素交易平台、航运产业投资基金等方面取得积极有效的成果。

### （一）建立航运金融综合服务平台

广州航运交易所成立九年来，已基本建成华南地区最大的船舶交易服务

---

[①] 根据英国劳氏日报（Lloyd's List）发布"2020全球100大集装箱港口排行榜"排名，前五名中，除第二名新加坡港外，全部为中国大陆港口囊括。排名前十中共有6家中国大陆港口上榜。全球集装箱港口排名前十分别为上海港（第1）、新加坡港（第2）、宁波舟山港（第3）、深圳港（第4）、广州港（第5）、釜山港（第6）、青岛港（第7）、香港港（第8）、天津港（第9）、荷兰鹿特丹港（第10）。

平台，船舶交易服务网点15个，提供便捷、高效、优质的"一站式"综合性服务，自贸区挂牌以来（2015年4月~2020年12月），累计完成船舶交易3653艘，交易额达145.65亿元，已发展成为华南地区最大的船舶资产交易服务平台。珠江航运指数体系初步搭建完成，国家统计局已将珠江航运指数纳入交通运输和邮政业价格统计报表制度。截至2020年12月31日，珠江航运运价指数共发布综合运价指数238期，指数周评论238期，收集运价数据72992条，产生数据成果15708条，基本形成辐射华南、影响粤港澳湾区的具有一定影响力的航运资讯服务品牌。航交所创新研发航运金融风控产品——航控e平台，整合数据资源构建掌上智慧航运圈。另外，广州航运交易所中标广东省商务厅《2019年广东自贸试验区航运发展指数研究和编制项目》，后续将在现有南沙自贸试验区航运发展指数的基础上，研究编制涵盖广东三大自贸区的航运发展指数。

广州航运交易有限公司的船舶资产交易平台、运输交易平台、航运人才服务市场三大核心子平台和项目已全部落地南沙自贸区，并投入运行，业务增长势头良好。2020年9月，广州航运供应链金融服务平台在金交会启动仪式上授牌成立。平台专注服务于航运机构，在广州枢纽大港基础上拓展多元化服务，形成供应链金融服务创新方案，构建航运与金融机构的交易闭环，解决航运机构融资难的问题。截至目前，累计为珠三角地区近100家物流、粮食、建材、冷链中小企业提供供应链金融服务支撑，其中为73家物流企业、13家贸易企业和5家船东企业提供航运供应链金融服务132单，融资金额3.19亿元。广州航运交易有限公司完成国内首例以美元结算跨境船舶租赁资产交易的创新业务、国内首例跨越亚非美三个大陆进行船舶资产交易业务等，被列入广东自贸区制度创新案例；2020年经营总收入超2亿元；组织56场次、46艘次船舶竞价，成交33艘次，其中境外船舶拍卖成交11艘，标志着广州航运交易平台已具备国际化船舶交易及交割的服务能力。

**（二）充分发挥南沙航运产业投资基金的作用**

2016年5月，南沙产投基金公司联合广州港集团、广州航运交易有限公司、相关金融机构共同发起设立总规模为50亿元的"广州南沙航运产业投资基金",其中区财政出资10亿元,社会募资40亿元,首期基金规模20亿元,重点投向现代航运物流、航运服务、航运金融保险、航运总部经济、南沙航运基础设施建设、港集疏运体系建设、龙穴岛航运功能区建设、临港先进制造业项目和"一带一路"建设项目9个方向。截至2020年12月底,基金累计投资5.74亿元,主要投向近洋码头、广州国际航运与金融产业集聚区、大岗PPP、5号仓等项目,正在跟进中食冷冻、推点科技、派格水下技术、力多机器人等多个航运业相关的融资项目。

### (三)建立航运保险要素交易平台

《粤港澳大湾区发展规划纲要》明确指出,在广州南沙探索建立国际航运保险要素交易平台等创新型金融要素平台,在广东省地方金融监管局、广东银保监局的大力支持下,由上海保险交易所有限公司和广州航运交易公司联合筹建,于2019年10月18日在南沙上线运行全国首个航运保险要素交易平台,并在南沙成功完成了首笔航运保险保单的线上交易业务。该平台是中国内地首个线上保险服务创新平台,推动了南沙航运保险业快速发展,集聚了航运保险机构、船舶、货物、资金、人才、信息等要素资源。截至2021年4月底,航运保险要素交易平台完成线上交易保单969单,累计实现保费约2333.08万元,风险保障金额约76.30亿元。在下一步业务开展方面,平台正积极研究冷链保险的相关业务,调研了解相关业务入驻平台的可能性。

### (四)大力发展船舶融资租赁

截至2020年12月底,南沙大力发展融资租赁业务,吸引各省市大型国企、民企、上市企业及港资企业在南沙设立融资租赁企业,累计数量达2208家,占广州市融资租赁企业的80%,注册资金总额超5000亿元。南沙正在打造粤港澳大湾区最大的飞机船舶租赁集聚区,聚集中船租赁、粤科港航租赁等船舶融资租赁公司,累计交付租赁船舶80艘,合同金额32亿元。陆续实现全国首单境外船舶租赁资产境内美元交易、首单船舶租赁资产离岸交易等创新业务。同时，南沙船舶租赁积极服务国家"一带一路"建设，支持中国制造的船舶出口共建"一带一路"国家。目前，南沙已明确对开展船舶租赁业务的项目公司给予扶持奖励。

## 二 国内外航运金融的发展特点与经验启示

纵观300年来航运金融发展历程，航运与金融相辅相成，始终紧密相连，以18世纪初英国劳埃德咖啡馆为航运交易中心的雏形，世界各地航运金融的发展模式各不相同：起步较早的地区立足于发展主导性的航运金融高端服务——伦敦、挪威航运金融中心，主要以交易信息为服务基础，提供全球性交易资讯、船舶管理及保险服务；后起之秀借助航运中转贸易的市场需求建立新型"转口航运金融"平台——新加坡、香港航运金融中心，主要汇聚全球资金资源，为产业链上下游机构提供转口航运金融服务。

### （一）国内外航运金融的发展特点

1. 英国伦敦

英国伦敦是老牌航运中心，虽然现在航运与海洋实体经济已衰弱，但是依然是公认的世界航运中心，原因主要在于其发达的海事法律体系和国际航运金融中心的巨大优势，可以为航运行业提供完备的融资服务。通过聚集金融及金融服务中介机构，伦敦的航运金融服务产业链"无所不包，无所不及"，其航运金融的创新性及完备性在全球市场中都具有极强的竞争力。

2. 挪威

挪威是拥有世界上最多船舶的国家，也是排名第二的海洋油气船舶国家。由造船航运业、海洋油气业、海洋产品和服务产业三大主要产业组成挪威航运业。挪威在卑尔根形成了传统船舶行业集聚群；在首都奥斯陆形成了以海洋油气为核心、以航运金融配套服务为翼展的新型海洋产业集群，绝大部分与航运相关的金融服务机构在奥斯陆设有分支机构；在西部海岸形成完整的航运金融产业链及全球性海洋经济与金融知识创新中心。挪威政府重视发展环保型航运产业，制定了一个鼓励绿色航运行动方案，提供信贷、税收和研发等支持。挪威航运行业协会在政府与企业会员之间起到完美的桥梁纽带作用，航运协会并且能代表企业参与国家政策的制定。挪威国面积不大，政府的管理扁平化、透明度高、运作效率高，是挪威航运金融中心最突出的优势。

3. 新加坡

新加坡同样也是全球航运金融中心，借助航运中转贸易需求，建立创新型"转口金融"平台，吸引全球资金，为航运上下游产业提供优质、快速的转口金融服务。新加坡政府成立裕廊工业区管理局，重点发展航运产业在内的工业产业，并先后颁布《经济扩展奖励法令》《新兴工业（裕廊豁免所得税）法案》等政策，大力发展海洋工程、造船业和油气等产业，为航运产业奠定了坚实的基础。新加坡航运金融在多年的发展中逐渐形成了完整的产业链：在航运信托方面，新加坡是全球信托基金发展的重要基地，发达的信托基金业成为新加坡航运金融重要的融资渠道；在银行信贷方面，德国交通信贷银行将其全球海洋工程海外业务中心设立在新加坡；在航运保险方面，世界信誉最高、实力最强的涉海保险公司，例如英国劳埃德保险公司等机构，均在新加坡设立了分公司。

4. 中国香港

中国香港航运金融的发展特点与新加坡相似，同样是全球重要的港口，集装箱吞吐量排名全球前列。中国香港与航运金融相关的法律制度较为完善，是亚洲的国际金融中心，在传统银行贷款、股权直接融资、航运保险及再保险等航运金融方面专业优势明显。同时，中国香港便利的商业环境、较低的税收制度、完备的生活设施等吸引了高端航运金融人才集聚。但以"市场主导"模式也造成了香港航运业以港口、运输、渔业等传统产业为主，对战略性新兴产业的航运装备研发设计、海洋工程、海洋油气等创新业务熟悉程度不高。

5. 中国上海

2009年3月25日，国务院常务会议审议并原则通过了《关于推进上海加快发展现代服务业和先进制造业,建设国际航运中心和国际金融中心的意见》提出"要推进上海加快发展现代服务业和先进制造业,建设国际金融中心和国际航运中心"。虽然上海相比国内其他地区有比较完备的金融市场体系、金融机构体系和金融业务体系,但相比全球发达国家的航运金融发展,还处于起步阶段。上海航运金融业呈现以下几个特点:一是航运金融专业服务机构发展态势好,部分银行设置有专业部门,已成为全国金融租赁公司最多的地区,拥有保险公司、再保险公司、保险中介等各类型航运保险公司;二是航运衍生品交易服务机构运行良好,2011年3月上海航运运价交易有限公司揭牌,运价衍生品交易方面的创新成果不断涌现;三是拥有全国性专业航运保险协会,现有会员50家,占全国航运保险市场份额的95%以上,初步形成"航运机构+中介服务+金融机构"的航运保险产业链。相比国外先进地区的航运金融产业,可以发现上海的航运金融主要集中在产业链的下游,人民币未完全实现自由兑换,资本流动受限,航运金融衍生品的参与、交易与设计处于起步阶段,航运金融机构的知名度和专业化水平有待大力提升。

## (二)国内外航运金融发展的经验启示

启示一:强化政府引导和税收政策支持。

英国伦敦配套良好制度环境:政府长期以低息贷款方式支持船舶投资,贷款比例可达船舶价款的80%,在税务租赁模式下船舶折旧率可达25%;以减免商船进口关税,减免设备进口和造船原料关税等方法来鼓励市场对船舶投资。新加坡海事和港口局于2006年6月出台了海事金融激励计划,符合条件的船只租赁收入,永久豁免缴税;符合条件的管理船务基金或投资管理人可享有10%的优惠税率。上海于2015年7月1日率先开展航运保险产品注册制改革。2016年中国财政部、国家税务总局对上海符合条件的国际航运保险业务免征增值税。

启示二:产业链完备、集聚效应明显。

英国伦敦拥有50多家海运专业投资银行,每年为航运机构提供高达

150亿～200亿英镑的贷款，航运贷款总额占全球的20%以上。挪威银行是全球最大的航运金融服务集团，除了传统银行信贷，还可提供出口信贷、担保、债权融资、股权融资、PE以及基金投资等航运金融服务。中国上海的陆家嘴集聚了航运金融、航运保险和航运经纪等约1200家航运服务企业；尤其是集聚了4600多家航运企业的北外滩航运服务中心，基本涵盖了船舶公司、金融机构、海事仲裁、交易经纪、教育培训、信息咨询等全链条航运服务产业，领先于国内其他航运金融产业发达地区。

启示三：行业协会支持、重视产业指导。

英国伦敦有强有力的行业协会支持及发达的海事法律体系，以2012年的数据为例，英国伦敦海事仲裁协会裁决数量遥遥领先，裁决650件全球海事，中国香港仅裁决136件。海事仲裁最高能够收取纠纷涉案金额的10%，产生非常高的附加价值，造船纠纷仲裁费甚至高于造船厂的利润。挪威高度重视产业指导、研发支持、教育培训，通过行业协会，搭建政府、企业及学术研究机构之间互动、研究、创新发展的产业系统。中国上海海事法院于2015年成立了航运金融专业合议庭，专门审理包括海上保险、保赔合同纠纷、船舶融资租赁合同等航运金融案件，提高航运金融类案件的审判质量和效率，其中2015～2017年，审结航运金融案件近360件，金额高达36.74亿元。

启示四：航运金融业所需的综合金融服务获取便利。

新加坡和中国香港在多年的发展中成功地营造了便利化的商业环境，主要特点有以下几点：一是客户接触航运产业便利；二是路演、募资、资金对接谈判等融资服务便利度高；三是法律、会计、保险等行业所需综合金融服务便利可得。此外，新加坡和中国香港还成功地营造了优良的人文居住环境，可在以下几个方面得到充分体现：作为自由港的新加坡及中国香港，有着良好的自然与生活环境，英语为通用语言，有良好的治安环境、完备的基础设施、便利的国际出行港口；可为航运金融人士及其家属办理便利出行的海关手续；具备与国际完全接轨的法律及金融制度；相对较低的个人所得税吸引了大量的高端航运金融人才等。

上海已建立"紧缺急需人才、高端人才落户；非紧缺急需人才、一般人才优先办理居住证，打通转办常住户口的渠道"的政策制度。在贸易、金融、航运等重点领域，战略性新兴产业、高新技术等重点产业，自贸区、张江综合性国家科学中心等重点区域，实施优秀人才直接落户，引进紧缺急需人才和高层次人才。

启示五：健全的风险管理机制。

低税、自由是航运金融发展的核心基础，中国香港、英国伦敦和新加坡都是自由贸易港；虽然挪威高税收、强监管，但它有着健全的风险管理机制，为航运金融的发展提供有力保障，在航运金融领域同样具有全球竞争力。

## 三　南沙航运金融发展面临的困难

### （一）航运金融配套政策支持力度不够

航运金融的各项业务对政策、法律法规依赖性较强，如果完全依赖市场力量谋求发展是远远不够的，它离不开政府的支持和政策的倾斜。相对于其他地区国际航运中心而言，南沙目前尚未制定专门针对航运金融方面的扶持政策、法律法规，对航运金融的支持力度不够，限制了南沙航运金融的进一步发展。

### （二）航运金融业务的拓展乏力

一方面航运业本身所具有的高风险、长周期性与金融的安全性、收益性和流动性原则不相容，使得本地金融机构对航运金融业务发展不热心不积极；另一方面，由于接触航运产业不便利，本地金融机构对航运业不了解，对航运业提供金融服务的能力和水平较低，以及外汇管制、税制、海事仲裁等的掣肘，航运金融产品及相关服务发展滞后，致使航运金融需求大量外移。自贸试验区成立以来，南沙虽然加大力度培育航运产业基金、航运保

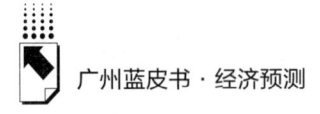

险、航运融资租赁、航运支付结算等航运金融服务产品，但航运金融业务拓展仍显不足。目前，南沙航运金融业务品类较少，只有南沙航运产业基金、航运交易所外汇结售汇结算业务及珠江航运指数、航运融资租赁有所突破，缺乏核心产品引领，全产业链一体化的航运金融业务链尚未形成。

### （三）航运金融要素集聚不够

与国内重要港口城市相比，目前广州地区的航运要素分散，专业主体稀少，尚未形成对航运金融要素有集聚作用的服务集聚区域或要素集聚、整合平台。在航运交易平台打造方面，上海成立了航运交易所（我国唯一的国家级航运交易所），成立了航运现货远期交易平台，以运价指数为结算标准的指数挂钩协议、指数衍生品交易创新了航运业定价、交易模式，为我国发展航运金融创新发展做出了有益探索。广州也成立了华南地区首个航运交易所，是广州国际航运中心建设的重要平台，但集聚效应和辐射影响力还有待进一步提升。

### （四）航运金融专业人才不足

广州精通航运业的金融人才不多，而既懂金融又懂航运、贸易、外语、海商海事、国际法律公约和惯例的复合型人才就更加短缺。从航运金融专业人才的后备力量来看，广州高校中目前只有广州航海学院开设了航运金融这一专业，每年培养的人才非常有限，与市场需求仍有较大差距。

## 四　未来规划和发展建议

粤港澳大湾区建设及我国金融业对外开放的战略部署，为广州南沙航运金融发展提供了良好机遇。南沙在航运、海洋实体经济发展方面有三大优势。一是产业优势：在造船、修船方面，可依托全市完备的工业、制造业体系；二是成本优势：拥有相对较低的劳动力、房地产成本；三是区位优势：地处粤港澳大湾区城市群的地理几何中心，与周边东莞、中山等城市接壤，区位优势得天独厚，对珠江口港口群的协同发展也有独特的影响。下一步，南沙应依托产业、成本、区位三大优势，大力促进航运金融跨越式发展。

## （一）加大政策扶持力度，加强组织协调

抓住"一带一路"、自贸区、粤港澳大湾区建设等重大机遇，借鉴上海、深圳航运保险税收优惠等政策，积极创造条件并向上级金融监管部门争取先行先试的政策，设立专项财政资金①，探索出台南沙区关于支持航运金融发展的配套政策。鼓励和支持成立航运融资专业银行、航运保险专业机构、航运产业投资基金及航运金融专业协会等航运金融服务机构，大力拓展各类与国际航运中心建设相关的金融产品。对高端航运金融企业开办予以落户奖，对企业所得税实行"三免三减半"的经济贡献奖②，在办公用房上实行"以租代卖"或"减免租金"的财政补贴等。建立健全航运金融工作沟通协调机制，探索成立南沙航运金融工作领导小组，加强对南沙航运金融工作的组织协调，形成合力。

## （二）积极拓宽融资渠道，探索融资新模式

鼓励银行等金融机构加大对航运企业的信贷支持，支持航运企业在内地或赴港澳发行航运债券，拓宽境内外融资渠道；鼓励保险机构创新保险品种和服务，探索研究推出更多、更便捷的外贸汇率避险险种，在风险可控的前提下，采取灵活承保政策，简化投保手续；通过发行公司债券、非金融企业债务融资工具等方式，拓展融资渠道；充分发挥航运产业投资基金等专项资金作用，重点解决企业转型升级和发展壮大过程中的融资困难；鼓励航运企业通过多层次资本市场加快发展，积极利用南沙区上市服务中心、上交所资本市场服务粤港澳大湾区基地、南沙融资租赁创新服务基地等平台进行多种形式的产融对接。

---

① 2019年上海市政府为航运中心建设分配了15260万元的专项资金。
② 参考国家税务总局2018年5月14日发布的《国家重点扶持的公共基础设施项目企业所得税"三免三减半"》。

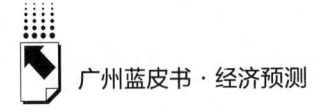

同时，探索鼓励金融机构创新航运金融产品和服务，开展供应链融资、海外并购融资、应收账款质押贷款、仓单质押贷款、融资租赁、知识产权质押等业务。全面提升服务航运企业的跨境金融服务水平，通过信用证、保函等增信服务，帮助企业获取订单；通过进出口押汇、保理、福费廷等融资服务，帮助企业完成订单；通过即期、远期结售汇和跨境人民币结算等服务，帮助企业规避汇率风险，探索促进航运业可持续发展的新融资模式。

### （三）打造航运金融集聚区

借鉴伦敦航运中介机构功能齐全、专业程度高，有效支撑航运产业链发展的经验，联合市场监管、工商税务部门制定扶持政策；大力培育发展海事法律、海事登记、船价评估等专业机构；鼓励金融机构为航运企业建立创新服务机制；建立专业行业协会为航运机构提供完善的中介服务，完善航运服务功能；吸引航运、金融、法律、会计等专业从业人员落户；依托南沙国际金融岛、南沙现代金融创新服务区等功能区，整合各类航运和海洋金融资源；探索打造粤港澳大湾区航运金融集聚区、打造广州航运金融集聚区。

### （四）探索共建粤港澳大湾区航运要素交易平台

推动广州航运交易所和广州航运交易有限公司体制机制改革，通过资本纽带联合香港、澳门共建，以对接粤港澳大湾区航运服务为要点，以强化合作为着力点，支持广州航运交易所拓展航运服务功能，加强与香港、澳门的交流合作、创新发展，探索共建粤港澳大湾区航运要素交易平台的发展路径。

### （五）加快航运金融人才的培养与引进

支持航运企业自身加大人才引进和培养力度。探索高校、专业培训和认证机构联合培养专业的"航运+金融"复合型人才，比如推进香港科技大学与丽星邮轮（香港）集团公司在南沙合作办学，联合推出国际邮轮管理专业，为邮轮产业培养专业人员。探索打造航运金融人才服务平台，鼓励海内外航运金融人才到南沙发展，对航运金融人才本人及其子女落户、职称评定、购买住房等方面给予"专家+管家"的一条龙服务。

## 参考文献

1. 葛春凤：《促进南沙航运金融发展的对策研究》，《港口经济》2017年第3期。
2. 谢意浓：《广州发展航运金融存在的主要问题及对策研究》，《现代商贸工业》2017年第27期。
3. 古小东：《广州大力发展航运与海洋金融的对策建议》2018年第11期。
4. 中山大学：《广州航运与海洋金融发展研究》2018年第11期。
5. 广州国际金融研究院与中国进出口银行广东省分行联合课题组：《广州市航运与海洋金融研究报告》，2018年6月。
6. 广州市地方金融监管局：《广州推动航运金融发展情况汇报》2020年第3期。
7. 广州市地方金融监管局：《金融支持广州国际航运中心建设的对策建议》2017年第8期。
8. 广东南方金融创新研究院：《湛江创建海洋（蓝色）金融改革创新试验区研究》2019年第12期。

# B.8
# 2020年广州税收经济大数据分析报告

广州市税务学会课题组*

**摘　要：** 税收大数据是经济发展的晴雨表，是开展经济分析的重要依据。本文的目的是利用增值税发票、税收收入、减免税、社保等数据，结合大数据分析技术，实证研究疫情以来广州2020年税收经济基本面和减税降费政策效应。研究表明，2020年广州税收经济在新冠肺炎疫情的影响中逐步企稳回升，其中减税降费政策措施在企业复产达销、经济逐步复苏中起到了重要作用，支持"六稳""六保"工作顺利进行。

**关键词：** 税收经济　大数据分析　减税降费　广州

## 一　2020年广州税收经济基本运行情况

2020年广州实现国内税收收入4460.5亿元，同比下降3.86%，实现一般公共预算收入1721.6亿元，同比增加1.4%，其中市本级815.2亿元，同比增长0.7%。

一是税收明显下降而经济逆势上扬，发挥逆周期调节作用。全市经济税收复苏态势明显并且有很大的提升。2020年全市GDP同比增加2.7%，国

---

\* 课题组组长：黄峥，广州市税务局税收经济分析处处长。课题组成员：谭江滔，广州市税务局税收经济分析处副处长；张镭，广州市税务局税收经济分析处副处长；刘挺，广州市税务局税收经济分析处副主任科员；罗容飞，小象（广州）数据分析师事务所有限公司职员；李伟彬，小象（广州）数据分析师事务所有限公司职员。

内税收收入同比下降3.86%。税收增幅远低于GDP增幅的主要原因一是经济下行期间税源大幅增加，二是国家现有减税降费政策与一系列抗疫优惠政策对冲经济萎缩。据统计，2020年出台的减税政策在全年累计减负2322.1亿元，涉及的减免户数124.3万户，同比上年增加了11.54%。

二是纵向比较看，2020年广州税收走势逐渐企稳。1~3月国内税收收入单月降幅逐月扩大，3月降幅达28.3%；自4月起降幅开始收窄，5、6月连续两月税收实现正增长（分别为7.5%和6.4%），从7月开始至年底税收呈现稳步增长，逐渐缩窄降幅。

三是横向比较看，广州税收增幅处于中等水平。国内税收收入降幅低于全国（-2.6%），与全省（-3.7%）基本持平，好于上海（-5.8%）、重庆（-7.6%），低于深圳（-1.5%）、北京（-2.2%）、苏州（-0.8%）三个城市，远低于杭州（4.1%）。

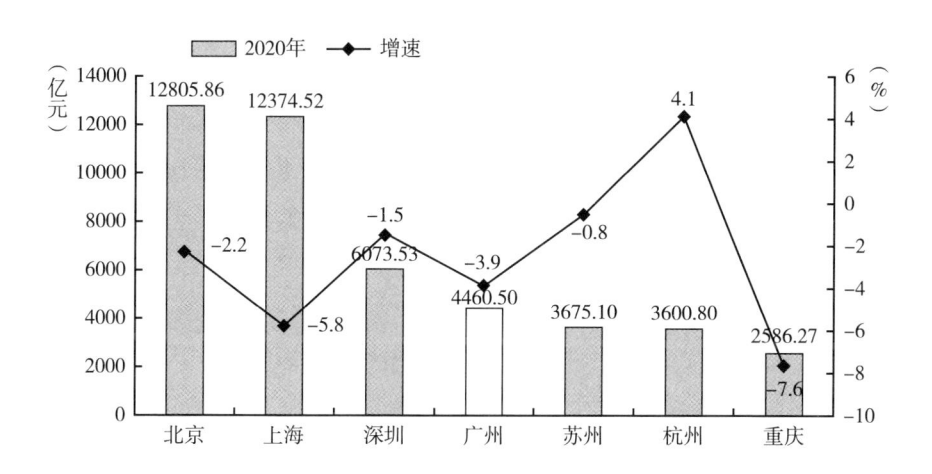

**图1　2020年主要城市国内税收对比情况**

注：上海、深圳不含证券交易印花税。

## 二　从发票数据看广州2020年经济恢复情况

开票户数对应着市场主体的经营活跃度，本文定义开票户数占同期比重为复销面，以此分析市场活跃度恢复情况。开票金额则与市场主体的销售水平密切相关，本文定义开票金额占同期比重为复销率，复销率能较直观勾勒出企业销售、营收情况。通过增值税发票数据分析发现，广州2020年"六稳""六保"政策实施有力，经济恢复稳中向好的发展趋势。

## （一）各行业经营活动逐步回暖，小规模商户经营韧性足

分行业门类看，在20个行业门类中，不管是专票还是普票，所有行业的复销面都超过100%以上，其中公共管理、社会保障和社会组织行业专票和普票复销面均达到130%以上，文化、体育和娱乐业以及卫生和社会工作两个行业的专票和普票复销面都达到120%以上，由此可见各行业经营已逐步回暖，个别行业恢复特别突出。在开具专票户数中，住宿和餐饮业、教育这两个行业的复销面从2020年上半年的80%多达到年底的100%以上，说明这两个受疫情影响严重的行业得到明显恢复。从理论上看，开具普票户数一般代表小规模纳税人的经营活跃情况，数据表明，小规模纳税人的经营活跃度在广州几个重要行业，如制造业，信息传输、软件和信息技术服务业，批发和零售业，金融业中，均与一般纳税人相当，一定程度说明以小微企业和个体户为代表的小规模纳税人经营灵活、韧性足，在经济恢复过程中发挥重要作用。

表1 行业门类专票普票复销面情况

单位：%

| 行业门类 | 专票复销面 | 普票复销面 |
| --- | --- | --- |
| 制造业 | 101 | 103 |
| 信息传输、软件和信息技术服务业 | 118 | 117 |
| 金融业 | 108 | 104 |
| 科学研究和技术服务业 | 120 | 118 |
| 批发和零售业 | 109 | 110 |
| 居民服务、修理和其他服务业 | 114 | 109 |
| 文化、体育和娱乐业 | 126 | 121 |

续表

| 行业门类 | 专票复销面 | 普票复销面 |
|---|---|---|
| 农、林、牧、渔业 | 129 | 114 |
| 租赁和商务服务业 | 115 | 107 |
| 水利、环境和公共设施管理业 | 119 | 114 |
| 公共管理、社会保障和社会组织 | 147 | 134 |
| 采矿业 | 105 | 106 |
| 卫生和社会工作 | 128 | 125 |
| 交通运输、仓储和邮政业 | 119 | 112 |
| 建筑业 | 115 | 108 |
| 住宿和餐饮业 | 104 | 114 |
| 教育 | 105 | 106 |
| 电力、热力、燃气及水生产和供应业 | 109 | 110 |
| 房地产业 | 122 | 109 |
| 国际组织 | 100 | 100 |

## （二）各行业营收基本恢复同期水平，住宿餐饮业需重点关注

分行业门类看，2020年全市20个行业门类中，专票复销率超过100%有16个，占比达80%，18个行业复销率超过90%，占比达90%；普票复销率超过100%的有12个，占比达60%，16个行业复销率超过90%，占比达80%。上述数据表明，企业营收已基本恢复到上年同期水平，复产达销情况良好。需要指出的是，住宿餐饮业的专票和普票复销率较其他行业明显偏低，而且专票复销率仅达到67%，比普票复销率低21个百分点，说明住宿餐饮企业受疫情影响严重，特别是新冠肺炎疫情出现反复，为住宿餐饮行业复苏带来了困难，恢复需要更长时间。同时，由专票复销率特别低的情况表明，规模较大的住宿餐饮企业所受影响更严重，这与疫情防控需减少大规模人群聚集的情况是相吻合的，对中大型住宿餐饮企业的经营情况需重点关注。

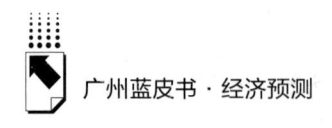

表2 行业门类专票普票复销率情况

单位：%

| 行业门类 | 专票复销率 | 普票复销率 |
| --- | --- | --- |
| 制造业 | 104 | 92 |
| 信息传输、软件和信息技术服务业 | 117 | 101 |
| 金融业 | 112 | 106 |
| 科学研究和技术服务业 | 110 | 105 |
| 批发和零售业 | 106 | 108 |
| 居民服务、修理和其他服务业 | 102 | 106 |
| 文化、体育和娱乐业 | 95 | 78 |
| 农、林、牧、渔业 | 135 | 119 |
| 租赁和商务服务业 | 128 | 88 |
| 水利、环境和公共设施管理业 | 114 | 120 |
| 公共管理、社会保障和社会组织 | 212 | 145 |
| 采矿业 | 157 | 114 |
| 卫生和社会工作 | 111 | 126 |
| 交通运输、仓储和邮政业 | 112 | 125 |
| 建筑业 | 119 | 93 |
| 住宿和餐饮业 | 67 | 88 |
| 教育 | 86 | 94 |
| 电力、热力、燃气及水生产和供应业 | 90 | 98 |
| 房地产业 | 110 | 113 |
| 国际组织 | 100 | 45 |

## （三）特色优势行业表现突出，经济发展势能正在恢复

为能从更细维度洞察广州全年经济恢复情况，本报告对发票数据中涉及的461个行业中类进行有针对性的研究。发现专票复销面超过100%的有188个，占比为41%，普票复销面超过100%的有343个，占比为74%；专票复销率超过100%的有277个，占比为60%，普票复销率超过100%的有343个，占比为74%。通过与行业门类比较，可以看出复销面、复销率在行业种类中均有过度聚集情况，整体复销并不太理想。总体来说，各行业发展势能正在恢复，而企业规模越小，经营活动则恢复得越快。广州的生物医

药、电子制造、汽车、互联网等特色行业表现抢眼，不管是复销面还是复销率，均超过行业中类平均水平，一定程度说明广州市对支柱产业和新兴产业的扶持政策正在发生作用，稳经济基本盘的效果开始显现。

1. 生物医药行业

涉及生物医药的行业中类有 11 个，其中 10 个专票复销面超过 100%，10 个普票复销面超过 100%，10 个专票和普票的复销率均超过 100%，表现非常亮眼。其中专票和普票的复销面、复销率均超过 100% 的有 8 个，分别为生物基材料制造、生物质燃气生产和供应业、医学研究和试验发展、医疗仪器设备及器械制造、医药及医疗器材专门零售、医药及医疗器材批发、医院、卫生材料及医药用品制造，这些行业均与防控物资研发生产、病毒检测有较为密切关系，应该是由于疫情防控原因得到促进发展。

表 3 生物医药行业专票普票复销面和复销率情况

单位：%

| 行业中类 | 专票复销面 | 普票复销面 | 专票复销率 | 普票复销率 |
| --- | --- | --- | --- | --- |
| 生物基材料制造 | 100 | 100 | 346 | 100 |
| 生物药品制品制造 | 93 | 98 | 280 | 266 |
| 生物质燃料加工 | 100 | 100 | 83 | 179 |
| 生物质燃气生产和供应业 | 250 | 200 | 274 | 1254 |
| 医学研究和试验发展 | 128 | 124 | 146 | 115 |
| 医疗仪器设备及器械制造 | 113 | 109 | 157 | 120 |
| 医药及医疗器材专门零售 | 107 | 114 | 192 | 122 |
| 医药及医疗器材批发 | 107 | 168 | 111 | 135 |
| 医院 | 104 | 113 | 113 | 127 |
| 卫生材料及医药用品制造 | 143 | 133 | 190 | 123 |
| 印刷、制药、日化及日用品生产专用设备制造 | 107 | 102 | 114 | 87 |

2. 电子制造行业

涉及电子制造的行业中类有 4 个，其中 3 个专票复销面超过 100%，全部普票复销面超过 100%，可以看出电子制造行业的经营恢复情况非常不错，展现出强劲的发展势头。同时，该行业专票复销率表现良好，均在

98%以上，虽普票复销率相对较低，但电子器件制造则高达165%，各项优惠政策扶持下，电子制造企业的经营恢复得到保证，继续推动广州新动能的发展。

表4 电子制造行业专票普票复销面和复销率情况

单位：%

| 行业中类 | 专票复销面 | 普票复销面 | 专票复销率 | 普票复销率 |
| --- | --- | --- | --- | --- |
| 电子元件及电子专用材料制造 | 99 | 101 | 100 | 86 |
| 电子和电工机械专用设备制造 | 107 | 111 | 108 | 72 |
| 电子器件制造 | 100 | 104 | 118 | 165 |
| 其他电子设备制造 | 104 | 103 | 98 | 98 |

3.汽车行业

涉及汽车的行业中类有7个，其中除摩托车制造和汽车整车制造外，专票复销面都超过100%，说明汽车业的经营活动已迅速全面恢复，广州传统优势行业的复苏对税收经济注入强劲的力量。而复销率方面，专票复销率表现要好于普票复销率，一定程度说明汽车产业供应链韧性较足，企业经营情况的改善较为明显。

表5 汽车行业专票普票复销面和复销率情况

单位：%

| 行业中类 | 专票复销面 | 普票复销面 | 专票复销率 | 普票复销率 |
| --- | --- | --- | --- | --- |
| 摩托车制造 | 89 | 100 | 99 | 91 |
| 改装汽车制造 | 100 | 100 | 155 | 200 |
| 汽车、摩托车、零配件和燃料及其他动力销售 | 105 | 113 | 95 | 88 |
| 汽车、摩托车等修理与维护 | 119 | 111 | 110 | 96 |
| 汽车整车制造 | 95 | 113 | 109 | 78 |
| 汽车车身、挂车制造 | 105 | 92 | 135 | 106 |
| 汽车零部件及配件制造 | 102 | 100 | 108 | 63 |

4.互联网行业

涉及互联网的行业中类有6个，其中专票复销面全部超过100%，普票复销面超过100%的则有5个，说明互联网行业经营活动在疫情期间并未受到太大影响，并由于疫情防控原因，线下往线上经营转变、居家隔离后线上活动日趋频繁，刺激互联网行业的活跃度不断上升。而在复销率方面，6个互联网行业中类有4个专票复销率超过100%，普票复销率也有3个中类超过100%。综上分析，可见新冠肺炎疫情出现和反复，加速了人们以非接触方式进行社交、工作、购物、学习等行为，对广州市互联网行业、数字经济产生了较大促进作用，借助互联网产业构筑经济转型发展新势能的可行性得到事实的检验和验证。

表6 互联网行业专票普票复销面和复销率情况

单位：%

| 行业中类 | 专票复销面 | 普票复销面 | 专票复销率 | 普票复销率 |
| --- | --- | --- | --- | --- |
| 互联网信息服务 | 134 | 143 | 125 | 83 |
| 互联网安全服务 | 125 | 300 | 35 | 131 |
| 互联网平台 | 134 | 127 | 96 | 70 |
| 互联网接入及相关服务 | 144 | 129 | 138 | 105 |
| 互联网数据服务 | 116 | 92 | 101 | 69 |
| 其他互联网服务 | 143 | 138 | 125 | 164 |

## （四）各城区经济发展全面恢复，外围五区活跃度更为突出

从开票企业所在登记注册行政区域看，11个主要行政区域中，除越秀区专票复销面为99%以外，其他所有行政区域实现了专票和普票复销面均超过100%，成绩相当喜人。数据表明，广州市各区域商户经营活力得到全面恢复，各城区经济复苏表现较为平均，外围五区活跃程度较高，最为突出的是南沙区，专票和普票的复销面均达到110%以上。

从复销率看，各区域的发展有点不平衡，外围五区情况较好，其中花都区、从化区和增城区表现尤为突出，专票和普票复销率均超过120%，而番禺和南沙也恢复情况良好。相较而言，荔湾区和海珠区在普票复销率方面均不到100%，这与其他各区差距较为明显，比平均水平低

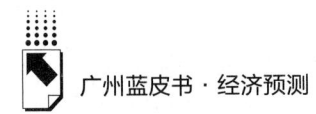

33个百分点,需要在今后重点关注两区小微企业、个体户等小规模商户的经营恢复情况。

表7 各区专票和普票复销面情况

单位:%

| 登记注册行政区域 | 专票复销面 | 普票复销面 |
| --- | --- | --- |
| 荔湾区 | 103 | 104 |
| 越秀区 | 99 | 100 |
| 海珠区 | 100 | 104 |
| 天河区 | 104 | 106 |
| 黄埔区 | 108 | 111 |
| 番禺区 | 107 | 107 |
| 花都区 | 108 | 108 |
| 南沙区 | 112 | 112 |
| 从化区 | 109 | 112 |
| 增城区 | 108 | 115 |
| 白云区 | 107 | 107 |

表8 各区专票和普票复销率情况

单位:%

| 登记注册行政区域 | 专票复销率 | 普票复销率 |
| --- | --- | --- |
| 荔湾区 | 108 | 93 |
| 越秀区 | 114 | 107 |
| 海珠区 | 109 | 93 |
| 天河区 | 110 | 115 |
| 黄埔区 | 101 | 129 |
| 番禺区 | 120 | 115 |
| 花都区 | 123 | 183 |
| 南沙区 | 124 | 109 |
| 从化区 | 139 | 190 |
| 增城区 | 144 | 128 |
| 白云区 | 113 | 123 |

## 三 减税降费政策对2020年广州经济复苏支持情况分析

### （一）新增减免金额升幅明显，政策红利持续释放

新冠肺炎疫情发生以来，广州市已出台"暖企15条"、"稳增长48条"、"信用助企9条"、"促进就业2.0版"等政策，很好地发挥了逆周期调节作用，对冲疫情带来的不利影响，支持服务企业发展，为"六稳""六保"保驾护航。

2020年广州市累计新增减免税2413.86亿元，同比增长30.44%。其中，"促进小微企业发展"专项政策新增减免税221.94亿元，增幅达到61.23%。受疫情影响，在经历2～4月减免税户数同比负增长后，从5月起，减免税户数回到正增长，而减免金额一直处于正增长（2019年12月减免金额为负数，实际同比在增长），由此可见，广州在落实减税降费政策过程中做了大量扎实的工作，确保减税红利实实在在惠及全市纳税人。

表9 2020年广州市减免户数及金额情况表

| 月份 | 户数 | 户数同比增幅(%) | 金额(亿元) | 金额同比增幅(%) |
|---|---|---|---|---|
| 1月 | 830134 | 15.73 | 267.24 | 66.90 |
| 2月 | 74202 | -8.27 | 64.01 | 1.28 |
| 3月 | 59544 | -19.96 | 45.78 | 35.77 |
| 4月 | 714068 | -0.15 | 296.02 | 24.26 |
| 5月 | 250633 | 5.21 | 628.84 | 2.73 |
| 6月 | 107828 | 15.45 | 236.86 | 52.75 |
| 7月 | 778787 | 6.57 | 272.06 | 18.31 |
| 8月 | 206305 | 73.35 | 69.69 | 69.93 |
| 9月 | 179315 | 69.50 | 57.17 | 37.59 |
| 10月 | 864215 | 11.83 | 322.31 | 4.13 |
| 11月 | 355588 | 29.83 | 62.11 | 33.57 |
| 12月 | 144751 | 28.90 | 91.77 | -214.10 |
| 累计 | 1258253 | 12.94 | 2413.86 | 30.44 |

## （二）改善民生减免户数增幅最大，保民生精准到位

受减税降费优惠政策的惠泽，2020年广州市享受"改善民生"类减免政策户数增幅最大，户数达到161269户，增幅高达1837.86%，可以看出减税降费政策在疫情期间对于社会民生的保障与支持；同时，支持金融资本市场户数增幅高达161.16%，体现出地方党政落实"稳金融"工作要求的良好成效，抓好了"六稳"的重点任务；另外，支持文化教育体育减免户数增幅也高达104.23%，可以看出国家对受疫情影响严重的文化教育体育项目的支持，有力保障人民群众日益增长的文化需求。

表10　2020年广州市减免税户数分项目情况

| 项目 | 户数 | 户数同比增幅（%） |
| --- | --- | --- |
| 一、改善民生 | 161269 | 1837.86 |
| 二、鼓励高新技术 | 15790 | 10.46 |
| 三、促进小微企业发展 | 1219561 | 22.51 |
| 四、转制升级 | 67 | 11.67 |
| 五、节能环保 | 9983 | 45.38 |
| 六、促进区域发展 | 36 | 33.33 |
| 七、支持文化教育体育 | 7105 | 104.23 |
| 八、支持金融资本市场 | 7848 | 161.16 |
| 九、支持三农 | 1923 | 42.66 |
| 十、支持其他各项事业 | 151032 | -68.99 |
| 十一、享受税收协定待遇 | 722 | -0.28 |

通过细化分析"改善民生"类减免税政策，可以看出户数增幅最大的是"救灾及重建"政策，户数达到127589户，同比增幅高达166倍，其户数在"改善民生"类中占比也达79.12%，而"再就业扶持"政策享受户数同比增幅也高达110倍，说明"改善民生"类减免税政策在疫情期间发挥了"保民生"、"稳就业"的重大作用，切切实实帮助人民群众共克时艰。

表11　2020年广州市享受改善民生类户数情况

| 项目 | 户数 | 户数同比增幅（%） |
| --- | --- | --- |
| 1. 住房 | 449 | 40.75 |
| 2. 救灾及重建 | 127589 | 16665.97 |
| 3. 军转择业 | 774 | 65.74 |
| 4. 再就业扶持 | 31280 | 11031.67 |
| 5. 社会保障 | 3976 | -6.89 |
| 6. 提高居民收入 | 3113 | 53.58 |
| 7. 其他 | 339 | -20.98 |

## （三）小微企业减免受益面最广，普惠帮扶充分体现

2020年，广州享受各种减免税政策的户数达到125.83万户，其中，享受"促进小微企业发展"减免税政策的户数最多，达到121.96万户，同比增长22.51%，占全部减免税户数的96.92%，可以看出广州市对小微企业生存的关注和发展的重点扶持。"促进小微企业发展"减免税政策不仅覆盖面广，该政策下减免税总额同比增长61.23%，全年累计减免金额达到221.94亿元，说明政府帮扶小微企业的决心和力度之大，小微企业也从中获得实实在在的政策红利。

表12　2020年广州市"促进小微企业发展"减免税情况

| 月份 | 户数 | 户数同比增幅（%） | 金额（亿元） | 金额同比增幅（%） |
| --- | --- | --- | --- | --- |
| 1月 | 809293 | 16.79 | 45.89 | 165.68 |
| 2月 | 57747 | -12.88 | 0.82 | 5.70 |
| 3月 | 45174 | -30.43 | 2.20 | 95.90 |
| 4月 | 691410 | -1.48 | 28.19 | -11.23 |
| 5月 | 230216 | 5.41 | 58.75 | 215.20 |
| 6月 | 91073 | 15.76 | 6.87 | 264.05 |
| 7月 | 743435 | 3.91 | 27.39 | 6.03 |
| 8月 | 185007 | 162.61 | 5.45 | 19.09 |
| 9月 | 158269 | 118.05 | 2.40 | 194.48 |
| 10月 | 831859 | 11.89 | 33.52 | 9.49 |
| 11月 | 326522 | 294.51 | 7.18 | 272.60 |
| 12月 | 112929 | 24.99 | 3.28 | 34.93 |
| 累计 | 1219561 | 22.51 | 221.94 | 61.23 |

### （四）实体民生领域减免比重最大，引导经济脱虚向实

实体经济是国民经济的基石，也是减税降费的重中之重。2020年，与实体经济和社会民生紧密相关的制造业、批发和零售业分别新增减免税358.11亿元和209.12亿元，金额同比增幅分别达到20.00%和54.54%，两项合计占到减免税总额的23.50%；此外，与民生及就业密切相关的住宿和餐饮业减免税户数达到60814户，户数同比增幅为7.98%，减免税金额达到13.61亿元，金额同比增幅达到50.84%。可以看出，在疫情防控大背景下，减税降费给予实体经济的充分支持，有效缓解了疫情所带来的冲击，为稳定市场、稳定社会提供有力支持。

表13　2020年广州市实体经济民生重点行业的减免税情况

| 行业 | 户数 | 户数同比增幅(%) | 金额(亿元) | 金额同比增幅(%) |
| --- | --- | --- | --- | --- |
| 制造业 | 106886 | 7.73 | 358.11 | 20.00 |
| 批发和零售业 | 631748 | 8.67 | 209.12 | 54.54 |
| 住宿和餐饮业 | 60814 | 7.98 | 13.61 | 50.84 |

### （五）各区减免税增长情况良好，黄埔、增城尤为突出

2020年，广州各区减免税户数均获得增长，其中户数同比增幅超过15%的有3个区：南沙区27.27%、黄埔区21.07%、增城区15.70%。在减免税金额方面，除白云区出现负增长外，其他各区均为正增长，增幅超过50%的有3个区：海珠区100.07%、增城区80.18%、黄埔区76.45%。综合全市各区减免税户数和金额的情况，黄埔区、增城区的表现比较突出，无论户数还是金额的增长，均排在全市各区前列。

### （六）全社会社保参保人数稳中有升，支柱行业显露隐忧

社保费减免政策是疫情期间出台的重大优惠政策，基本覆盖全市绝大部分经济实体和劳动者，是反映就业市场情况的有效指标。得益于社保费减免

表14　2020年广州市各区减免税情况

| 区域 | 户数 | 户数同比增幅(%) | 金额(亿元) | 金额同比增幅(%) |
| --- | --- | --- | --- | --- |
| 荔湾区 | 81179 | 3.89 | 55.25 | 38.31 |
| 越秀区 | 113822 | 4.14 | 153.04 | 41.83 |
| 海珠区 | 91300 | 5.87 | 218.18 | 100.07 |
| 天河区 | 213555 | 12.13 | 411.23 | 47.46 |
| 白云区 | 197914 | 13.50 | 69.58 | -18.62 |
| 黄埔区 | 84075 | 21.07 | 307.39 | 76.45 |
| 南沙区 | 91182 | 27.27 | 127.01 | 29.50 |
| 番禺区 | 162752 | 7.76 | 138.53 | 11.81 |
| 花都区 | 103456 | 10.16 | 62.39 | 24.96 |
| 增城区 | 84551 | 15.70 | 88.37 | 80.18 |
| 从化区 | 29669 | 10.85 | 22.03 | 42.86 |

政策，广州2020年月均社保参保人数达到698.7万人，与2019年同期月均参保人数相比，稳中有升，升幅约为4%，可以看出即使受疫情影响，广州的就业规模还是在逐步扩大。可以预计，通过社保费减免政策的持续实施，扎实做好"六稳"工作，全市就业人口将很快摆脱疫情影响而稳步增长。

表15　近5年来月度社保参保人数情况

单位：万人

| 时间 | 2016年 | 2017年 | 2018年 | 2019年 | 2020年 |
| --- | --- | --- | --- | --- | --- |
| 1月 | 529.49 | 562.13 | 603.95 | 654.60 | 695.31 |
| 2月 | 524.20 | 559.33 | 595.05 | 651.34 | 676.28 |
| 3月 | 527.55 | 564.22 | 604.98 | 657.44 | 675.08 |
| 4月 | 529.61 | 568.09 | 609.67 | 656.08 | 683.43 |
| 5月 | 530.73 | 570.07 | 611.33 | 659.60 | 690.36 |
| 6月 | 534.08 | 576.61 | 618.42 | 669.81 | 687.33 |
| 7月 | 540.05 | 580.39 | 628.45 | 679.67 | 699.67 |
| 8月 | 545.25 | 587.42 | 636.41 | 682.57 | 704.10 |
| 9月 | 548.56 | 592.94 | 642.33 | 685.04 | 711.10 |
| 10月 | 552.25 | 596.67 | 638.79 | 689.22 | 718.33 |
| 11月 | 559.49 | 597.72 | 648.01 | 694.44 | 715.48 |
| 12月 | 564.60 | 604.37 | 654.97 | 695.82 | 727.54 |

分行业看，广州全年社保费参保人数排名前三的行业分别为制造业、租赁和商务服务业、批发和零售业，与广州以制造业和商贸业为支柱的产业结构相匹配，三大行业就业人数合计341.6万人，占总就业人数的48.9%。受疫情冲击，三大行业就业情况表现欠佳，制造业同比下降1.3%，租赁和商务服务业微增1.7%，批发和零售业增长6.2%，可见疫情对三大支柱行业的就业带来不小影响，需要重点关注。另外，由于疫情加速线上经济发展，教育行业全年社保参保人数同比增长2.5%，有力带动相关行业就业增长。

表16　2020年广州主要行业社保参保人数情况表

单位：万人

| 行业 | 月均参保人数 | 同比增幅(%) | 占全市比重(%) |
| --- | --- | --- | --- |
| 全市各行业合计 | 698.7 | 3.80 | 100 |
| 制造业 | 117.3 | -1.30 | 16.8 |
| 租赁和商务服务业 | 110.7 | 1.70 | 15.8 |
| 批发和零售业 | 113.6 | 6.20 | 16.3 |
| 科学研究和技术服务业 | 62.8 | 13.30 | 9 |
| 信息传输、软件和信息技术服务业 | 46.2 | 8.60 | 6.6 |
| 交通运输、仓储和邮政业 | 46.4 | 0.10 | 6.6 |
| 教育 | 29.4 | 2.50 | 4.2 |
| 房地产业 | 30.2 | -1.80 | 4.3 |
| 建筑业 | 28.3 | 13.20 | 4.1 |
| 卫生和社会工作 | 18.9 | 5.00 | 2.7 |
| 住宿和餐饮业 | 14.7 | 15.80 | 2.1 |
| 金融业 | 14.2 | 9.40 | 2 |

## 四　减税降费效应在税收经济复苏中的影响分析

### （一）减税降费与地方经济发展互促共进

减税降费是一种逆周期政策工具，对经济起到即时的刺激和调控作用，特别是在疫情发生以来，社会经济进入了低潮期，减税降费正好为经济复苏注入活力。为探讨减税降费与经济发展的关系，本文利用近10年GDP与税收收入（含海关代征）进行建模。经分析显示，广州近10年GDP和税收收入总体上呈同步增长关系，其中税收收入增长在2018~2019年趋于平缓，但GDP未放缓并出现较明显增长，一方面表明这两年广州减税降费力度较大，另一方面也表明减税降费对经济起到一定促进作用。此外，税收占GDP的比重呈逐年下降趋势，表明市场主体的税收负担确实在不断减轻。

表17 近10年广州全市GDP与税收收入情况

| 年份 | 税收收入（亿元） | GDP（亿元） | 税收占GDP比重（%） |
| --- | --- | --- | --- |
| 2010 | 2944 | 10604.48 | 27.76 |
| 2011 | 3523 | 12303.12 | 28.64 |
| 2012 | 3752 | 13551.21 | 27.69 |
| 2013 | 3918 | 15420.14 | 25.41 |
| 2014 | 4256 | 16706.87 | 25.47 |
| 2015 | 4479 | 18100.41 | 24.75 |
| 2016 | 4610 | 19610.94 | 23.51 |
| 2017 | 5277 | 21503.15 | 24.54 |
| 2018 | 5584 | 22859.35 | 24.43 |
| 2019 | 5577 | 23628.6 | 23.6 |
| 2020 | 5355 | 25019.11 | 21.4 |

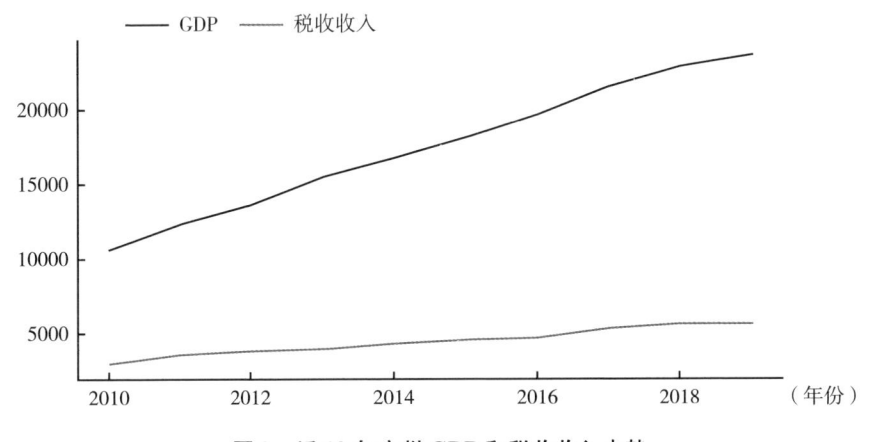

图2 近10年广州GDP和税收收入走势

为进一步研究 GDP 和税收收入的关系，本文利用贝叶斯模型进行建模，对两者的相关性进行分析。根据贝叶斯模型，本文得到 GDP 和税收收入之间的相关性曲线，其中模型的 R2 值为 0.94352，很接近 1，而且 8 个采样数据在 95% 预测可信区间内，说明模型拟合效果较好。

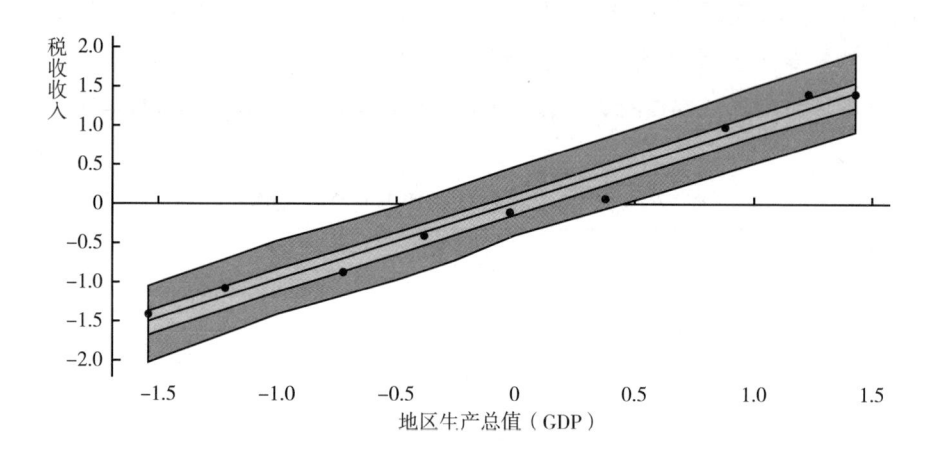

**图 3　税收收入和 GDP 的贝叶斯模型曲线**

上述模型表明税收收入和 GDP 的增幅高度线性相关。经模型测算，国内生产总值每增长 1 亿元，税收收入平均增长 0.19 亿元，这表明减税降费大背景下，税收收入仍可获益于经济发展而实现增长。长期来看，减税降费并不会导致税收收入的下降，反而由于减税降费实实在在促进经济发展，税收收入又得益于 GDP 增长，从而对冲减税降费带来的税收减少。可以看出，减税降费将成为税收增长的间接动力。

### （二）减税降费是稳就业保主体的坚实基础

稳企即是稳岗，市场主体是就业的重要支撑。根据广州市市场监督管理局数据，广州实有市场主体呈稳步增长趋势，从 2014 年的 111.69 万户，到 2019 年的 238.87 万户，增长 114%。新登记市场主体呈逐年上升趋势，最大增幅逾 30%。2019 年，新登记市场主体增速放缓，仍达 7.66%。同期，广州就业人口稳步增长，每年新增规模保持在 25 万~35

万人，城镇登记失业率保持在2.5%以下，而且据统计广州2020年上半年城镇登记失业率为2.42%，仍在3.5%的目标以内[①]。根据投入产出法测算，本文得到减免税带来的产值增加，上半年全市减免税1538亿元，带动就业岗位增加15.56万人。其中带动就业岗位增加最多的是批发和零售业，达到2.01万人；其次是制造业，为1.68万人；建筑业位列第三，为0.78万人；交通运输、仓储和邮政业，租赁和商务服务业，住宿和餐饮业带动就业均超过0.1万人，由此可以看出减税降费对就业有着强力的拉动效应。

另外，绝大多数企业在疫情期间延期复工，生产经营环境恶劣，所承受风险增加，但市场主体却有明显稳步增长势头。根据税务登记数据，广州全年新开实体296593户，与上年同期293875户新开户相比，增加了2718户，上涨近1%；但注销实体仅有148703户，与同期166326户相比，反而有所下降。数据表明，广州经济实体在疫情期间经营确实存在很大困难，但整体韧性足，就业形势总体趋于平稳，特别是得益于小微企业普惠性减免政策和疫情期间新出台的小微企业扶持政策，缓解了以私营企业为代表的中小微企业生存压力，从而提升其吸纳就业能力，成为稳就业的重要滩头阵地。

## （三）减税降费持续帮扶企业渡过难关

2020年，得益于政府出台的各项政策和减税降费力度的加大，全市实现企业所得税减免961.54亿元，同比增长19.79%。企业所得税减免户数增幅在经历前几个月的低迷后，从5月起，减免户数增幅和减免金额增幅方面，都呈现企稳的明显迹象，特别是从下半年开始，减免金额增幅基本超过100%，仅有9月略低，说明企业减负情况有明显提升，政策有力帮扶企业复产达销。

---

① 由于2020年就业数据未公布，以上数据来源截止时间为2020年6月。

表18  2020年广州市企业所得税减免情况

| 月份 | 户数 | 户数同比增幅(%) | 金额(亿元) | 金额同比增幅(%) |
| --- | --- | --- | --- | --- |
| 1月 | 2356 | -30.83 | 2.71 | 12.60 |
| 2月 | 2952 | 12.16 | 3.47 | 206.21 |
| 3月 | 8976 | -2.08 | 8.43 | 158.17 |
| 4月 | 35832 | -5.00 | 43.37 | -38.55 |
| 5月 | 192014 | 7.32 | 611.34 | 5.39 |
| 6月 | 21358 | 75.41 | 212.27 | 74.40 |
| 7月 | 3230 | 71.44 | 20.47 | 130.64 |
| 8月 | 2027 | 26.53 | 13.59 | 190.42 |
| 9月 | 2989 | 109.31 | 12.89 | 96.50 |
| 10月 | 1567 | 83.70 | 9.66 | 765.06 |
| 11月 | 2965 | 60.53 | 9.11 | 4059.31 |
| 12月 | 4307 | 123.05 | 14.23 | 580.30 |
| 合计 | 263706 | 8.30 | 961.54 | 19.79 |

得益于减税降费的大力帮扶，企业正平稳渡过难关。2020年，广州市企业克服疫情和中美贸易摩擦带来的双重影响，实现营业收入99223.34亿元，实现利润6234.31亿元。从营业收入方面看，一季度累计营业收入同比下降11.73%，二季度回暖明显，同比下降2.89%，较一季度上升约9个百分点，三季度继续回升，由负转正，同比增长3%，较二季度上升约6个百分点，四季度营收有所回落，同比下降3.25%。从企业利润方面看，一季度企业累计利润同比下降7.95%，二季度降幅有所缩窄，同比下降3.3%，较一季度上升约5个百分点，三季度利润大幅回升，增幅由负转正，同比增长13.67%，较二季度上升约17个百分点，四季度随着企业营收回落，利润也有所下降，但仍保持正增长，同比增长8.68%。虽然广州市2020年企业累计利润大幅上涨，但受新冠肺炎疫情的影响，盈利面却较上年有一定下滑，全年盈利面由2019年的30%降到2020年的25%，下降了5个百分点，表明2020年盈利企业较往年集中，出现"强者恒强"的情况，利润大多转移至大型企业，中小企业利润受疫情影响严重。

表19 2020年广州市企业营收利润情况

| 季度 | 累计营业收入（亿元） | 累计利润（亿元） | 盈利面 | 累计营业收入同比增幅(%) | 累计利润同比增幅(%) |
|---|---|---|---|---|---|
| 一季度 | 18121.82 | 968.07 | 0.09 | -11.73 | -7.95 |
| 二季度 | 41345.73 | 2416.20 | 0.15 | -2.89 | -3.30 |
| 三季度 | 66855.20 | 4194.64 | 0.18 | 3.00 | 13.67 |
| 四季度 | 99223.34 | 6234.31 | 0.25 | -3.25 | 8.68 |

## （四）结构性减税可为税收增长增添动能

减税降费势必直接影响相关税种的收入情况，特别是2018年以来，受国家大规模减税降费政策的影响，税收收入下降幅度明显，如何优化减税结构，确保收入的稳步增长，也是本文分析研究的要点之一。近年来税收政策变动较大，如2016年增值税受全面营改增政策的影响，打破自2011年以来连续5年增值税正增长的趋势，又如2019年个人所得税受个税起征点升高政策影响，同比出现较大降幅，同比下降31.6%；部分税种收入则受影响不大，如土地增值税、契税、房产税等，一直平稳增长。

表20 广州市本级近10年主要税种收入情况

单位：亿元

| 年份 | 增值税(合并营业税) | 企业所得税 | 个人所得税 | 城建税 | 房产税 | 契税 | 土地增值税 | 车船税等其他 |
|---|---|---|---|---|---|---|---|---|
| 2011 | 115.5 | 43.2 | 44.7 | 17.5 | 23.2 | 51.8 | 36.3 | 0.1 |
| 2012 | 126.6 | 44.8 | 42.5 | 19.1 | 27.9 | 51.9 | 49.3 | 0.1 |
| 2013 | 134.9 | 48 | 47.4 | 28.2 | 28.9 | 69.9 | 41.3 | 2.3 |
| 2014 | 140.3 | 59.3 | 54.1 | 29.9 | 33.3 | 77.9 | 59.8 | 0.6 |
| 2015 | 148.4 | 63.9 | 64.3 | 32.6 | 33.3 | 83.1 | 55.9 | 2.3 |
| 2016 | 136.2 | 66.6 | 74.4 | 33.3 | 35 | 97.1 | 56.9 | 0.3 |
| 2017 | 149.9 | 72.4 | 87.6 | 35.2 | 40.6 | 119.5 | 67.9 | 1.7 |
| 2018 | 161.9 | 82.8 | 103.5 | 37 | 39 | 122 | 70.9 | 0.8 |
| 2019 | 151.8 | 80.5 | 70.8 | 37 | 47.5 | 125.6 | 115.1 | 2.7 |
| 2020 | 155.7 | 76.8 | 77.1 | 37.8 | 39.2 | 148.8 | 114.4 | 11.8 |

在"六稳""六保"大背景下,结构性减税能更好地帮助落实税收减免政策,促进经济平稳发展。根据科布-道格拉斯生产函数,得到税收结构/生产要素与总产量关系的经济计量模型,进一步用Lasso回归消除复杂共线性,对增值税(合并营业税)、企业所得税、个人所得税、城建税、房产税、契税等进行相关性分析,得到减免税结构方面的回归分析模型,模型$R^2$为0.980,F统计量为129.9,模型的显著性水平比较高,线性关系比较明显。

根据模型分析,可以发现固定资产投资、房产税、城镇土地使用税和契税对国内生产总值增加值的影响明显。为此在疫情影响过后,恢复税收经济发展之时需关注减税结构,减免方向应放在增值税、企业所得税、个人所得税、印花税等对国内生产总值相关性影响不显著的税种上;并可适度增加房产税、城镇土地使用税和契税等地方税种的课征力度,在实施"六稳""六保"的同时确保税收收入的可持续性,促进地方经济平稳发展。

**(五)减税降费对地方财政影响短期显著、长期可控**

税收收入在一般公共预算收入中的占比是衡量财政收入质量高低的一项重要指标,可以清晰地折射出一个地区经济发展的走向与态势。实施大规模减税降费,直接受影响的就是地方财政收入,在短期内有明显的下滑情况,收入质量势必降低。本文对广州市近10年的一般公共预算收入情况进行分析,可以发现一般公共预算收入和税收收入虽都呈逐年增加趋势,但税收收入占比却呈逐年下降趋势,从2011年60.5%下降到2020年的38.4%,下降22.1个百分点,侧面反映出广州财政收入质量在下滑,其中,2020年相较往年下降明显,降幅为18.4个百分点,主要原因是本年度疫情影响企业经营,同时一系列新增减税降费政策影响到税收收入,进而使得财政收入质量下降。

同时,在疫情防控、中美贸易摩擦等复杂社会背景下,地方财政收支压力不断增大,减税降费的政策空间也将变得有限。本文再通过对广州近10年一般公共预算收入和支出情况进行分析,可以发现一般公共预算收入平均增幅为5.39%,而一般公共预算支出平均增幅为9.57%,收入增长远赶不

表 21　广州市本级近 10 年一般公共预算收入与税收情况

| 年份 | 一般公共预算收入(亿元) | 税收收入(亿元) | 税收收入占比(%) |
| --- | --- | --- | --- |
| 2011 | 979.5 | 332.3 | 60.5 |
| 2012 | 1102.4 | 362.2 | 60.6 |
| 2013 | 1141.8 | 400.9 | 60.1 |
| 2014 | 1243.1 | 455.2 | 59.1 |
| 2015 | 1349.5 | 483.8 | 59.1 |
| 2016 | 1393.6 | 499.8 | 57.9 |
| 2017 | 1536.7 | 574.8 | 57.5 |
| 2018 | 1634.2 | 617.9 | 57.5 |
| 2019 | 1697.2 | 631.0 | 56.8 |
| 2020 | 1721.6 | 661.5 | 38.4 |

上支出增长。财政支出收入比呈逐年攀升趋势，2020 年达到 171.53% 的新高，比 2011 年的 120.60% 高出近 51 个百分点，说明政府财政收支压力日增。减税降费必然进一步加剧财政收支之间的矛盾，也预示着减免税政策空间有限，需要综合考虑减免税带来的财政收入缺口问题。

表 22　广州市本级近 10 年一般公共预算收支情况

| 年份 | 收入(亿元) | 支出(亿元) | 支出收入比(%) |
| --- | --- | --- | --- |
| 2011 | 979.48 | 1181.25 | 120.60 |
| 2012 | 1102.40 | 1343.65 | 121.88 |
| 2013 | 1141.80 | 1386.13 | 121.40 |
| 2014 | 1243.10 | 1436.22 | 115.54 |
| 2015 | 1349.47 | 1727.72 | 128.03 |
| 2016 | 1393.64 | 1943.75 | 139.47 |
| 2017 | 1536.74 | 2186.01 | 142.25 |
| 2018 | 1634.22 | 2506.18 | 153.36 |
| 2019 | 1697.20 | 2865.10 | 168.81 |
| 2020 | 1721.60 | 2953.00 | 171.53 |

为此，在实施大规模减税降费政策的同时，还需关注减免税缺口的财政平衡问题，如考虑从政府性基金预算收入和国有资本经营预算收入调入资金

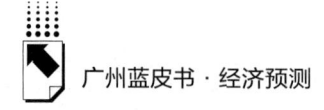

进行平衡，据了解利用国有土地使用权出让收入和上年结余，可调入资金约90亿元规模，利用2019年纳入市国资委国有资本经营预算编制范围的125户企业的利润、股利、股息和上年结余，可调入资金约30亿元，另外还有市级财政专户管理资金结余14.5亿元，以上几项相加，可弥补约134.5亿元的减免税资金缺口。同时，还可考虑发行专项债券，适度增加债务率。据了解，截至2019年底广州市政府债务余额2714.94亿元，比省核定的2019年度限额3132亿元低417亿元，可见在确保风险可控的情况下，仍存在一定举债空间。①

**参考文献**

1. 王敏、谭荣华、李伟：《税收经济分析系统的设计与实现》，《税务研究》2005年第7期，第17~20页。
2. 刘迪、于昌平、陈雷、张师：《吉林省税收经济分析与预测》，《市场周刊（理论研究）》2019年第3期，第66~67页。
3. 成都市国家税务局课题组：《税收发票指数和经济发展关联性研究——基于PCA、VAR模型的经济计量分析》，《税收管理》2018年第2期，第106~109页。

---

① 由于国有资本经营、政府债务相关统计数据未公布，以上数据来源截止时间为2020年6月。

# B.9 广州外贸新业态税收协同管理研究

广州市税务学会课题组[*]

**摘 要:** 在当前复杂的外贸出口形势下,市场采购、跨境电商和外贸综合服务等外贸新业态发展迅速,成为外贸出口的新增长点。但是,目前对这三种外贸新业态分开管理,分别有不同的信息系统、税收政策和服务措施,且发展存在一定的问题。本文将三种外贸新业态作为一个整体进行研究,以三者共通的中间平台作为切入点,从加强部门协作、整合信息系统、开展综合管理和主抓平台企业等方面探讨了税收协同管理的可行模式,特别是搭建统一的外贸新业态信息管理系统,将有助于强化"以数治税"的发展要求。

**关键词:** 税收 外贸新业态 协同管理

目前境外疫情持续蔓延,货物、人员流动受阻,国际市场需求大幅下降,我国外贸出口面临前所未有的挑战。习近平总书记指出,要把疫情防控中催生的新业态新模式加快壮大起来。李克强总理也在国务院常务会议上强调要支持跨境电商、外贸综合服务等新业态发展,不断带动中小企业出口。

---

[*] 课题组组长:陈志清,广州市税务局第二税务分局副局长。课题组成员:陈扬,广州市税务局第二税务分局副局长;唐航燕,广州市税务局第二税务分局四级调研员;胡烨,广州市税务局第二税务分局科长;邓聪,广州市税务局第二税务分局副科长;林矗,广州市税务局第二税务分局四级主任科员;郑亚健,广州市税务局第二税务分局四级主任科员。执笔人:郑亚健。

疫情为外贸带来挑战的同时，也为新业态带来了新机遇。以跨境电商、市场采购和外贸综合服务等为代表的外贸新业态适应了如今碎片化、零散化的出口业务需求，发展外贸新业态，推动生产企业减少中间环节直接参与国际竞争，发挥跨境电商线上"无接触"交易，外贸综合服务企业集中代理服务等新业态优势，有利于扩大出口稳定外贸。其中，属于个人、小规模纳税人的出口企业倾向于选择跨境电商和市场采购贸易方式出口，而登记为一般纳税人但不熟悉外贸及免抵退税操作的生产企业倾向于委托外贸综合服务企业代办退税出口。三种新业态虽有不同，但其业务模式存在共通之处，具有广阔发展前景。

广州作为对外开放的前沿城市和传统外贸大市，2020年外贸出口额达5427.7亿元，占GDP的比重为21.7%，跨境电商、市场采购和外贸综合服务等新业态展现了蓬勃的生机和活力。如何进一步发挥外贸新业态的潜力、拉动外贸出口稳定发展，是当前疫情形势下稳增长的新课题，更是广州保持外贸优势，实现四个"出新出彩"的策略选择。在此前提下，本文探讨三种外贸新业态协同管理的模式，以进一步推动广州外贸出口稳定发展。

## 一 外贸新业态的相关概念和业务流程

### （一）概念说明

根据《国务院关于促进外贸回稳向好的若干意见》（国发〔2016〕27号）第九条的相关规定，外贸新业态主要包含市场采购、跨境电商和外贸综合服务这三类。

1. 跨境电商

跨境电商零售出口（贸易代码：9610）是指跨境电商企业通过跨境电子商务交易平台实现零售出口商品交易，并传输相关电子交易数据的贸易方式（本文"跨境电商"特指跨境电商零售出口）。与传统的跨境贸易方式相比，跨境电商具有操作简单、手续简便等优势。

2. 市场采购

市场采购（贸易代码：1039）是指国外采购商或其代理商在境内认定的市场集聚区采购商品，单票报关单商品货值在 15 万美元及以下且在采购地办理出口商品通关手续的贸易方式。市场采购贸易是境内集贸市场和跨境旅游购物两种商贸方式的结合，最初是在一些传统商贸集聚区划定特定市场，实际参与者是数量庞大的中小微企业和个体工商户。

3. 外贸综合服务

外贸综合服务（专用标识：WMZHFW）是指外贸经营企业接受国内外客户委托，依法签订综合服务合同（协议），依托综合服务信息平台，代为办理外贸全流程业务的贸易方式。外贸综合服务企业（以下简称"综服企业"）通过规模化、规范化的代理服务降低了中小出口企业的成本费用，同时也促进了外贸服务分工的细化。

## （二）广州外贸新业态税收政策及业务模式

1. 跨境电商业务流程

根据财税〔2018〕103 号通知的规定，注册于广州综试区内的跨境电商企业，通过第三方跨境电子商务平台或自建跨境电商平台与境外客户签订出口合同，并在广州综试区海关办理电子商务出口申报手续，在综合服务平台登记出口日期、货物名称等信息，且出口货物不属于取消出口退（免）税的货物，可以适用增值税、消费税免税政策（如图 1 所示）。

2. 市场采购贸易业务流程

根据文件规定，经国家批准的专业市场集聚区内的市场经营户（以下简称市场经营户）自营出口或以委托方式委托从事市场采购贸易的单位（以下简称市场采购贸易经营者），按要求办理通关手续，并纳入市场采购贸易综合管理系统管理的货物，实行免征增值税政策。市场采购贸易的具体经营模式包括自行采购模式和委托出口模式，具体来说：

在自行采购模式下，市场采购贸易经营者与境外采购商签约出口货物，通过报关行按相关规定办理报关、报检手续，通过市场采购综合管理系统平

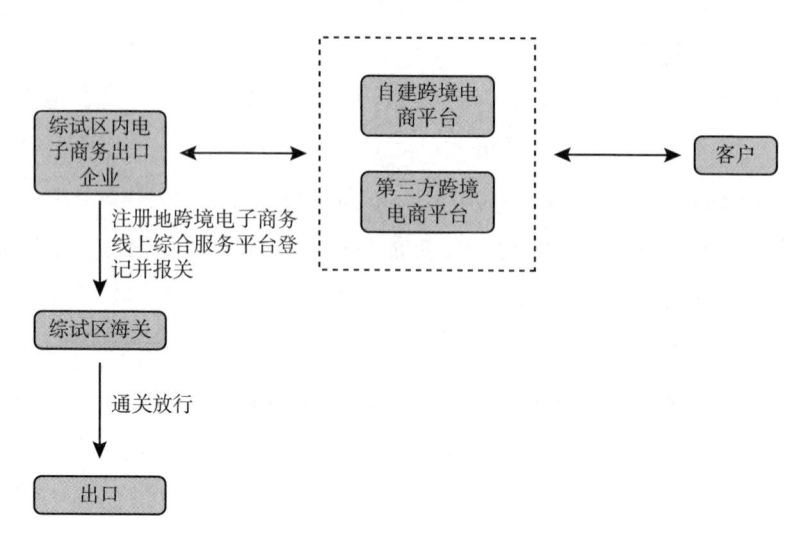

**图 1　跨境电商零售出口模式**

台录入相关内容形成交易清单，并于增值税纳税申报期内将免税出口额进行申报（如图 2 所示）。

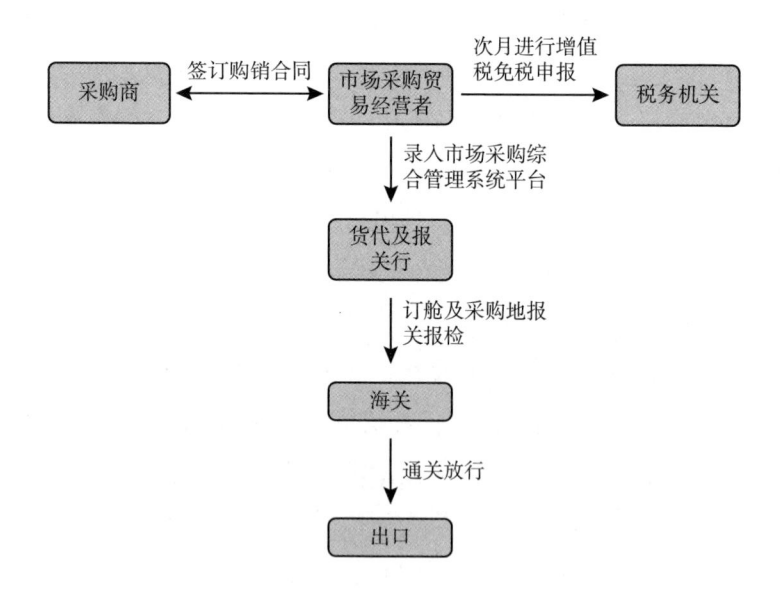

**图 2　市场采购贸易方式下自行采购模式**

在委托出口模式下，注册于专业市场内的市场经营户与境外采购商签约出口货物，与市场采购贸易经营者签订《委托代理出口货物协议》。受托出口的市场采购贸易经营者在完成货物报关出口后，在期限内向主管税务机关申请开具《代理出口货物证明》并代为进行增值税免税申报（如图3所示）。目前，花都皮革皮具市场都是委托出口的模式。

```
采购商 ←签订购销合同→ 市场采购贸易经营户
                              ↓ 签订《委托代理出口货物协议》
                    市场采购贸易经营者 ——申请开具《代理出口货物证明》并代为进行增值税免税申报→ 税务机关
                              ↓ 录入市场采购综合管理系统平台
                       货代及报关行
                              ↓ 订舱及采购地报关报检
                          海关
                              ↓ 通关放行
                          出口
```

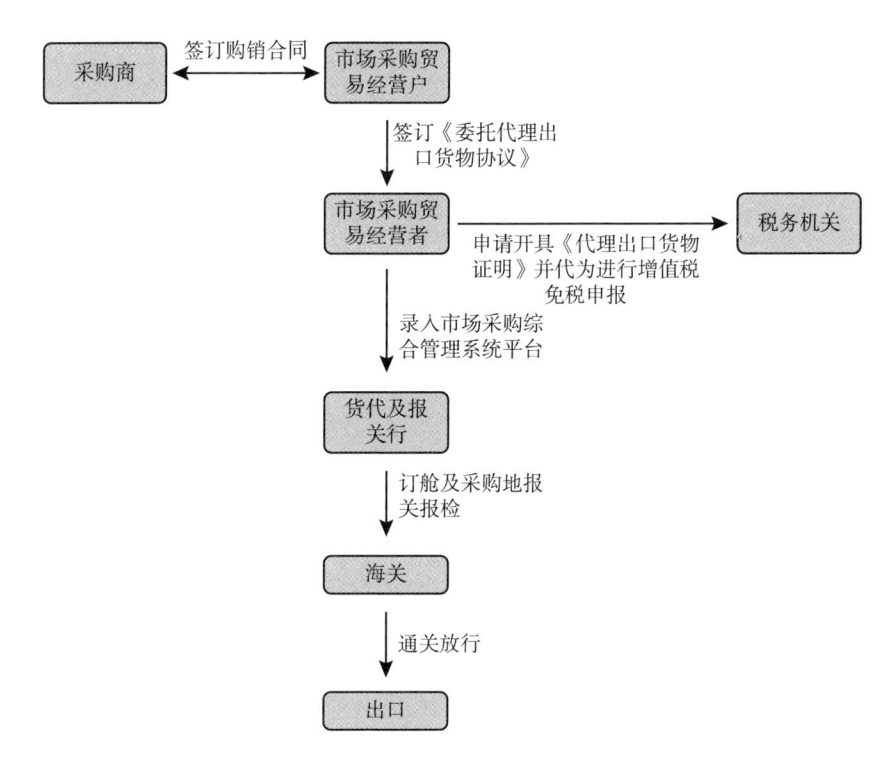

**图3  市场采购贸易方式下委托出口模式**

3. 外贸综合服务业务流程

综服企业受生产企业委托，在货物报关出口后凭生产企业开具的备注栏内注明"代办退税专用"字样的增值税专用发票及其他单证，向主管税务机关代办退税事项，经核准后的退税款由主管税务机关转至生产企业提供的代办退税账户上。综服企业代办退税不是享受退税的责任主体，但在风险上负有连带责任。综服企业为生产企业代为办理退税、报关、物流、

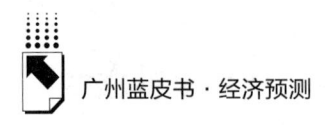

结算等综合服务获取收入，并按照政策规定缴纳服务业的增值税（如图4所示）。

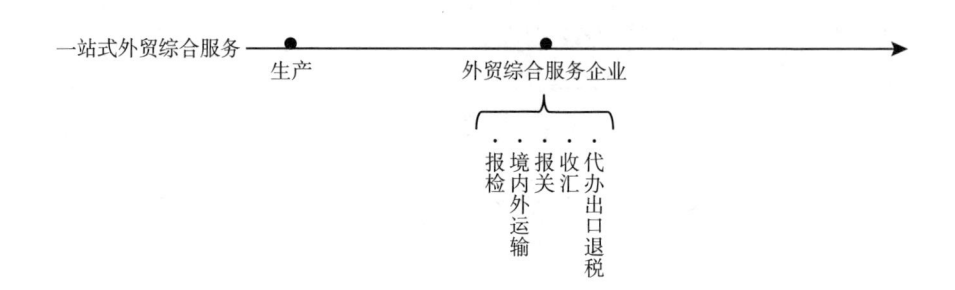

**图4 外贸综合服务与传统自营出口模式对比**

## 二 广州外贸新业态的发展现状和存在的问题

### （一）广州外贸新业态发展情况

从整体来看，广州市近年来外贸新业态发展迅速，出口占比逐步提高，呈现出较好的发展趋势。

**1. 市场采购发展情况**

2016年9月，广州花都皮革皮具市场获批全国市场采购贸易方式试点，成为全国第三批、广东省第一个试点单位。花都皮革皮具市场的市场采购贸易仅限于出口贸易，从事市场采购贸易的市场经营户一定要在经认定的市场集聚区内注册，所有交易通过市场采购贸易联网信息平台完成；市场经营户可选择全国范围内的供货企业，但须在广东省境内通关出口。截至2020年6月，花都皮革皮具市场从事市场采购贸易的市场经营户备案达到了14672户，市场采购贸易经营者有7576户次申报免税出口额共516.80亿美元（见表1）。

表 1　广州市场采购贸易出口情况

| 时间 | 市场经营户备案户数 | 市场采购贸易经营者申报户数 | 申报免税出口额（亿美元） |
|---|---|---|---|
| 2017 年 | 2602 | 785 | 54.77 |
| 2018 年 | 7772 | 332 | 219.56 |
| 2019 年 | 2577 | 3993 | 146.03 |
| 2020 年 1~6 月 | 1721 | 2466 | 96.44 |
| 合计 | 14672 | 7576 | 516.80 |

资料来源：广州市场采购贸易联网信息平台。

2017 年正式启动以来，花都皮革皮具市场的市场采购贸易方式年出口额从 54.77 亿美元增长到 2019 年的 146.03 亿美元。新冠肺炎疫情暴发后，外贸出口形势严峻，花都皮革皮具市场的市场采购贸易保持逆势增长，2020 年上半年以市场采购贸易方式申报免税出口额 96.44 亿元，同比增长 42.5%，有力支撑了广州外贸基本盘。

2. 跨境电商发展情况

广州在 2016 年 1 月设立跨境电子商务综合试验区以来，积极推动广州市跨境电子商务公共服务平台建设，认真落实跨境电商零售出口"无票免税"和所得税核定征收政策，为跨境电商发挥独特优势助力外贸新业态发展提供了有力的税收政策支持。

2018 年 1 月至 2020 年 6 月，广州综试区共计 409 户次企业在跨境电子商务综合服务平台登记"无票免税"出口额 132.49 亿元，全市跨境电商以 9610 方式出口 138.86 亿元，9610 方式出口退（免）税额合计 559.22 万元（见表 2）。2020 年上半年广州跨境电商"无票免税"出口额 47.52 亿元，同比增长 86.85%。从综合服务平台登记户次、出口额来看，广州跨境电子商务零售出口呈逐年上升趋势。

3. 外贸综合服务发展情况

2020 年 1~6 月广州 6 户综服企业为 579 户中小生产企业代办退税 16504.18 万元（见表 3），对应的申报出口额为 18608.63 万美元，同比增长

表2 广州跨境电子商务零售出口情况

| 时间 | 综合服务平台登记户次 | "无票免税"出口额（亿元） | 9610方式出口额（亿元） | 9610方式出口退（免）税额（万元） |
|---|---|---|---|---|
| 2018年 | 127 | 23.79 | 35.94 | 12.17 |
| 2019年 | 193 | 61.18 | 91.88 | 546.81 |
| 2020年1~6月 | 89 | 47.52 | 11.04 | 0.24 |
| 合计 | 409 | 132.49 | 138.86 | 559.22 |

资料来源：广州市跨境电子商务综合服务平台。

12.64%。其中广州某综服企业发展势头较好，综合服务业务占到全市的九成以上。该企业依靠互联网信息技术实现了对传统外贸行业的升级改造，自2016年8月成立以来累计帮助逾12000户次中小微生产企业代办退税和代理出口，累计出口26.34亿美元。该企业综合服务业务出口与传统代理业务出口的比例约为2:1。加快培育其他外贸综合服务企业，形成良性竞争格局，有助于带动广州外贸行业整体发展。

表3 广州外贸综合服务发展情况

| 时间 | 综服企业申报户数 | 代办退税企业户数 | 申报退税出口额（万美元） | 退税额（万元） |
|---|---|---|---|---|
| 2018年 | 4 | 785 | 20215.02 | 17895.30 |
| 2019年 | 6 | 757 | 31825.31 | 30122.57 |
| 2020年1~6月 | 6 | 579 | 18608.63 | 16504.18 |

资料来源：出口退税审核系统。

## （二）管理中存在的问题

**1. 新业态发展程度参差不齐，存在监管盲点**

外贸新业态目前仍处于起步阶段，发展参差不齐。其中，外贸综合服务除了头部综服企业发展较好，其他综服企业仍然处于起步发展阶段，尚未起到集聚资源的规模效应。跨境电商和市场采购的优惠条件造成货往低处流的"洼地"效应，跨境电商零售出口和市场采购不实行免税资料备查管理和出口备案单证管理,较低的准入门槛和相对宽松的管理,加之政府较高的扶持力度,吸引了部分无票货源的出口业务,甚至是采取一般贸易退税出口的货物转为市场采购贸易出口。这种出口模式的转化,对原有环环相扣的增值税链条管理带来一定冲击,一方面可能出现上游部分本应申报的内销销售收入未如实申报,造成税源的流失;另一方面也可能造成大量的富余票沉淀,存在潜在的虚开骗税风险。

2. "无票免税"政策吸引力不强

目前来看,跨境电商零售出口商品通过快件或邮递出口,除了邮政系统与海关联网,绝大多数通过其他快递公司出口的商品较难监控,这部分商品可以视为"个人自用物品",不执行货物贸易出口的税收政策,电商企业实质上已经享受了"免税"待遇,"无票免税"政策吸引力不强。另外,电子商务零售出口商品申报清单或出口货物报关单中一般仅显示平台公司或物流公司的信息,很难获取真实跨境电子商务企业信息,无法反映真实销售主体,落实"无票免税"政策及所得税核定征收政策存在一定困难。

3. 收汇率偏低,资金流向监管不足

市场采购及跨境电商模式均存在收汇率普遍偏低的情况,特别是在《关于修订市场采购贸易监管办法及其监管方式有关事宜的公告》(海关总署公告2019年第221号)取消禁止现金交易的限制后,该情况更为严重。相对于其他贸易方式,广州地区市场采购贸易方式出口收汇率偏低,市场采购资金未通过合法渠道流入,造成资金来源不可控、资金去向不可追、风险监管不可究的监管盲点。同时,脱离监管的资金可能流向其他违法违规领域,为虚构贸易和交易背景骗取出口退税和出口信贷提供帮助。

4. 新业态分开管理,税务部门抓手有限

外贸新业态的管理涉及商务、海关、税务、外管、财政等部门,且不同业态的主管部门各有侧重,信息平台的建设也是各自独立,造成不同部门间信息沟通不足、不同业态间的协同发展欠缺,监管和服务成本加大,对新业态的做大做强产生不利影响。以跨境电商零售出口为例,海关的跨境电商零售出口申报清单尚未实现和税务部门的对接传输,目前税务部门主要通过商

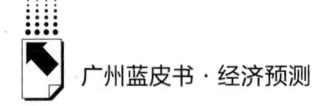

务部门间接获取跨境电商综合服务平台的统计数据，不利于对出口货物的日常监管和统计分析，也会削弱税务部门对出口企业的帮扶培育效果。

## 三 其他城市在税收管理上的经验借鉴

在国家政策推动和外贸出口形势改变的刺激下，国内其他城市因地制宜，在发展外贸新业态中也取得了不少成果和经验，特别是在税收管理上推出了很多有效的措施。

### （一）上海外贸新业态税收管理的现状和经验

截至2020年3月，上海已为本市13户跨境电商出口企业适用退税政策的4.25亿元出口业务累计办理出口退税合计5479.89万元，有力支持跨境电商新兴业态有序健康成长。

上海市税务局积极落实跨境电子商务综试区"无票免税"政策。为抓紧落实财税〔2018〕103号文件推行的"无票免税"新政，上海市税务局与市财政局、发改委和商务委等责任部门，就本市落实免税新政开展研讨，并会同市发改委邀请本市有代表性的跨境电商企业召开座谈会，为制定本市落实办法听取企业诉求和意见。在此基础上，于2018年10月正式发布了国家税务总局上海市税务局公告2018年第15号，明确了免税管理办法，在全国范围内首批启动免税新政管理落地。该公告在条款制定上力主体现"不设门槛、不增负担、信息管税"的原则。一是不设门槛，除对免税政策适用条件不增设掌握口径外，更考虑到跨境电商企业多为中小商户，管理团队缺乏专业办税人员，故在备案资质程序办理上也作了简化，适用免税政策的跨境电商企业无需再去办理出口备案手续。二是不增负担，对跨境电商企业免税申报除沿用无纸化申报管理外，就附报的电子商务出口货物免税明细表无需企业录入填报，通过协调公共服务平台支持查询下载，并提示纳税人开展便利化申报。三是信息管税，加强信息系统建设，按照税务总局加强免税商品税收管理的要求，主动将综试区出口商品信息和纳税人的申报信息进行比对分析,查找风险点并做好税收服务。

同时,上海市税务局联合上海跨境电商综合服务平台进行技术对接,就有关跨境电商企业免税申报方式、免税明细数据受理、涉税风险监控、系统实现和技术支撑等问题,确定了工作方案,并完成免税申报应用功能的开发和启用。据此,一方面确保纳税人在免税申报时同时报送出口商品申报清单数据,并可通过综合服务平台实现查询和下载;另一方面待总局启动出口商品申报清单电子信息清分后,根据接收数据要素拟定有关比对分析和风险监控应用需求,并在本市"电子税务局"上付诸开发实现。

## (二)深圳外贸新业态税收管理的现状和经验

自综试区政策实施以来,截至2020年3月,深圳市共有30户跨境电商企业以海关"9610"监管方式办理了出口退税或者免税业务,涉及税额合计1129.65万元。

为了给企业提供更好的税收服务,并加强免税管理,深圳市税务局出台管理办法,规范了操作流程。深圳市税务局与深圳市相关部门积极沟通,征求意见,于2018年10月下发了深税函〔2018〕238号文件,进一步明确管理模式和岗位职责,统一和规范操作程序,加强货物出口的免税管理。具体来看,明确了无票免税数据的登记要求,细化了无票免税货物免税申报规则,通过详细的流程规范,减轻企业申报负担。另外,规范了税务部门无票免税数据的清分和核实。

总的来说,主要在服务上做了四个方面的工作:一是实现税收政策送上门服务。主动到电商企业送政策,宣讲外贸税收政策,集中解答企业提出的问题。结合电商企业涉税宣传培训需求,开展系列个性化、定制式的上门宣传活动,支持跨境电商出口企业健康发展。二是税务部门通过微信群、税企交流平台及时答复出口企业的退税咨询,为跨境电商企业咨询、办理出口退税业务提供便利,解决申报中出现的问题。三是根据跨境电商出口企业申报的出口金额小但报关单数量多的情况,大力推行出口退税"无纸化"试点工作,大幅缩减了电商企业的办税时间。四是畅通跨境电商出口企业申报渠道，优先审核办理退税，优先保障跨境电商出口企业退税指标，跟进电商企业退税进度，确保退税及时到账，减少财务成本，有效发挥出口退税对电商企业发展的促进作用。

**（三）杭州和义乌外贸新业态税收管理的现状和经验**

杭州跨境电商综试区于2015年获批，作为全国首个获批的试验区，其发展势头强劲，产业持续集聚，规模效应不断凸显，目前在杭州综合试验区线上综合服务平台备案的各类跨境电商企业已达10462家。义乌市为全国外贸网商密度第二高城市，截至2020年3月，从事跨境电商的商户数量在14万户以上，有2000多家生产企业和近4万家市场经营户作为配套企业提供产品和服务。2019年，杭州和义乌两市跨境电商综试区零售商品出口交易额合计达1058.91亿元。

作为发展较早的地区，杭州和义乌具有先发优势。一是出口产品品类丰富。以义乌为例，目前通过跨境电商出口产品的品类已从单一的饰品逐渐扩展到整个小商品产业，服装服饰、日用塑料制品、钟表眼镜、户外用品、玩具、假发、宠物用品类的比重不断增加。二是跨境电商生态环境继续优化。杭州和义乌地区涌现出了一大批优秀的本地跨境电子商务服务和代理企业，为跨境电子商务产业和相关企业提供培训、网站建设、商标、注册等配套服务。如速卖通平台推荐的官方运营服务商中，义乌丹源信息技术有限公司排名第一。另外，海外仓建设助力传统外贸企业或者制造型出口企业转型升级。如合丰信息科技（金华）有限公司，以海外仓为基础，通过为客户提供跨境电商一站式解决方案，帮助出口企业实现海外互联网营销，快速有效打开目标市场。三是产业集群与跨境电商深度融合。凭借义乌小商品市场和当地完善的产业配套及产业园的货源支持，跨境电商企业可以获得齐全且廉价的产品，产业链的协作再加上跨境电商平台的助力，通过跨境电商贸易方式出口的货物大幅增长，也有力地促进了制造业转型升级。四是跨境电商海外营销与合作进一步拓展。全球跨境电子商务大会和中国国际电子博览会的成功举办，吸引了上千家跨境电商企业参展、亚马逊（Amazon）、谷歌、GMO等世界知名的大型互联网平台企业纷纷亮相。本地的跨境电商出口企业陆续与Ebay、Amazon、Wish等主流平台全面开展合作，同时，Made in China、乐天、执御、Yandex等跨境贸易平台的业务也在不断拓展。

## 四 广州外贸新业态税收协同管理政策建议

随着互联网和大数据技术的迅速发展，外贸出口的信息传递要求越来越高，专业服务平台和信息监管平台成为交易的数据中心，深刻改变了外贸业态。代理平台向税务、海关等部门履行申报或辅助申报义务，掌握了海量的企业信息。另外，政府管理部门建立的各类监管信息平台也积蓄了大量信息。三类外贸新业态都以中间平台作为枢纽或载体，呈现出相似的发展模式，在税收管理的需求上也具有相似性。据此，可构建一个可行的外贸新业态协同管理模式（如图5所示）。

1. 建立多部门常态化沟通机制

理清税务等监管部门的权利义务，规范分工关系和监管定位，建立定期的会议交流制度与日常协调机制，为三类外贸新业态制定明确的管理条例。税务部门要与海关明确信息交换安排，强化风险企业信息应用；与外汇管理局建立数据传递渠道，共同监管收汇异常的出口企业；与商务部门建立沟通联络机制，培育对外出口新增长极、联手营造良好的外贸营商环境。

2. 搭建统一的管理信息系统

参考借鉴"国际贸易单一窗口"等平台的管理经验，将对市场采购、跨境电商、外贸综合服务等外贸新业态的管理深度整合到同一个管理信息系统。加强对采购、通关、支付、结汇、申报各环节信息跟踪和管理，多方面验证单证流、资金流、货物流的匹配性，打击虚假贸易和出口骗税。运用统一的管理信息系统数据，建立守信联合激励、失信联合惩戒机制，将各类外贸新业态企业纳入统一信用认证范围。

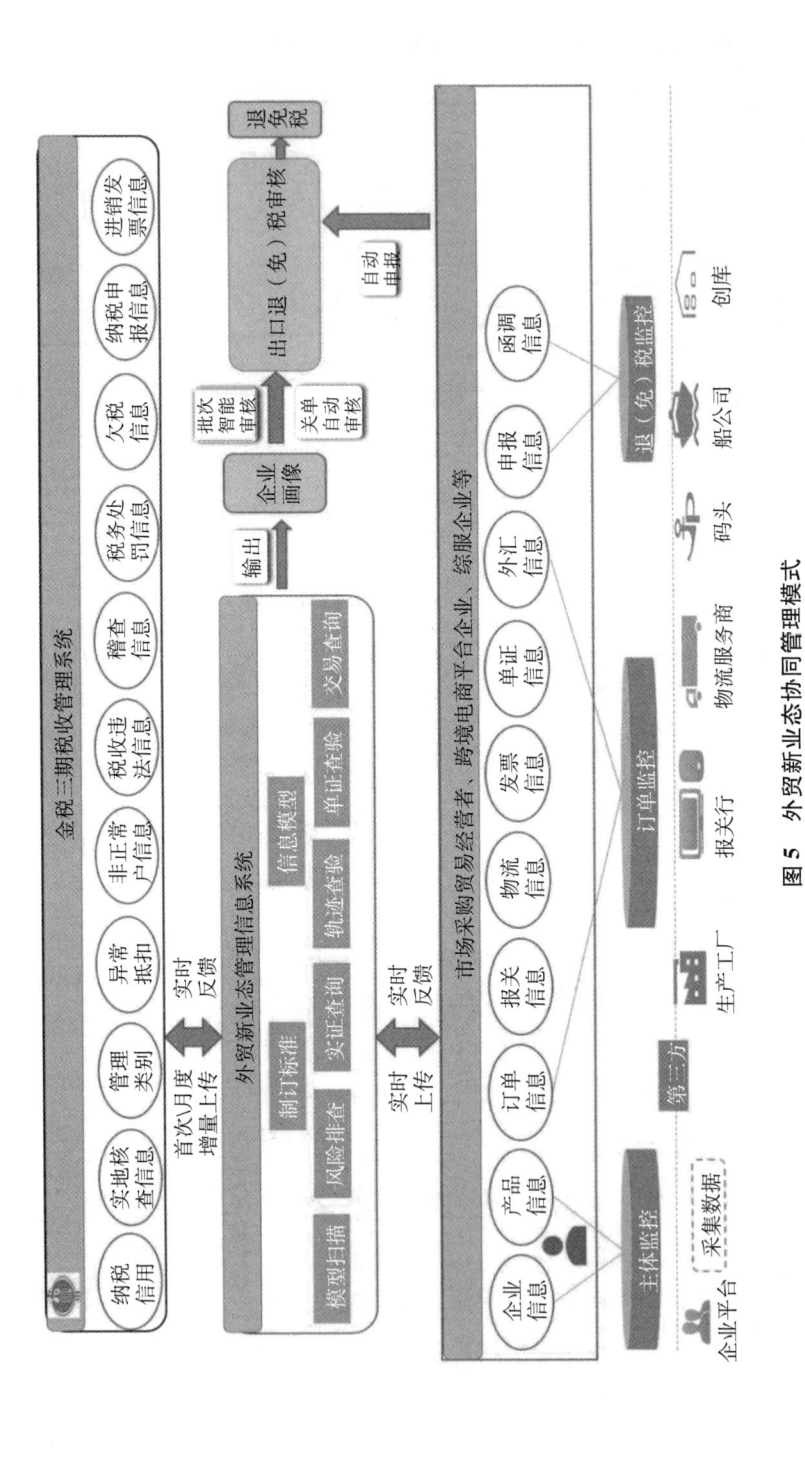

图 5 外贸新业态协同管理模式

3. 推进外贸新业态综合管理

依托自贸试验区、机场综保区、各类专业市场建设外贸新业态示范园区，推动各地建设各具特色、协同发展的产业集聚区。进一步提升市场采购贸易的综合服务水平，推进市场采购贸易与跨境电商深度融合。支持综服企业完善线上平台服务功能，在此基础上促进综服企业与跨境电商、市场采购专业市场合作对接，培育一体化外贸新业态企业。

4. 以中间平台为监管抓手

外贸新业态信息传递的枢纽都在中间平台，其中综服平台一般由大型外贸企业自建，市场采购和跨境电商平台由政府搭建，相对于新业态出口企业"小、散、碎"，中间平台连接买卖双方，管理更规范，集中了业务前后端的大量数据。中间平台将交易数据传输给税务等监管部门，平台可成为观察经济、外贸运行情况的窗口，也能有效提升监管部门的监管效率。

## 参考文献

1. 祝美红：《外贸新常态与外贸新业态研究综述》，《对外经贸》2017 年第 12 期，第 32~35 页。
2. 郭蕴旎：《支持与规范外贸新业态发展的思考——以跨境电商为例》，《商讯》2019 年第 21 期，第 14+16 页。
3. 祝美红：《市场采购贸易方式：源起思考、实践推进与未来趋势》，《对外经贸》2019 年第 7 期，第 8~11+28 页。
4. 骆敏华：《外贸综合服务企业业务模式与风险控制》，《国际商务财会》2016 年第 7 期。
5. 郭永泉：《中国外贸新业态税收制度研究——基于跨境电商、市场采购和外综服》，《税收经济研究》2020 年第 1 期，第 1~11 页。

# 民营经济篇
Private Economy

# B.10
# "十三五"时期广州市规模以上民营工业发展的实证分析

董曼虹*

**摘　要：** 本文通过深入分析"十三五"时期广州市规模以上工业发展状况、主要特点、存在问题、发展效率等，对"十四五"时期民营工业企业高质量发展提出富有针对性的对策建议，助力民营工业经济破解发展瓶颈、取得新的突破。

**关键词：** 广州市　规模以上工业　民营企业　数据包络分析方法

作为国民经济的重要组成部分，民营经济在稳定增长、促进创新、增加就业、改善民生、推动开放等方面发挥着不可替代的作用。近年来，广州市

---

\* 董曼虹，中山大学社会学与人类学学院社会学硕士研究生，广州市统计局四级主任科员。

# "十三五"时期广州市规模以上民营工业发展的实证分析

认真贯彻落实党中央、国务院和省委、省政府促进民营经济发展的决策部署,积极推动民营企业调结构、转方式、上水平,为民营企业发展营造良好环境。2020年以来,面对疫情冲击和外部环境不确定性因素影响,民营企业在抵御下行压力中显现韧性,在应对多方挑战中呈现亮点。本文运用2016~2020年广州规模以上民营工业数据,对"十三五"期间广州市民营工业发展状况以及2020年疫情影响下全市民营工业企业生产经营情况进行深入分析,并提出进一步推动民营工业企业高质量发展的对策建议,对"十四五"期间民营工业发展趋势进行了展望。

## 一 "十三五"期间广州市规模以上民营工业发展状况及主要特点

### (一)总量规模持续壮大,综合实力不断增强

"十三五"期间,广州市民营工业发展态势向好,规模以上民营工业企业数量快速增长。2020年,全市共有规模以上民营工业企业4373户,比2016年增加1536户,年均增长率为11.4%(见图1);占全市规模以上工业企业户数的74.4%,提高了11.4个百分点;实现工业总产值4987.19亿元,占全市规模以上工业总产值的25.0%。

图1 2016~2020年广州市规模以上工业企业和民营工业企业数量情况

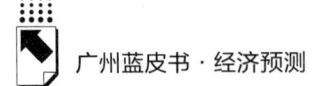

经济效益稳步提升，综合实力不断增强。全市规模以上民营工业营业收入由2016年的4467.83亿元提高至2020年的4968.38亿元，年均增长2.7%；利润总额由228.40亿元提高至359.93亿元，年均增长12.0%，高出同时期全市规模以上工业平均水平7.1个百分点。营业收入利润率、成本费用利润率分别由5.1%和5.2%提高至7.2%和7.7%；每百元营业收入中的成本由85.3元降低至79.7元；全员劳动生产率由2016年的22.27万元/人提高至2020年的22.92万元/人。

## （二）结构调整加快推进，行业布局日益优化

"十三五"期间，广州市民营工业结构通过调整和优化，逐渐实现由传统行业向高新技术和深加工产业的转变，民营工业结构发生了较为明显的变化。从企业数量来看，2020年，化学原料及化学制品制造业以426户首次超过纺织服装、服饰业，成为民营企业最为集中的行业，与2016年相比增长81.3%；纺织服装、服饰业下滑至第2位，拥有民营企业412户，较2016年增长7.3%；计算机、通信和其他电子设备制造业拥有民营企业393户，以年均增长17.2%的发展势头，从2016年第5位跃升至第3位。从占规模以上民营工业企业户数的比重来看，减幅较大的行业集中在传统行业，纺织服装、服饰业和纺织业分别下降了4.1个和2.6个百分点；增幅较大的主要集中在技术含量高的行业，专用设备制造业，计算机、通信和其他电子设备制造业，化学原料及化学制品制造业以及通用设备制造业，分别提升2.6个、1.7个、1.5个和1.2个百分点。

伴随着企业数量的减少，民营工业中传统产业的产值也呈现逐渐回落的趋势。2020年，黑色金属冶炼及压延加工业，纺织业，纺织服装、服饰业，农副食品加工业，皮革、毛皮、羽毛及其制品和制鞋业5个传统加工行业工业总产值共计558.03亿元，比2016年减少545.39亿元，合计占当年全市规模以上民营工业总产值的比重由2016年的22.1%降至11.2%，下降了10.9个百分点。与此同时，发展势头较好的计算机、通信和其他电子设备制造业，汽车制造业，专用设备制造业3个行业2020年工业总产值共计

1143.77亿元，比2016年增加384.57亿元，合计占当年全市规模以上民营工业总产值的比重由2016年的15.2%上升至22.9%，提升了7.7个百分点（见表1）。

表1 2016~2020年广州民营工业行业分布情况

单位：户，亿元

| | 2016年 | | 2017年 | | 2018年 | | 2019年 | | 2020年 | |
|---|---|---|---|---|---|---|---|---|---|---|
| | 企业数 | 总产值 | 企业数 | 总产值 | 企业数 | 总产值 | 企业数 | 总产值 | 企业数 | 总产值 |
| 非金属矿采选业 | 2 | 2.97 | 2 | 1.57 | 2 | 1.04 | 2 | 0.47 | 1 | 0.00 |
| 农副食品加工业 | 66 | 372.78 | 81 | 282.31 | 90 | 183.39 | 95 | 182.69 | 101 | 196.17 |
| 食品制造业 | 53 | 53.28 | 60 | 57.27 | 63 | 68.25 | 70 | 86.96 | 88 | 93.75 |
| 酒、饮料和精制茶制造业 | 7 | 44.94 | 6 | 5.00 | 6 | 5.76 | 11 | 47.07 | 14 | 16.29 |
| 烟草制品业 | 0 | 0.00 | 0 | 0.00 | 0 | 0.00 | 0 | 0.00 | 0 | 0.00 |
| 纺织业 | 135 | 115.68 | 136 | 75.18 | 110 | 50.04 | 79 | 43.59 | 96 | 89.95 |
| 纺织服装、服饰业 | 384 | 302.08 | 420 | 239.32 | 348 | 153.76 | 355 | 189.23 | 412 | 166.51 |
| 皮革、毛皮、羽毛及其制品和制鞋业 | 216 | 137.83 | 229 | 115.08 | 227 | 99.10 | 244 | 101.10 | 304 | 95.49 |
| 木材加工及竹、藤、棕、草制品业 | 29 | 26.15 | 36 | 22.55 | 37 | 23.29 | 48 | 29.17 | 45 | 23.77 |
| 家具制造业 | 63 | 183.64 | 67 | 210.05 | 82 | 234.99 | 101 | 261.99 | 129 | 276.75 |
| 造纸及纸制品业 | 58 | 56.08 | 64 | 52.35 | 68 | 56.28 | 84 | 62.83 | 100 | 71.66 |
| 印刷业、记录媒介的复制 | 54 | 34.45 | 57 | 38.61 | 59 | 35.43 | 58 | 34.28 | 68 | 33.76 |
| 文教、工美、体育和娱乐用品制造业 | 70 | 54.45 | 70 | 54.60 | 75 | 45.66 | 80 | 46.65 | 92 | 51.46 |
| 石油加工、炼焦及核燃料加工业 | 8 | 20.00 | 7 | 10.62 | 7 | 14.84 | 6 | 14.18 | 8 | 11.26 |
| 化学原料及化学制品制造业 | 235 | 627.73 | 245 | 434.57 | 255 | 425.01 | 310 | 345.37 | 426 | 407.34 |
| 医药制造业 | 36 | 102.26 | 39 | 109.22 | 47 | 97.43 | 55 | 103.22 | 74 | 136.33 |
| 化学纤维制造业 | 4 | 3.06 | 4 | 3.59 | 4 | 2.96 | 6 | 3.80 | 6 | 3.81 |

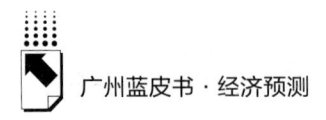

续表

| | 2016 年 | | 2017 年 | | 2018 年 | | 2019 年 | | 2020 年 | |
|---|---|---|---|---|---|---|---|---|---|---|
| | 企业数 | 总产值 | 企业数 | 总产值 | 企业数 | 总产值 | 企业数 | 总产值 | 企业数 | 总产值 |
| 橡胶和塑料制品业 | 198 | 191.51 | 198 | 194.91 | 217 | 165.01 | 247 | 299.73 | 302 | 322.51 |
| 非金属矿物制品业 | 125 | 122.65 | 136 | 141.23 | 158 | 200.06 | 179 | 354.48 | 206 | 425.07 |
| 黑色金属冶炼及压延加工业 | 18 | 175.05 | 12 | 11.15 | 6 | 10.01 | 7 | 9.18 | 12 | 9.92 |
| 有色金属冶炼及压延加工业 | 35 | 93.05 | 34 | 49.96 | 30 | 40.87 | 35 | 50.53 | 39 | 90.72 |
| 金属制品业 | 149 | 162.59 | 148 | 138.44 | 153 | 126.75 | 200 | 159.43 | 247 | 171.95 |
| 通用设备制造业 | 148 | 158.38 | 165 | 189.94 | 185 | 195.89 | 228 | 226.96 | 280 | 241.00 |
| 专用设备制造业 | 89 | 86.36 | 115 | 101.25 | 135 | 119.75 | 192 | 172.63 | 252 | 282.74 |
| 汽车制造业 | 94 | 206.59 | 102 | 196.78 | 115 | 253.12 | 146 | 225.94 | 159 | 226.00 |
| 铁路、船舶、航空航天和其他运输设备制造业 | 60 | 194.45 | 59 | 84.36 | 57 | 75.87 | 62 | 80.88 | 65 | 87.78 |
| 电气机械及器材制造业 | 218 | 719.72 | 232 | 457.30 | 258 | 513.13 | 267 | 595.54 | 345 | 640.33 |
| 计算机、通信和其他电子设备制造业 | 208 | 466.25 | 240 | 471.13 | 263 | 561.88 | 307 | 523.42 | 393 | 635.03 |
| 仪器仪表制造业 | 28 | 44.39 | 27 | 47.12 | 29 | 44.86 | 34 | 81.97 | 53 | 95.77 |
| 其他制造业 | 14 | 19.94 | 11 | 12.27 | 16 | 14.57 | 20 | 18.77 | 19 | 20.46 |
| 废弃资源综合利用业 | 5 | 27.57 | 7 | 15.68 | 5 | 11.49 | 4 | 13.06 | 4 | 14.25 |
| 金属制品、机械和设备修理业 | 4 | 5.24 | 5 | 3.22 | 4 | 1.88 | 4 | 2.45 | 7 | 7.26 |
| 电力、热力生产和供应业 | 4 | 30.31 | 6 | 29.54 | 5 | 17.54 | 5 | 16.82 | 9 | 20.49 |
| 燃气生产和供应业 | 7 | 118.97 | 6 | 16.18 | 5 | 14.96 | 6 | 54.77 | 8 | 17.34 |
| 水的生产和供应业 | 14 | 38.90 | 12 | 9.07 | 8 | 3.27 | 7 | 3.86 | 9 | 4.28 |

## （三）小微企业占据主流，龙头企业脱颖而出

从产值规模来看，小微企业占据广州市规模以上民营工业经济版图的半壁江山。2020年，全市有规模以上小微民营工业企业4081户，占93.3%；实现工业总产值2968.25亿元，占全市规模以上民营工业总产值的59.5%。相比之下，大型企业仅有33户，占全部民营工业企业的0.8%；实现工业总产值938.37亿元，占全市规模以上民营工业总产值的18.8%。中型企业259户，占5.9%；实现工业总产值1080.57亿元，占全市规模以上民营工业总产值的21.7%。与2016年相比，小微企业数量比重上升了5.5个百分点，而大、中型企业数量比重则分别下降了0.5个和5.0个百分点；小微企业产值比重提升了15.4个百分点，而大、中型企业产值比重则分别下降了9.2个和6.2个百分点。

随着资本投入加大、技术不断成熟，广州市民营工业逐步向规模化、集约化转变，一些知名龙头企业脱颖而出。2020年，营业收入超亿元的民营工业企业数达904户，实现营业收入3676.15亿元，实现利润总额335.22亿元，占规模以上民营工业企业的比重分别为20.7%、74.0%、93.1%。营业收入超50亿元的企业有6户，分别是金发科技、华凌制冷、视睿电子、视琨电子、欧派家居、万宝铜业，均已成为所在行业个中翘楚。

## （四）外贸形势不断向好，出口行业更加集中

2020年，受国内外疫情影响，全市工业出口形势不容乐观，但规模以上民营工业企业出口交货值却逆势增长，达到744.23亿元，较2016年增加193.06亿元，年均增速为7.8%，比规模以上工业出口交货值年均增速高13.2个百分点。在规模以上民营工业有出口产品的28个行业中，计算机、通信和其他电子设备制造业出口交货值由2016年的121.32亿元增至177.97亿元，排名第一；电气机械及器材制造业出口交货值由2016年的76.57亿元增至146.93亿元，排名上升至第二位；橡胶和塑料制品业出口交货值则从29.25亿元增至56.88亿元，挤进第三位。出口交货值占全市规模以上民

营工业比重超过10%的行业有2个，分别是计算机、通信和其他电子设备制造业（占比23.9%），电气机械及器材制造业（占比19.7%），分别较2015年、2016年减少5个、1个行业，出口行业的集中度有所提高。2020年，出口交货值超亿元的民营工业企业有118家，比2016年增加25家，增长26.9%；占规模以上民营工业出口交货值的比重为67.8%，较2016年下降5.3个百分点。

### （五）吸纳就业比重稳升，税收贡献不断增加

"十三五"期间，广州市加快工业结构优化调整，资本和技术密集型行业逐渐取代传统的劳动密集型行业，对社会劳动力的需求逐渐减弱。虽然全市规模以上民营工业企业吸纳劳动力能力有所下降，但占全市规模以上工业企业就业人员的比重却稳步提升，2020年为43.2%，较2016年上升了5.1个百分点。2020年，广州规模以上民营工业年平均用工人数为51.29万人，比2016年增加1.76万人，年均增速0.9%。相比之下，规模以上工业年平均用工人数则以年均2.2%的速度下降。"十三五"期间，在规模以上民营工业覆盖的34个大类行业中，17个行业从业人员有所增加，其中专用设备制造业、通用设备制造业、汽车制造业、医药制造业，以及计算机、通信和其他电子设备制造业等高技术行业、重点行业的平均用工人数上升幅度在18.6%~90.4%；黑色金属冶炼及压延加工业，纺织业，纺织服装、服饰业，皮革、毛皮、羽毛及其制品和制鞋业等传统行业的从业人员则呈下降趋势，下降幅度在39.2%~85.7%。

与此同时，随着企业数量增加，总量规模扩张，经济效益提升，广州市民营工业的税收贡献度也稳步提升。2020年，全市规模以上民营工业税金总额为119.15亿元，较2016年增长2.1%；占全市规模以上工业的比重为13.9%，比2016年提升0.5个百分点。

### （六）研发投入力度较大，科技创新活力旺盛

2019年，有科技活动的规模以上民营工业企业达2319户，占全部规模

以上民营工业企业的54.1%，比全市有科技活动的规模以上工业企业比例高出0.6个百分点。规模以上民营工业企业研究开发费用共计174.83亿元，占全市规模以上工业企业的36.0%，高于其产值规模占全市的比重。规模以上民营工业企业申请专利数15987个，占全市规模以上工业企业的64.3%。其中，民营高技术制造业企业有461户，占全部民营工业企业的13.0%。分行业来看，研究开发费用超10亿元的行业有电气机械及器材制造业，橡胶和塑料制品业，专用设备制造业，化学原料及化学制品制造业，计算机、通信和其他电子设备制造业以及通用设备制造业，分别占该行业研究开发费用的71.3%、70.4%、62.3%、55.2%、48.4%和37.0%。

2020年，全市规模以上民营工业中高技术产业完成工业总产值占民营工业总产值的比重为18.9%，高于全市规模以上工业中高技术产业所占比重4.0个百分点。

### （七）较快摆脱疫情影响，生产经营整体向好

随着新冠肺炎疫情防控向好形势进一步巩固，广州市生产生活秩序加快恢复，民营工业企业主要经济指标明显回升。2020年，全市规模以上民营工业总产值同比增长6.2%，比全市规模以上工业增速高3.4个百分点，自2020年7月转正以来持续提升，拉动全市规模以上工业增长1.5个百分点。营业收入和利润总额同比分别增长11.9%、26.2%，比全市规模以上工业增速分别高10.4个和19.7个百分点。

## 二 广州规模以上民营工业存在的问题

如前文所述，民营工业在推动经济发展、解决劳动就业等方面发挥了重要作用。但在国内经济步入结构调整、质量提升的"新常态"背景下，广州市民营工业也面临严峻挑战，主要表现在以下几个方面。

一是产值增速有所放缓。"十三五"期间，民营工业企业总产值增速呈现波浪式增长，先是从2016年的7.7%回落至2017年的2.6%，再逐年回

升至2020年的6.2%。与全市规模以上工业总产值增速相比，除2016年和2020年增速快于全市总体水平外，2017~2019年规模以上民营工业总产值增速低于全市总体水平0.7~2.2个百分点。

二是大中型企业引领作用有待加强。近年来，全市民营工业企业虽然得到较快的发展，但大中型企业偏少，未形成规模效应。2020年，大中型民营企业产值占全市民营企业的比重为40.5%，与2016年相比下降15.4个百分点。营业收入超50亿元的企业户数6户，与2016年相比减少3户。从全国工商联发布的2020年"中国民营制造业企业500强"来看，广州市仅有7家企业入围，占全省入围企业的14.3%。

三是产业结构不优，市场竞争力不强。从广州民营工业的行业分布来看，虽然近年来民营工业经营规模持续扩张，产业结构不断调整，但仍然主要集中于传统行业，高附加值和名牌产品少，特别是在先进制造业中占比偏小。2020年，全市规模以上民营工业中先进制造业完成增加值占民营工业制造业的比重为52.9%，低于全市规模以上工业中先进制造业所占比重13.0个百分点。

四是运营成本较高，费用压力较大。近年来，在市场竞争激烈、用工成本高涨、企业融资困难等多重因素作用下，广州民营工业经营管理成本有所提高。2020年，广州规模以上民营工业企业管理费用、财务费用和销售费用分别较上年增长5.5%、33.0%和下降1.2%，上述三项费用与营业成本合计增长10.3%，增幅高于全市规模以上工业平均水平8.3个百分点。从2020年第四季度生产经营企业景气调查结果来看，认为本季度综合生产成本较上季度有所上升和资金周转紧张的比例分别为25.2%和35.8%，分别高于全市5.8个和4.2个百分点。

五是全员劳动生产率低于国有及国有控股企业和外商及港澳台投资企业。2020年，规模以上民营工业企业全员劳动生产率为22.92万元/人，与全市规模以上工业平均水平（38.56万元/人），以及国有及国有控股企业（86.44万元/人）和外商及港澳台投资企业（43.45万元/人）相比差距明显。

六是与民营经济发达地区相比差距较大。从我国民营工业经济的总体发展情况来看,存在仍处于规模扩张而非质量提升阶段,产业层次较低、大中型企业偏少等问题。尽管民营经济发展不够充分是一个共性问题,但从广州实际来看,一些经济指标仍与民营经济发达地区存在较大差距。广州市2018年规模以上民营工业企业的户均产值为12362万元,低于杭州(22907万元)、嘉兴(19700万元)、舟山(19389万元)、宁波(19059万元)、衢州(17052万元)、丽水(13329万元)、绍兴(13042万元)等城市。与2019年浙江省全员劳动生产率的平均水平20.2万元/人相比,广州市低了1.09万元/人。

## 三 广州规模以上民营工业发展效率评价实证分析

为进一步了解广州市民营工业发展效率,推动全市民营工业高质量发展,本文采用DEA数据包络分析方法(Data Envelopment Analysis)分析全市民营工业各行业技术效率。

在专家学者研究的基础上,结合广州市实际情况,本文选取2020年全市民营工业效益指标中营业成本、三项费用(销售费用、管理费用、财务费用)和平均用工人数作为投入指标,选取营业收入和工业总产值作为产出指标,采用DEA方法中的规模报酬可变的BCC模型,以投入导向视角,通过比较计算综合技术效率值和纯技术效率值,分离出规模效率值(见附表1)。在此基础上又利用CCR模型,以投入为导向计算出工业发展投入产出变量需要改进多少数值才能实现DEA有效(见附表2)。

从统计分析结果来看,制造业各行业的综合技术效率、纯技术效率和规模效率平均值分别为0.905、0.936和0.968,除纯技术效率外,其他两个值均高于全市工业平均水平,但全市民营工业整体生产效率仍有待提高。具体而言,全市民营工业各行业的投入产出情况主要有以下几个特点。

### (一)从综合技术效率来看,逾八成民营工业行业处于投入产出不均衡状态

综合技术效率是对决策单元的资源配置能力、资源使用效率等多方面能

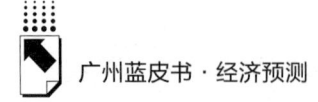

力的综合衡量与评价。在全市34个有民营企业的行业大类中，仅有6个行业综合技术效率相对其他行业有效，占全部民营工业行业的17.6%，其他28个行业相对无效，占全部行业的82.4%。处于DEA有效状态（即综合效率值、纯技术效率值和规模效率值都达到1）的行业主要是有色金属冶炼及压延加工业，电力、热力生产和供应业以及燃气生产和供应业，均为资源依赖型行业，以及在防疫需求拉动下生产经营向好的医药制造业与纺织业，表明上述行业无论是在技术上还是规模上都达到了最优水平。

### （二）从纯技术效率来看，电子、电气等重点行业虽然在投入资源的使用上相对有效，但规模效应不足影响了其综合生产效率

纯技术效率是企业由管理和技术等因素影响的生产效率。从纯技术效率来看，纯技术效率等于1的行业有14个，占41.2%。纯技术效率平均值为0.937，有18个行业高于平均值，占52.9%。计算机、通信和其他电子设备制造业，电气机械及器材制造业，非金属矿物制品业等重点行业纯技术效率等于1，表示在目前的技术水平上，其投入资源的使用是有效率的，但上述行业综合效率小于1，未能达到综合有效，根本原因就在于其规模效益未充分发挥。

### （三）从规模效率来看，近五成行业需通过缩减规模来实现投入与产出的最优化

规模效率是受企业规模因素影响的生产效率。从规模效率看，达到规模有效状态（即规模效率等于1）的行业有9个，占26.5%，表明这些行业投入产出规模处于最佳状态。规模效率平均值为0.964，有23个行业高于平均值，占67.6%。处于规模递减、不变和递增阶段的行业分别有16个、9个和9个，处于递减阶段的行业最多，占47.1%。从重点行业来看，计算机、通信和其他电子设备制造业，电气机械及器材制造业，化学原料及化学制品制造业，非金属矿物制品业等行业呈规模递减状态，表明上述行业的规模效率较低。

### (四)从投入产出改进值来看,逾六成行业存在投入冗余问题

从投入看,全市21个民营工业行业主营业务成本、三项费用和平均从业人员均存在冗余,占比为61.8%,在一定程度上说明成本支出和人员投入有浪费的可能性,同时产出效果也不理想。在产值规模位居全市民营工业前十位的行业中,通用设备制造业、家具制造业、化学原料及化学制品制造业的投入改进值比例较高,表明上述行业在成本费用以及从业人员规模上仍有较大改进空间。从产出看,分别有1个和16个行业在营业收入和工业总产值上有增长空间,说明产出不足、效率较低。在产值规模位居全市民营工业前十位的行业中,家具制造业的工业总产值改进值比例最高。

## 四 对策建议

民营经济作为社会主义市场经济的重要组成部分,越来越发挥出重要的作用,民营企业的发展状况直接关系到区域经济的市场活力与效率。2006~2020年广州市规模以上民营工业总产值增速与全市规模以上工业总产值增速的相关系数[①]为0.890,且呈现出0.01水平的显著性,说明两者高度相关(两项指标走势情况见图2)。但从前面分析来看,目前广州市民营工业经济仍存在规模效应不足、产业结构不优、盈利能力不强、发展效率不高等问题。为此,建议广州市在"十四五"期间更加充分地发挥民营经济的作用,从优化政策、加强引导、协同带动、精准施策等方面入手,进一步促进民营工业企业提质增效,推动民营工业经济在高质量发展大潮中乘势而上、立于潮头,为区域经济发展提供重要的产业支撑和持久的动力源泉。

---

① 相关系数的绝对值在0.3以下是无相关性,0.3以上是有相关性,0.3~0.5是低度相关,0.5~0.8是中等程度相关,0.8以上是高度相关。

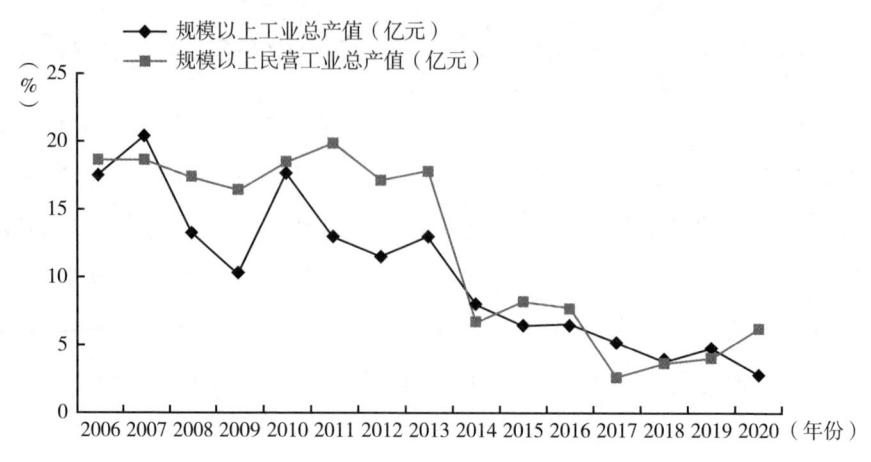

图2 2006～2020年广州市规模以上民营工业总产值与规模以上工业总产值增速趋势

### （一）优化政策，引导民营资本发展实体经济，充分发挥民营企业对全市工业增长的带动作用

民营经济是广州经济重要的组成部分，也是推动构建新发展格局、促进高质量发展的生力军。从政策上引导民营资本发展实体经济，是一地增强发展动力、实现转型升级的重要举措。一是坚持规划引领，推动民营企业围绕全市产业发展方向、路线和布局及时优化调整投资计划，引导民营优质项目入产业园区、入标准厂房，切实抓好产业链招商。二是强化政策供给，做好宣传辅导，持续优化办税服务，切实降低民营企业成本。三是广泛吸引民营资本参与国有企业改制重组、合资经营和混合所有制改革，推进新增产业投资项目和公共服务项目向民营资本开放，进一步拓宽民营企业的投资空间。四是抓住粤港澳大湾区发展契机，推动一批核心竞争力强、主导产品优势突出的民营企业跨地区、跨行业、跨所有制兼并重组，积极进行上下游产业链整合，实现优势互补，成为行业排头兵。

### （二）加强引导，推动重点行业实现从"数量型扩张"到"质量型增长"的转变

从统计模型分析结果来看，计算机、通信和其他电子设备制造业，电气

机械及器材制造业、非金属矿物制品业等重点行业规模效率小于1，且均呈规模递减状态，规模效应不足影响了其综合生产效率。对此，要通过科技创新、智能转型，积极引导上述重点行业由"数量型扩张"转变为"质量型增长"。一是鼓励民营企业抓住数字经济带来的新机遇，积极探索新业态、新模式，不断更新企业观念、内部配置和人员技能，推动企业从研发设计、生产加工、经营管理到销售服务等业务流程向数字化转型，推动传统产业通过智能化技术改造、企业上云、工业互联网等行动转型升级，打通产业链上下游企业数据通道，促进全产业链的数字化，并进一步将生产过程与金融、物流、交易市场等渠道打通，促进全渠道、全产业链供需精准对接，形成企业数字化转型的良好态势。二是加大支持科技投入力度，采取财政补贴、税收减免的方式，鼓励民营企业在原始创新、集成创新和引进消化吸收再创新方面实现新突破，加快新产品研发进程，提高老产品的生产工艺水平。三是立足产业前沿、集中优势资源，在政策和人才上给予适当的倾斜，通过增加财政投入、优化自主创新环境等方式，积极推动上述行业构建高端高质高新产业体系，向价值链上游攀升。

### （三）协同带动，加大对大中型企业的培育引进力度，发挥龙头企业的"火车头"作用

目前，广州市民营工业企业仍以小微型企业居多，大中型企业偏少。要加大龙头企业的带动作用，可考虑从以下几个方面着手：一是加强产业链关键资源整合。瞄准产业前沿，通过优化环境、出台优惠政策、引进领军人才等方式吸引相关企业集聚，下"先手棋"着力培养一批高技术产业链的"链主企业"和生态主导企业。二是促进民营工业企业做强做大。实施大型骨干民营企业培育计划，对年营业收入首次超过一定金额，以及被评为国家级或省级制造业单项冠军示范（培育）企业（产品）的民营工业企业给予财政奖励。支持企业开展跨所有制、跨区域资源整合，对企业并购境外或省外科技型企业、高端品牌，给予前期费用及并购贷款贴息支持，对年产值百亿元及以上规模的企业涉及的重大兼并重组事项进行专项跟进。三是支持项

目引进建设。支持有代表性、示范性、导向性强的大中型民营企业项目列入广州市重点项目，健全协调跟踪机制；推荐符合条件的重点大中型民营工业企业增资扩产、科技创新项目列入各级政府预算内投资计划；实施产业项目第三方招商引资奖励政策，对符合条件的引资人，按引进项目首期核准或备案固定资产投资额分档给予奖励；支持各区围绕龙头企业产业链延伸组织龙头企业招商，引进一批重点企业和专精尖配套项目。

**（四）精准施策，推动民营工业企业做好"减负、降本、增效"大文章**

从前面分析结果来看，民营工业企业在经营上存在运营成本较高、费用压力较大等问题，逾五成民营工业企业在主营业务成本、三项费用和平均从业人员方面存在冗余。对此，要坚持问题导向，从"减负、降本、增效"的角度入手，助推民营工业企业"强管理、上水平"。一是强化统筹协调与政策问效。近年来，国家、省、市相继出台了一系列支持实体经济发展的优惠政策，但存在政策执行力度不够、宣传力度不够等问题。要强化资源统筹，跟踪了解民营工业企业生产经营情况，主动协调解决企业发展经营中的困难问题。要加强惠企政策宣传解读，指导企业精准对接并用好、用足、用活政策，推动各项政策在企业落地见效。要积极落实降本减负政策，大力实施减税减费减租减息减支行动，衔接国家政策和企业诉求，持续优化降本减负政策供给。二是加强监测服务，创新政策工具。要引导企业加强原材料价格趋势判断，做好库存管理，降低原材料价格波动影响。不断完善劳动力市场政策对疫情等冲击的反应机制，增强"稳就业"的政策储备。三是深入实施"清欠"专项行动，进一步排查政府部门和国有企业拖欠民营企业账款有关情况，采取有针对性的措施，严格加以规范。加大金融支持力度，对连续经营状况良好，仅因应收账款额较大而暂时无法及时偿还银行债务的企业，酌情适当放宽贷款政策。四是大力推进"大数据"在民营企业中的广泛应用，促进企业生产自动化、管理网络化、商务电子化以及账务电算化，使得企业成本得到合理利用，提高生产效率。

## "十三五"时期广州市规模以上民营工业发展的实证分析

附表1

### 广州市规模以上民营工业分行业发展效率值

| 行业 | 综合效率 | 纯技术效率 | 规模效率 | 规模报酬 | DEA有效性 |
|---|---|---|---|---|---|
| 非金属矿采选业 | 0.753 | 1.000 | 0.753 | 递增 | 无效 |
| 农副食品加工业 | 0.897 | 1.000 | 0.897 | 递减 | 无效 |
| 食品制造业 | 0.907 | 0.907 | 1.000 | 不变 | 无效 |
| 酒、饮料和精制茶制造业 | 0.926 | 0.928 | 0.998 | 递增 | 无效 |
| 纺织业 | 1.000 | 1.000 | 1.000 | 不变 | 有效 |
| 纺织服装、服饰业 | 0.841 | 0.859 | 0.980 | 递减 | 无效 |
| 皮革、毛皮、羽毛及其制品和制鞋业 | 0.817 | 0.832 | 0.983 | 递减 | 无效 |
| 木材加工及竹、藤、棕、草制品业 | 0.855 | 0.855 | 1.000 | 不变 | 无效 |
| 家具制造业 | 0.911 | 0.949 | 0.960 | 递减 | 无效 |
| 造纸及纸制品业 | 0.843 | 0.861 | 0.979 | 递减 | 无效 |
| 印刷和记录媒介复制业 | 0.836 | 0.837 | 0.999 | 递增 | 无效 |
| 文教、工美、体育和娱乐用品制造业 | 0.853 | 0.853 | 1.000 | 不变 | 无效 |
| 石油、煤炭及其他燃料加工业 | 0.931 | 0.931 | 0.999 | 递增 | 无效 |
| 化学原料及化学制品制造业 | 0.910 | 0.985 | 0.925 | 递减 | 无效 |
| 医药制造业 | 1.000 | 1.000 | 1.000 | 不变 | 有效 |
| 化学纤维制造业 | 0.971 | 1.000 | 0.971 | 递增 | 无效 |
| 橡胶和塑料制品业 | 0.914 | 1.000 | 0.914 | 递减 | 无效 |
| 非金属矿物制品业 | 0.889 | 1.000 | 0.889 | 递减 | 无效 |
| 黑色金属冶炼及压延加工业 | 0.884 | 0.890 | 0.993 | 递增 | 无效 |
| 有色金属冶炼及压延加工业 | 1.000 | 1.000 | 1.000 | 不变 | 有效 |
| 金属制品业 | 0.862 | 0.912 | 0.945 | 递减 | 无效 |
| 通用设备制造业 | 0.870 | 0.900 | 0.967 | 递减 | 无效 |
| 专用设备制造业 | 0.981 | 1.000 | 0.981 | 递减 | 无效 |
| 汽车制造业 | 0.910 | 0.992 | 0.917 | 递减 | 无效 |
| 铁路、船舶、航空航天和其他运输设备制造业 | 0.833 | 0.837 | 0.995 | 递减 | 无效 |
| 电气机械及器材制造业 | 0.886 | 1.000 | 0.886 | 递减 | 无效 |
| 计算机、通信和其他电子设备制造业 | 0.912 | 1.000 | 0.912 | 递减 | 无效 |
| 仪器仪表制造业 | 0.950 | 0.986 | 0.963 | 递减 | 无效 |
| 其他制造业 | 1.000 | 1.000 | 1.000 | 不变 | 有效 |
| 废弃资源综合利用业 | 0.893 | 0.899 | 0.993 | 递增 | 无效 |
| 金属制品、机械和设备修理业 | 0.874 | 0.877 | 0.997 | 递增 | 无效 |
| 电力、热力生产和供应业 | 1.000 | 1.000 | 1.000 | 不变 | 有效 |
| 燃气生产和供应业 | 1.000 | 1.000 | 1.000 | 不变 | 有效 |
| 水的生产和供应业 | 0.766 | 0.773 | 0.992 | 递增 | 无效 |

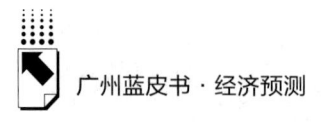

附表 2

### 广州市规模以上民营工业分行业发展效率值的改进

| 行业 | 技术效率 | 营业成本改进值(亿元) | 三项费用改进值(亿元) | 平均用工人数改进值(万人) | 营业收入改进值(亿元) | 工业总产值改进值(亿元) |
| --- | --- | --- | --- | --- | --- | --- |
| 非金属矿采选业 | 1.000 | 0.000 | 0.000 | 0.000 | 0.000 | 0.000 |
| 农副食品加工业 | 1.000 | 0.000 | 0.000 | 0.000 | 0.000 | 0.000 |
| 食品制造业 | 0.907 | -6.061 | -1.510 | -0.255 | 0.000 | 3.239 |
| 酒、饮料和精制茶制造业 | 0.928 | -0.852 | -0.160 | -0.046 | 0.000 | 0.376 |
| 纺织业 | 1.000 | 0.000 | 0.000 | 0.000 | 0.000 | 0.000 |
| 纺织服装、服饰业 | 0.859 | -18.992 | -3.149 | -1.789 | 0.000 | 2.932 |
| 皮革、毛皮、羽毛及其制品和制鞋业 | 0.832 | -14.097 | -1.581 | -1.710 | 0.000 | 0.000 |
| 木材加工及竹、藤、棕、草制品业 | 0.855 | -3.548 | -0.342 | -0.192 | 0.000 | 4.377 |
| 家具制造业 | 0.949 | -10.591 | -1.852 | -0.138 | 0.000 | 6.145 |
| 造纸及纸制品业 | 0.861 | -8.858 | -0.833 | -0.188 | 0.000 | 0.000 |
| 印刷和记录媒介复制业 | 0.837 | -4.727 | -0.685 | -0.304 | 0.000 | 1.841 |
| 文教、工美、体育和娱乐用品制造业 | 0.853 | -6.205 | -1.071 | -0.828 | 0.000 | 3.142 |
| 石油、煤炭及其他燃料加工业 | 0.931 | -1.101 | -0.056 | -0.009 | 0.000 | 5.980 |
| 化学原料及化学制品制造业 | 0.985 | -4.770 | -4.664 | -0.063 | 0.000 | 5.968 |
| 医药制造业 | 1.000 | 0.000 | 0.000 | 0.000 | 0.000 | 0.000 |
| 化学纤维制造业 | 1.000 | 0.000 | 0.000 | -0.007 | 0.203 | 0.000 |
| 橡胶和塑料制品业 | 1.000 | 0.000 | 0.000 | 0.000 | 0.000 | 0.000 |
| 非金属矿物制品业 | 1.000 | 0.000 | 0.000 | 0.000 | 0.000 | 0.000 |
| 黑色金属冶炼及压延加工业 | 0.890 | -0.959 | -0.075 | -0.006 | 0.000 | 0.000 |
| 有色金属冶炼及压延加工业 | 1.000 | 0.000 | 0.000 | 0.000 | 0.000 | 0.000 |
| 金属制品业 | 0.912 | -12.648 | -1.628 | -0.197 | 0.000 | 4.402 |
| 通用设备制造业 | 0.900 | -18.413 | -3.171 | -0.741 | 0.000 | 0.699 |
| 专用设备制造业 | 1.000 | 0.000 | 0.000 | 0.000 | 0.000 | 0.000 |

续表

| 行业 | 技术效率 | 营业成本改进值(亿元) | 三项费用改进值(亿元) | 平均用工人数改进值(万人) | 营业收入改进值(亿元) | 工业总产值改进值(亿元) |
|---|---|---|---|---|---|---|
| 汽车制造业 | 0.992 | -1.418 | -0.164 | -0.979 | 0.000 | 0.000 |
| 铁路、船舶、航空航天和其他运输设备制造业 | 0.837 | -12.516 | -1.653 | -0.163 | 0.000 | 4.690 |
| 电气机械及器材制造业 | 1.000 | 0.000 | 0.000 | 0.000 | 0.000 | 0.000 |
| 计算机、通信和其他电子设备制造业 | 1.000 | 0.000 | 0.000 | 0.000 | 0.000 | 0.000 |
| 仪器仪表制造业 | 0.986 | -1.028 | -0.113 | -0.011 | 0.000 | 0.392 |
| 其他制造业 | 1.000 | 0.000 | 0.000 | 0.000 | 0.000 | 0.000 |
| 废弃资源综合利用业 | 0.899 | -1.176 | -0.129 | -0.008 | 0.000 | 0.547 |
| 金属制品、机械和设备修理业 | 0.877 | -0.849 | -0.069 | -0.028 | 0.000 | 0.470 |
| 电力、热力生产和供应业 | 1.000 | 0.000 | 0.000 | 0.000 | 0.000 | 0.000 |
| 燃气生产和供应业 | 1.000 | 0.000 | 0.000 | 0.000 | 0.000 | 0.000 |
| 水的生产和供应业 | 0.773 | -0.716 | -0.296 | -0.017 | 0.000 | 0.191 |

# B.11
# 广州民营实体产业链的优化策略研究

余剑春 杨超[*]

**摘 要：** 本文基于广州产业链发展现状，通过梳理健链强链的路径，结合走访调研，了解民营实体产业链面临的有些关键核心技术被"卡脖子"、制造业高端化水平相对偏低、协同创新不足、基础研究支撑不足、抗风险能力弱等问题，并从对应的五个维度，提出了优化民营实体产业链，建立应对系统性风险长效机制的相关建议。

**关键词：** 民营实体 产业链 关键核心技术

习近平总书记高度重视产业链供应链在经济社会发展中的重要地位和作用，强调要围绕产业链部署创新链，围绕创新链布局产业链，推动经济高质量发展迈出更大步伐。产业链完备化、现代化、高效化是构建国内大循环为主体、国内国际双循环相互促进的发展格局的基础，也是巩固制造竞争优势、把握未来发展主动权的需要。近年来，随着经济的发展，我国已经建成门类齐全、独立完整的现代工业体系，工业经济规模跃居全球首位。有门类齐全的现代工业体系做支撑，我国各类产业链总体较为完备。广州作为制造业强市之一，近年来在优化产业链方面出台了很多创新举措，但也存在关键技术被"卡脖子"、产业链发展不均衡、有些环节相对脆弱等问题，尤其是受新冠肺炎疫情影响，暴露出民营实体产业链抗风险能力还相对偏弱，进一

---

[*] 余剑春，广州市工商联党组成员、副主席；杨超，广州市工商联一级主任科员。

步探索优化广州民营实体产业链,建立应对系统性风险长效机制,在当下具有十分重要的现实意义。

# 一 广州民营实体产业链健链强链的主要路径

## (一)政策支持引导发挥支撑作用优化产业链

广州十分注重发挥政策引导作用,通过制定规划、出台政策、建设创新平台、打造产业基地等方式,优化产业链,丰富产业生态。比如近年来,广州"瞄准"IAB(即新一代信息技术、人工智能、生物医药)和NEM(即新能源、新材料)产业,推动经济发展向全球产业链、价值链上游迈进以来,出台多份政策文件,设立产业引导基金,创建国家级、省级创新中心和重点实验室,打造人工智能和数字经济试验区、国际医药港等,举办人工智能、生物产业等大会,高起点布局发展IAB和NEM产业。在政策的支持引导下,近年来,来自国内外的创新巨头纷纷集聚广州,数以百计的IAB、NEM产业项目落户广州,除了带来全球高端资源,更是让广州在这一领域的产业链更加完善和强健。

## (二)龙头企业发挥辐射作用优化产业链

龙头企业拥有规模优势、资源优势、供需优势,在产业链上居于主导地位,对产业链上下游辐射带动能力强。比如广州改性塑料领域龙头企业金发科技股份有限公司,深耕环保新材料研发、生产、制造近30年,通过强化研发投入、延伸产业链和优化产业生态,持续为优化新材料领域产业链、供应链发挥辐射带动作用。一是强化研发投入。金发科技近年来一直保持5%的研发强度投入,随着营业收入的持续增加,投入的研发费用也持续增加。依托国家企业技术中心、国家重点实验室、国家工程实验室、国家先进高分子材料产业创新中心四大国家级自主创新平台,累计申请国内外发明专利2983件,获得国家科技进步二等奖3项,中国专利优秀奖15项,省部级科技进步一等奖15项，以研发创新确保产业链更加安全可控。二是延伸产业链。除了加强核心技术攻关，金发科技通过收购逐步向产业链上游迈进，将产业链延伸到聚丙烯热塑性弹性体及改性新材料一体化项目。三是优化产业生态。金发科技通过搭建新材料产业孵化器和开放产业链上下游，带动一批中小新材料企业迅速成长、集群发展，引导更多企业共同参与优化新材料产业生态。

### （三）引进关键领域核心技术企业发挥牵引作用优化产业链

关键领域核心技术企业，往往发挥着承上启下的牵引作用，由于稀缺并且关键，对产业链上下游的吸引力强，对丰富产业生态具有很大促进作用。比如之前广州半导体产业链一直缺少芯片制造这一环节，上游芯片设计企业必须向外寻找芯片制造产能，上下游产业不能完全对接，广州本地半导体产业链存在"断点"。为解决这一问题，畅通半导体产业链，广州专门引进粤芯半导体企业，在本地实现了芯片制造，消除了半导体产业链的"断点"。虽然目前广州芯片制造属于刚起步阶段，自粤芯半导体项目落户广州以来，已有80多家半导体行业新企业来到当地考察并考虑落地，不少已经完成注册，随着产业链的畅通，产业生态集聚效应会更加凸显。

## 二 广州民营实体产业链存在的问题

### （一）关键核心技术被"卡脖子"，产业链对外依赖度高

广州有些行业虽然发展势头良好，在国内和海外的市场占有率都较高，并形成集群效应，但有些关键核心技术仍然未能突破，有些核心元器件依赖进口。比如舞台灯光行业，目前全世界约80%的舞台灯光产品产于中国，中国舞台灯光产品有90%来自广东，特别是广州，整体技术水平位于世界前列。但有多家企业反映，近年来从美国进口的中间品主要有IC芯片、光

电开关、直插 MOS 管等电子器件和镜头、色片、隔热片等高质量光学部件，这些中间品很难通过转向国内和其他国家采购来替代。有些电子器件可以从其他国家和国内寻求替代市场，但需要一段时间验证后才能使用。还有一些行业的产品，广州虽然也能生产，但产品多属于中低端，比如电容、电阻，虽然广州也有一些生产电容电阻的企业，但是高端电容电阻还依赖于从日本进口，尤其是大批量生产时的一致性很难保障。

## （二）制造业高端化水平相对偏低

高技术制造业衡量一个城市制造业的高端化水平，制造业的高端化水平一定程度上反映了产业链的高端化水平。虽然目前广州的高技术制造业增长很快，但是总体规模较小，高技术制造业增加值占规模以上工业增加值的比重也偏低。全国和国内主要城市高技术制造业发展水平如表1所示。广州高技术制造业增加值占规上工业增加值比重仅与全国平均水平相当，总量和占比都远低于北京、上海、深圳、杭州，可见广州制造业产业链总体水平相对偏低。

表1 2018年全国和国内主要城市高技术制造业发展水平

|  | 全国 | 北京 | 上海 | 广州 | 深圳 | 杭州 |
| --- | --- | --- | --- | --- | --- | --- |
| 高技术制造业增加值(亿元) | — | 1231.0 | 1793.0 | 598.6 | 6131.2 | 1948.4 |
| 占规上工业增加值比重(%) | 13 | 22.8 | 21.6 | 13.4 | 67.3 | 57.2 |
| 增加值同比增速(%) | — | 13.6 | 8.7 | 10.2 | 13.3 | 21.5 |

备注：全国高技术制造业占规上工业增加值比重为2018年7月的数据。其他数据来源于《广州创新型城市发展报告（2020）》中的文章《广州与京、沪、深、杭"四新"经济发展比较与对策思考》。北京、上海高技术制造业增加值占比均为2017年数据，其他为2018年数据；北京高技术制造业为工业全口径，其他城市为规上工业口径。

## （三）协同创新不足

协同创新是巩固产业链依存关系、提升产业链整体水平的重要途径，但广州企业间协同创新相对欠缺，没有很好激活本地创新资源。一是龙头企业带动上下游协同创新不足。龙头企业往往占据产业链的关键环节，而且产业链越往高端延伸，创新要素越向少数技术龙头集聚，但是龙头企业很难在整个产业链进行研发，还是要依托为数众多的中小企业丰富和完善产业链生态。广州目前在电子信息、生物与新医药、先进制造与自动化、新材料、新能源与节能、航空航天等关键领域涌现出一大批拥有自主知识产权、主业突出、核心竞争力强的龙头骨干民营企业，但相对缺乏龙头企业开放平台资源带动中小企业创新的典型案例，在打造产业生态方面有所不足。二是民营企业与科研院所协同创新不足。广州虽然有丰富的科研院所资源，但企业与科研院所之间的合作还是"零零散散"，没有充分挖掘各方优势，形成协同融合创新的强大合力。三是民企与国企协同创新不足。广州民资和国资体量相当，而且很多产业链上往往国企和民企并存，这是广州独特的优势。但是民企与国企除了业务往来的合作并不多，虽有一些上下游国企、民企组成联合体承接项目共同建设的案例，但在协同创新方面相对匮乏。

### （四）基础领域研究创新存在短板，对民营实体产业链的支撑作用不足

基础研究是产业链、创新链的源头，是应用研究和技术开发的基础。而民营资本受限势单力薄，在基础研究领域投入不足，主要依赖科研院所的基础研究成果进行创新应用。广州在基础研究领域仍显薄弱，从基础研究经费投入规模和投入占R&D的比重来看，远远低于北京和上海，在投入规模上也远低于深圳。基础研究薄弱，会衍生出原始创新能力不足、基础研究短板明显、投入与前瞻布局不足、顶尖科研人才和团队缺乏、突出的原创性科研成果不多等一系列问题，影响后续的成果转化和产业化。

### （五）受疫情影响暴露出抗风险能力偏弱

一是存在资金周转难"急症"。资金是企业运行的血液，资金能否正常循环流通，决定着企业乃至产业链的生存与发展。疫情严重期间，企业流动

性紧张，应收账款回款账期相应延长，一定程度上影响了上下游长期建立的稳定回款关系。二是存在协同复工"难症"。现代工业产业链条长，分工程度高，每个最终商品生产出来，都涉及上下游多个企业，这些企业遍布不同的区域，各地复工复产时间和要求不一致，企业复工进度不一致，上游供应商复工慢，相关物流受阻，严重影响着下游复工生产，原材料供应不足，部分材料价格上涨。下游企业不能协同复工，直接导致公司的项目实施基本处于停滞状态和产品销售处于大幅下滑状态，严重影响士气和公司业绩。三是存在断链风险"隐症"。创新能力和抗风险能力在产业链企业中的分布并不均衡，为数众多的非核心企业创新能力和抗风险能力往往较差，拉低了整个产业链的竞争力和安全性。四是存在过度审慎"后遗症"。这次疫情对企业的影响不只是当下，还会对企业经营理念产生长远影响。经过这次疫情，企业更加注重现金流充足，压缩固定成本支出，以抵御不确定性风险；企业更加注重稳健经营而非扩大经营，扩大再投资的积极性将有所降低。企业审慎经营降低杠杆率虽然是好事，但过于保守经营，对企业而言会错失一些发展机遇，对整个产业链而言，会滞后整个产业链升级壮大速度。

## 三 优化广州民营实体产业链对策建议

### （一）加大政策支持，释放创新活力

一是推进产业链升级、构建现代化产业链体系。瞄准产业链中配置在海外且替代性弱的关键环节，重点攻克，补齐产业链的薄弱环节。创造良好基础条件，从产业集成创新的角度制定有利政策引资招商，围绕补强产业链开展招商，"培育+引进"齐头并进，加快形成本地区独特的产业集群，构建区域经济竞争优势。支持上下游企业加强产业协同和技术合作攻关，在开放合作中形成具有更强创新力、更高附加值的产业链。

二是通过"首用""试错"激发企业创新积极性。对民营企业通过自主

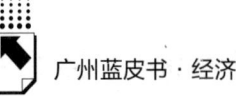

创新开发或生产并首次投放市场，有机会逐步实现进口替代，符合节能环保要求的产品，通过落实创新产品政府"首购"，给予一定奖励金补助，鼓励民间"首用"等，激发企业创新创造的积极性。在"新基建"建设项目中，拿出一定比例的项目，专门支持中小民营企业，或要求承接"新基建"项目的龙头企业加大对中小民营企业产品的采购力度，鼓励"试错"，为人工智能、5G、工业软件、生物制药等领域民营企业提供更多应用场景，支持核心技术能力突出、集成创新能力强的民营企业发展壮大，形成开放包容的市场氛围，加快企业试错迭代的进程。

### （二）加强基础研究，提升支撑能力

一是加大财政投入力度。将科研经费投入适当向基础研究领域倾斜，建立基础投入增长快于R&D投入增长的机制，持续提升基础投入占R&D的比重。积极争取支持，力争更多国家级新建重大科技基础设施落户广州。

二是鼓励社会资本参与基础研究的创新应用。鼓励社会资本参与基础研究和资助基础研究，探索共建新型研发平台，加大研发投入，促进基础理论的成果转化和产业化应用。

三是建立符合基础研究的激励机制。有重点地选一批数学、物理、化学等基础学科扎实的科研院所和高校，培养一批优秀的科技工作者，鼓励科技工作者从事这些基础学科的研究工作，政府投入和科技奖励向这些学科适当倾斜。针对基础研究专业性强、周期长、见效慢等特征，多采用同行评议，更重视研究成果的质量而非短期内数量，加强中间过程的程序性考核和激励，引导广大科技工作者心无旁骛开展基础研究，显著提升广州基础研究水平。

### （三）增强协同创新，优化产业生态

构建以龙头企业为核心的产业链整合机制，提高产业资源有效整合能力。增强大企业关联效应的近辐射功能，分别在技术研发和技术扩散阶段建立技术合作开发联盟和技术转让转化联盟，在协调一致的基础上逐步形成自

主的体系结构和产业标准。探索成立一批新兴产业创新联盟。以组建产业投资基金、大企业开放上下游给中小企业创新、联合协同创新等方式，围绕产业链开展大企业与小企业、国企与民企、民企与科研院所融合创新，构建协同发展的产业生态。

### （四）数字经济赋能，优化产业结构

一是加快民营企业数字化转型步伐。运用大数据、人工智能、物联网等技术，加快传统企业数字化转型，逐步实现业务线上化、加大智能化力度。促进新一代信息技术与实体经济深度融合，探索线上线下深度融合新模式，催生产业发展新态势，鼓励中小企业推进技术、产品、管理模式创新，有效提升中小企业的信息化应用水平。

二是以信息化手段促进产业链协同协作。加强产业链上下游协同，鼓励产业链上企业共同建立产业链共享云平台，当系统性影响发生时，为各类受影响企业提供在线需求供给信息、跟踪需求信息状态等在线服务，保障产业链上下游供需顺畅，做好生产协同和风险预警，对关键环节的企业进行重点帮扶以率先复工复产，对可能停产断供的关键环节配套企业，提前组织柔性转产和产能共享，以信息化手段管控好供应链安全。

### （五）建立风险共担机制，提升应对风险能力

一是建立不可抗力风险共担机制。将此次救助企业的减税缓税减免社保费等成效显著的暖企措施纳入政策储备，或以立法的形式明确下来，当出现非市场性的系统性风险，对企业经营普遍造成影响时，启动应急救助措施，明确企业预期，防止企业出现"疫情后遗症"，不敢扩大投资，过于保守经营，错失发展壮大的机会。

二是建立民营制造业产业链应对系统性风险保障基金。在经济运行稳健时，每年从民营企业所得税缴纳总额中，提取1%进入保障基金，系统性风险并不常发生，经年累积后，若遇到系统性风险，直接作为纾困基金，以股权投资或者无息贷款形式，向受影响严重的优质民营企业和供应链关键环节

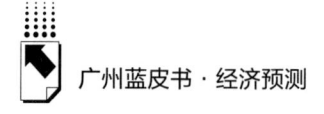

企业注入流动性资金。

三是稳住产业链上的白名单企业。可考虑从税收、就业人数、稳定期等维度,综合税务局、行业协会、属地政府多方意见确定企业白名单。以产业引导基金、参股、纾困等方式,集中资源帮扶有发展潜力但暂时出现困难的白名单企业,增强产业链韧性。

# B.12
# 广州南沙区依托非公经济开展对口产业扶贫的实践探索

广州市粤港澳大湾区（南沙）改革创新研究院、广州南沙区工商联联合课题组*

**摘 要：** 广州南沙统战部门和工商联积极发挥统筹、协调与平台作用，汇集凝聚南沙非公经济力量，通过线上+消费扶贫、双循环产业对接、爱心捐助"扶上马送一程"等多种模式，为帮扶地区经济与民生发展注入新动能，取得了良好的实践成效。下一步，广州南沙将从支持基础设施建设和地方特色产业发展等方面加大对帮扶地区的对口产业扶贫力度，筑牢夯实帮扶地区脱贫攻坚的基础条件，激发强化帮扶地区脱贫致富的内生动力。

**关键词：** 对口产业扶贫 非公经济 广州南沙

脱贫攻坚是党和国家作出的重大决策部署，是实现全面建成小康社会的一个重要标志。统一战线应充分发挥自身优势，勇于担当、主动作为，在助力打赢脱贫攻坚战中凝心聚力、积极贡献。自2019年3月以来，广州南沙区委统战部和区工商联持续开展脱贫攻坚调研实践活动，

---

\* 课题组成员：谭苑芳，广州大学广州发展研究院副院长，教授，博士；罗建中，中共南沙区委统战部副部长，南沙区工商联党委书记；周雨，广州大学广州发展研究院政府绩效评价中心主任，讲师，博士；曾恒皋，广州大学广州发展研究院软科学研究所所长；粟华英，广州市粤港澳大湾区（南沙）改革创新研究院社会调查总监，经济师。执笔人：谭苑芳、罗建中。

先后8次赴贵州省对口帮扶地区（贵定县、惠水县、龙里县）开展考察调研，尤其是2020年7~8月，两次携手南沙区民营企业代表赴贵州省考察调研。积极发挥统筹、协调、平台的作用，汇聚资源优势，协调推进动员社会力量参与脱贫攻坚工作，重点引导民营企业、民营经济人士在智力支持、物资帮扶、消费帮扶、产业帮扶等领域献计出力。通过线上＋消费扶贫、双循环产业对接、爱心捐助"扶上马送一程"等多种模式联合运用，切实提高对口帮扶工作效能，并荣获"贵州省扶贫先进单位"称号。

## 一 广州南沙依托非公经济力量助推对口产业扶贫的实践成效

### （一）搭建沟通平台，粤黔两地的旅游、消费、产业合作对接进一步加强

2020年，广州南沙区委统战部、区工商联携手南沙区旅游协会、瑞光食品（现代农业集团）、东凌控股集团、裕丰集团、古格集团、伦达能源、晶科电子、云硕科技、番南液化石油气、南新能源等10余家区内民营企业与毕节市金海湖及黔南州惠水、贵定、龙里三县政府及企业搭建点线面联系网。促进40家贵州企业与南沙企业进行对接，充分利用南沙企业成熟的管理、运营经验，为对口帮扶地区的人才进山、当地企业的黔货出山提供了解决问题的思路。

### （二）推动产业对接，帮扶地区发展获得新动能

以毕节广州工业园为契机，充分释放金海湖新区的资源优势和南沙区民营企业产业转移需求，将南沙的清洁能源企业和钢铁企业带到贵州。协助对接广州伦达能源科技有限公司与毕节金海湖新区管理委员会签订投资协议，拟在贵州毕节广州产业园投资建设LNG清洁能源项目，项目总投资为人民币3385万元，项目全部投产后，年产值约为人民币6105万元，预期实现财

政税收约 571 万元，提供就业岗位 50 人以上。推动当地形成以商引商氛围，营造良好产业发展生态和企业发展氛围，吸引更多企业落户和人才集聚。

### （三）打造特色旅游品牌，帮扶地区生态人文资源潜力得到进一步开发

依托南沙区旅游协会，引入古格集团旅游板块优势资源，于 2020 年 7 月 13 日在龙里县注册了首家南沙民营企业——贵州省古格国际旅行社有限公司，并在一天完成注册、一天完成选址、一周完成开业，又于 8 月启动由 50 余位南沙民营企业员工组成的首发团，9 月启动第二批 40 位民营企业员工组成的旅游团，超速完成了旅行社的建设与起步。广州南沙与贵州龙里两地旅游平台的搭建和完善为两地产业对接提供了新的契机，不仅通过旅游产业发展刺激带动了两地的特色产品消费，也极大地促进了广州南沙和贵州龙里两地的人文交流。广州南沙与贵州龙里携手共同打造贵州特色旅游品牌，助推两地全域旅游经济的高质量发展。

### （四）推动消费扶贫，黔货销量得到进一步提升

推动南沙现代集团（瑞光食品）与对口帮扶地区企业、供销社建立合作关系。利用瑞光食品渠道资源、仓储、物流、配送优势及印象南沙、云硕科技互联网营销优势，协助贫困地区农产品出山，解决销路不广、组织化程度不高、增产不增收等突出问题。2019 年，由瑞光食品提供运输保障，促成南沙民营企业和南沙区直机关购买帮扶地区农产品数批，此外还积极推动南沙首家落地星级酒店的贵州农特产品展销店——"古格雅阁酒店贵州情"品牌店开业。

### （五）畅通人才交流，帮扶地区群众思想观念得到进一步解放

2019 年 7 月 7 日，南沙区邀请贵定县的 28 名学生到南沙英东中学交流学习。此外，据不完全统计，自 2018 年以来南沙区内民营企业聘用对口帮扶黔南州贵定、龙里、惠水县建档立卡贫困劳动力共计 63 人，后续将通过

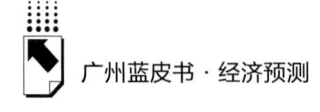

落户贵州的南沙民营企业，吸引更多贵州的人才来南沙学习交流。让帮扶地区就业人员在发达地区学习工作，不仅可以加速转变帮扶地区的落后思想观念和提升贫困户的能力建设，而且有助于畅通贵州人才向广州南沙及粤港澳大湾区的流动渠道。

**（六）统筹爱心捐款，推进帮扶地区基础设施建设进一步完善**

积极发动广州南沙区工商联执委会成员参与贵州省黔南州三县（贵定县、惠水县、龙里县）对口帮扶工作，2017年以来南沙区委统战部、区工商联共发动民营企业、民营经济人士捐款720万元，用于对口帮扶地区贵定县、惠水县、龙里县开展一批产业扶贫建设及基础设施建设。其中2019年筹集企业帮扶资金168万元，贵定县使用66万元完成66个村的家风墙建设项目，改善了村容村貌，提升了村民的幸福感；惠水县使用42万元完成濛江街道大坝社区蔬菜分拣中心及配套设施项目，通过产业扶贫增强帮扶地的"造血"功能和内生发展动力；龙里县使用60万元完成了坞坭村晒坝建设及蓄水工程建设，通过建河渠、机耕道、拦水坝、引水渠有效改善了当地农业产业基础设施，确保农民旱涝保收。

## 二 当前对口产业扶贫存在的发展瓶颈及成因

**（一）扶贫基础设施建设有待完善**

1. 产品采摘运输不畅通

农村居住分散，交通基础设施较差，农产品种类分散、规模不大、季节性明显、采摘难，物流成本高、效率低，特别是冷链物流、冷链仓库等与黔货出山息息相关的基础设施建设缺乏，无论是黔货出山还是南货进山都会极大受限。

2. 教育文体有待夯实

对边缘贫困户教育扶贫还存在缺口，需要多方筹集教育资金进行鼓励和帮扶。思想扶贫、健康扶贫等基础设施建设不够完善，思想扶贫形式单一、体育器材设施落后，需要加大教育文体方面资金投入，让当地居民以更佳的精神状态投入脱贫攻坚工作和日常生产生活中。

## （二）产业扶贫造血能力亟待加强

很多帮扶单位在帮扶项目的选择上还是以短平快为主，为求收益稳定更倾向于选择以租金收益为主的项目，如建设标准厂房、购买车辆等，真正培育发展产业的不多，已有的产业项目示范带动作用也不够明显。具体表现在以下几个方面。

### 1. 部分产业规划不科学

有些地方对产业规划的重要性认识不够，全局统筹规划能力不足，较多注重单个产业扶贫项目的引入，忽视了县域、镇域扶贫产业的统筹规划，缺乏对地方产业发展的长远谋划，导致产业规模小而散，集聚效应和经济效益不明显。以线上消费扶贫平台为例，每个对口帮扶地区甚至每个当地企业都有各自独立的线上平台，但没有统一的线上平台可以统筹力量、聚焦重点、集中推广。

### 2. 特色产业发展不充分

一些地方产业特色不明显，产业化、规模化、品牌化水平不高。调研中，有地方反映，当地农产品生产销售仍以原材料和初加工农产品为主，迫切需要延伸产业链、提高附加值。以刺梨产品为例，刺梨产品入口酸涩，但当地主要以原汁口服产品为主，较难扩大消费市场。

### 3. 文旅形象宣传欠缺

旅游扶贫，缺失业态，景区留不住人。缺乏总体开发景区项目，多为分块进行管理。在谋划旅游项目时，更注重旅游基础设施建设，而缺乏对旅游项目运营的策划和思考，导致部分项目已快建成但无法迅速投入市场产生效益。如由当地政府运营的龙里县孔雀寨、十里刺梨沟景区，由于缺乏专业成熟队伍包装运作，品牌效应差，文化内涵挖掘不够，收益成效不大。如惠水县好花红村，由于村内消费业态不够丰富，和县内其他景区也无串联，因而无法吸引游客"留下来"。

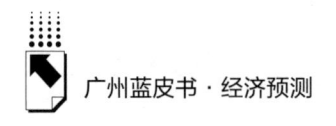

### （三）扶贫资源集聚力度还需提升

经过多年的帮助和建设，经济薄弱地区基础设施和公共服务水平有了明显改善，但总体来看，仍是高水平全面建成小康社会的短板。在城市虹吸效应下，发展所需资金、人才等资源要素流出流失严重，导致帮扶地区农村经济社会发展后劲不足。

1. 专业人才不足

基层普遍反映，经济薄弱地区各方面人才普遍缺乏，人才引不来、留不住。有文化、懂技术、会经营的新型职业农民数量偏少，能够带动产业发展、群众致富的"土专家""田秀才"，尤其是旅游服务等现代服务业人才还很缺乏。

2. 资金保障不足

虽然近年来不断加大对脱贫攻坚的投入力度，但要完成各条口的目标任务，还存在一定的资金缺口。此外，对口帮扶对民营资金吸引力不足。因此对口帮扶区希望可以进一步加大公共财政扶贫支持力度，尤其是冷链运输等物流方面的资金支持，持续加强资金整合，鼓励、引导更多资本进入对口帮扶地区。

## 三 广州南沙依托非公经济推进对口产业扶贫的建议

### （一）推动基础设施建设，筑牢夯实脱贫攻坚基础

1. 畅通运输"大动脉"

引导广州南沙企业等多方力量参与贵州农产品销售的仓储和物流，由南沙区委统战部、区工商联牵头会同有关职能部门研究对南货进山及黔货出山之间的物流相关环节进行补贴，尤其是冷库储存及冷链运输部分，对农产品分级包装、仓储物流、冷链运输、产品溯源、市场营销等产业链各环节进行

全面提升，降低黔货终端销售价格。推动黔货出山、南货进山，搭建两地互联平台，促进两地资源、产品的互通互联，集聚人流、物流、信息流，实现经济互惠、共同发展。

2. 积极发挥教育扶贫、文化扶贫的先导作用

一是以家风墙、体育健康器材等改善项目为基础，进一步改善帮扶地区贫困村条件，提高贫困户素质和劳动技能，为贫困户发展创造更多的机会。二是在帮扶机制上进一步加强创新，通过财政奖补、互助合作及技能培训等形式进行多层次、多模式帮扶，"授之以渔"激发内生动力，对边缘贫困户提供一定的教育资金扶持。坚持以文化扶贫的深入实施为先导，落实好精神塑造和能力转化工作，转变贫困户的思想观念，为脱贫致富提供根本保证和持久支撑。

### （二）紧扣产业发展关键，增强脱贫攻坚内生动力

发展产业是实现脱贫的根本之策。要大力发展与低收入农户增收关联度高、可持续性强的产业项目，帮助低收入人员在家门口就近就地就业，真正实现由"输血"帮扶向提升自身"造血"能力转变。

1. 鼓励当地立足市（州）域统筹规划发展布局

以市（州）为单位，因地制宜制定地方产业规划，加强产业布局与乡村规划的协同配套，推动一县一策、一乡一业、一村一品。通过巩固经营主体与扶持对象之间的利益联结，鼓励股份合作、订单帮扶、开心农场等新模式发展，进一步统筹资源，做大平台。

2. 支持地方特色产业发展

一是顺应南沙企业转型、产业转移的历史趋势，引导更多生产制造环节布局到帮扶地区，两地共同打造上中下游产业链配套衔接、优势互补的完整工业产业集群。引导南沙企业投资贵州能源工业，推进广州伦达能源科技有限公司落地贵州，运用先进的技术工艺，推动贵州当地煤炭行业和电力行业淘汰落后产能、加快转型升级；引导南沙企业投资贵州特色轻工业，与贵州相关企业以多种方式合作，共同做大做强贵州的酒、茶、民族医药、地方特

色食品与工艺品等优势产业。二是由南沙区工商联牵头,引导旅游企业开拓旅游产品新线路、世界自然遗产旅游路线、红色旅游路线。以第一家落户龙里南沙民营企业——贵州省古格国际旅行社有限公司为契机,进一步促进广州南沙和贵州两地的旅游产业融合发展,共同做大做强两地的旅游消费市场。

3. 聚焦重点,擦亮牌子,广泛宣传

一是加强与当地旅游部门的沟通,指导发展规划设计。从顶层设计角度入手,在现有的两地各自的旅游产业发展规划基础上,制定"十四五"期间东西协同发展的旅游产业发展专项规划。结合东西两地资源特点,实现资源互补和要素流动,同时拉动两地旅游经济。二是引入市场主体资源,推动旅游服务项目发展。南沙区委统战部与南沙区旅游协会签订服务协议,并委托区工商联具体落实,指导南沙区旅游协会积极开展贵州对口帮扶地区资源宣传推广。联合古格国际旅行社有限公司等打造线上推广平台,并融合南沙当地节庆活动推出贵州文旅体验区,多渠道、多样式开展线下宣传活动。根据疫情防控条件,借助农产品展销活动等展会平台,挖掘市场消费潜能。三是利用好互联网电子商务,让特色产品与小程序对接合作,通过"直播平台"充分展示农产品,让扶贫产品成爆款,最终实现销售最大化。

## (三)统筹协调整合资源,畅通脱贫攻坚"幸福大道"

1. 多方力量增加扶贫资金

多渠道增加扶贫开发资金的投入。坚持政府投入在扶贫开发中的主导作用,充分发挥财政资金引导作用,优化农村营商环境,鼓励社会资本参与扶贫,引导南沙的各类工商资本到经济薄弱地区进行投资创业,鼓励兴办发展帮扶地区参与度高、受益面广的规模养殖种植、农产品深加工、乡村旅游开发等产业。积极调动企业、社会组织和成功人士等社会力量参与产业扶贫和光彩事业,拓宽筹资渠道,为扶贫资金积极"开源"。经实地考察,帮扶地区有4个产业发展项目需要资助。龙里县谷新村大山闹生猪养殖项目资金需求50万元,惠水县大坝社区蔬菜分拣中心资金需求36.64万元,贵定县金南街道办事处胜利村预种植葡萄果树基地项目资金需求 30 万元、德新镇宝山村家庭小果园示范基地项目资金需求 30 万元。可以通过扶贫资金和扶贫项目双向对接,通过产业扶贫激发群众脱贫致富的内生动力,形成产业的良性发展循环。

2. 打通流动壁垒实现人才扶贫

一是畅通人才向贫困地区流动渠道。适当采取倾斜性工资政策等系列措施,让南沙挂点干部更多地为当地贡献南沙力量,助推贫困地区聚才留才。为人才向贫困地区聚集、推动贫困地区脱贫致富带去成熟的"南沙经验",注入新鲜的发展血液。二是畅通人才向广州南沙等发达地区流动渠道。引导、鼓励南沙企业吸纳贫困地区就业人员,一人就业全家脱贫,让积极优先的就业措施成为帮助贫困家庭脱贫最有效的途径之一。让贫困地区就业人员通过在发达地区学习工作,开阔视野、转变观念,掌握更加先进的脱贫致富技术技能。

# 枢纽之城建设篇
Hub City Construction

## B.13
## 关于广州空铁融合经济示范区建设的调研报告

黄金海 王 阳[*]

**摘 要：** 空铁融合发展是国内外航空枢纽区域创新发展的重要路径。建设空铁融合经济示范区有利于发挥广州空铁客货运融合和区位、交通、产业优势，服务全省打造新发展格局战略支点。本文梳理了示范区建设基础条件和统筹协调难、枢纽联系弱、旧改平衡难、土地整合难等问题。建议广州空铁融合经济示范区构建"一核两极三轴四片区"的空间布局，提出了优化论证规划范围、完善跨区域统筹协调机制、做强临空经济示范区"主引擎"、打造花都"空铁+港产城""双融合"核心载体、建设白云北部重要增长极、强力推进机场周边旧村改造、积极争取上级政策支持等工作建议。

---

[*] 黄金海，广州市委财经办，研究方向为城市经济和城乡发展；王阳，广州市委政研室，研究方向为城乡发展与规划。

关于广州空铁融合经济示范区建设的调研报告

关键词： 广州 临空经济 空铁融合 港产城融合

# 一 广州空铁融合经济示范区建设正当其时、势在必行

## （一）建设空铁融合经济示范区是广州服务全省打造新发展格局战略支点的重要抓手

以习近平同志为核心的党中央着眼我国新形势任务、新环境条件，作出立足新发展阶段、坚持新发展理念、构建新发展格局、推动高质量发展的重大决策部署。广东省委提出广东要打造新发展格局的战略支点。国际航空枢纽、铁路枢纽，是畅通国内大循环的重要节点，也是推动国内国际双循环相互促进的重要门户。建设空铁融合经济示范区，因地制宜推动航空、铁路枢纽优势互补、融合发展，是广州强化国际综合交通枢纽功能、提升全球资源要素配置能力、加快融入新发展格局的重要举措，也是发挥国内国际双循环重要链接作用，服务全省打造新发展格局战略支点的重要抓手。

## （二）空铁融合是国内外航空枢纽区域走向高质量发展的重要路径

世界主要航空枢纽一般经历客运机场、客货运枢纽机场、港产融合的枢纽经济区、港产城融合的航空枢纽都市"四代演进"过程。以空铁联运推动空铁融合经济发展，是航空枢纽向航空都市转变的重要趋势和重要支撑。德国法兰克福机场、英国伦敦希斯罗机场、日本东京羽田机场、韩国仁川机场等世界级空港都已实现空铁联动，东京羽田机场依托发达的空铁联运网络，带动经济增长超4000亿元人民币、带动就业80万人，韩国仁川国际机场以铁路串联空港和首都首尔，建设仁川自由经济区，打造功能完善的航空都市区。广州空港地区要实现高质量发展，必须以空铁融合经济示范区建设

为抓手，推动临空经济与铁路经济融合发展，促进区域人流、物流、资金流、信息流集聚辐射，加快从航空枢纽走向航空都市。

**（三）广州建设空铁融合经济示范区有利于发挥空铁客货运融合独特优势，为全国做示范**

国内主要机场都在向空铁联运发展探索，主要为满足机场客运快速集疏运交通需求，较少涉及铁路货运，且尚无城市提出发展"空铁融合经济"或建设"空铁融合经济区"等概念。北京大兴机场由京雄城际铁路与北京和雄安新区相连，上海虹桥机场与京沪高铁上海虹桥枢纽紧密结合，2021年投入运营的成都天府机场可以通过高铁快速直达成渝地区重要城市。广州建设空铁融合经济示范区优势显著，世界级空港白云国际机场15公里范围内汇集了粤港澳大湾区北部最大铁路客运枢纽——广州北站和国家级铁路综合物流中心——广州铁路集装箱中心站（大田站）。建设空铁融合经济示范区，将在全国率先实现航空运输与高铁客运、铁路高端货运的全要素、全方位融合，成为全国空铁融合经济"先行者"，推动临空经济和航空枢纽发展进入空铁融合时代。

## 二 广州空铁融合经济示范区建设发展现状

**（一）广州空铁融合发展基础条件良好**

一是空铁枢纽功能不断强化。白云机场2020年旅客吞吐量跃居全国第一，三期扩建工程完工后年设计吞吐量将达1.2亿人次。广州北站规划接入广清城际、广清永高铁等多条线路，建设集普铁、高铁、城轨、地铁于一体的大型综合交通枢纽，2030年客流量将超3600万人次。大田站是交通强国战略规划的18个铁路集装箱中心站之一，远期规划年货运量2590万吨，将作为中欧国际货运专列广州始发基地，打造亚欧国际铁路通道的综合枢纽。

二是临空经济快速发展。《中国临空经济发展指数报告（2019）》显示，广州临空经济示范区高质量发展协调性指数居全国首位，飞机租赁和航空物流等"保税+"业务迅猛发展，白云机场综保区2019年进出口173亿元、增长41%，跨境电商进出口超160亿元，连续6年居全国空港首位。

三是区域内重大平台加快集聚。广州民营科技园是首个国家级民营科技园，核心区享受国家高新区优惠政策。依托花都、从化、增城等生态优势和资源禀赋，与清远共建大湾区北部生态文旅合作区，打造世界级休闲度假胜地。国家绿色金融改革创新试验区打造产融研一体化的绿色金融与绿色产业发展集聚区，多项指标在全国同类试验区排名第一。

## （二）广州空铁融合经济示范区建设存在不少困难

一是统筹协调难，示范区建设存在协调短板。白云机场、广州北站、大田站分属空港经济区和花都区、白云区，空铁融合经济发展涉及交通运输部（含民航局）、海关、国家铁路集团等国家层面和省发改委、机场集团、铁投集团（含珠三角城际公司）等省层面，层级多、主体多、利益诉求复杂，缺少更高层次统筹，不利于协调各方利益、形成工作合力。

二是枢纽联系弱，互联互通水平有待提高。白云机场与广州北站间缺乏快速便捷高效的联运系统，白云机场与大田站间缺乏直达的高速公路和铁路货运通道，大田站到广州北站尚无直接通道，周边黄金围大道等配套路网由属地负责实施，协调推进力度和资源调动有限，中心站场集疏运道路不足，与国际空铁水陆联运枢纽集疏运体系差距较大。

三是旧改平衡难，机场周边环境整治功能提升受限高和噪音严重影响。机场周边旧村庄建设用地和农用地混杂、破碎，严重挤压临空高端产业发展空间，影响机场城市门户地区面貌。由于受空域限高和机场噪音限制，机场周边旧村改造难以实现经济平衡，村民拆迁安置无法完全得到保证。部分村庄位于70分贝以上噪音线内，不宜布局居住用地，必须进行异地安置；部分村庄位于机场57米限高影响范围，仅有少数村庄能在改造范围内平衡改造成本。

四是土地整合难，枢纽功能提升受到农田布局制约。空港经济区基本农

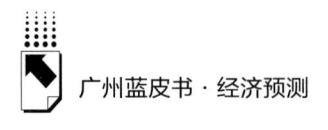

田规模较大且分布分散，对成片连片开发和旧村改造影响较大。大田站周边除村庄建设用地外基本都是基本农田，围绕站场相关产业引入、周边产业配套项目建设、片区发展均受限于建设用地资源紧缺。

## 三 关于深化广州空铁融合经济示范区建设的建议

### （一）优化论证规划范围，推动形成错位互补、协同发展、集约布局、集中建设的示范区空间布局

一是强化统筹兼顾。空铁融合经济示范区是全市的重大平台，不是空港委、白云区或花都区某一方的，要坚持全市统筹和调动各方积极性相结合，通过统一名称、统一范围、统一规划功能布局，体现全市"一盘棋"。建议空港经济区与白云区、花都区加强沟通、充分配合、优化论证、协同划定示范区规划建设范围。二是科学划定起步片区。示范区范围划定后，充分协调各区发展思路、重大产业空间布局，科学划定起步片区，作为示范区发展重点平台和近期重点建设区域，重点投放建设用地资源，统筹连片开发、土地整备，体现集约布局、集中力量建设的理念，利于尽快突破瓶颈制约。三是着力补齐交通短板。加快构建白云机场到广州北站、白云机场到大田站、广州北站到大田站的三条交通走廊，加强枢纽间交通联系，以交通互联支撑区域有效联动。

综合考虑，建议广州空铁融合经济示范区打造以白云国际机场为核心，以广州北站、广州铁路集装箱中心站（大田站）为两极，以三条交通走廊为发展轴，空港片区、花都主城片区、大田—大朗片区和广州民营科技园（一核三园）片区四个起步区错位互补、协同发展的"一核两极三轴四片区"空间布局。

### （二）加强跨区域统筹协调，建立集中领导、协调有力、各司其职、分工合理、高效协同的建设管理体制机制

一是建立协调机制。建议将示范区建设纳入广州国际航空枢纽建设领导

小组统筹，建立统筹协调和考核督办机制，加大对上对下协调力度。二是明确职责分工。强化属地责任，由市空港委、花都区、白云区分别负责属地范围内的示范区平台建设，领导小组其他成员单位按职责支持示范区建设。三是明确改革试验任务。围绕构建现代产业体系、科技创新、全面扩大开放、空间规划和土地管理创新、城乡融合、打造现代化国际化营商环境等重点领域，加强前瞻性研究谋划，明确示范区先行先试主要工作任务，科学论证、全面梳理需要国家、省支持的政策清单。四是坚持项目带动。按照近期中期远期相结合、省级市级区级项目重点突出的原则，建立示范区建设重大项目库，实行台账式、清单化管理，每年对重点项目进展情况进行督查考核，以重点项目带动示范区建设。

**（三）做强做优广州临空经济示范区，打造空铁融合经济发展主引擎**

一是提升白云机场枢纽能级。加快实施白云机场三期扩建工程，引入广河高铁、广中珠澳高铁和地铁22号线北延段等线路，建设T3航站楼高铁站，完善机场综合交通体系。二是争取纳入自贸区扩区范围，打造世界枢纽港、国际航空城、中国跨境电商国际枢纽港、广州飞机维修制造基地。三是加快建设空港中央商务区，打造集会议、展览、商务、酒店、文旅、总部等于一体的大湾区临空标志性综合体。四是加快构建区块链国际贸易平台，建设博览展贸网、仓储配送网等全球互贸渠道，打造大宗商品交易平台。

**（四）提升高质量发展新花都，打造"空铁融合+港产城融合"的核心载体**

一是加快实现广州北站与白云机场便捷互联。推动广州北站至白云机场专用轨道落地，在广州北站设置T4航站楼，以异地安检、行李直挂实现"到北站即到机场"的空铁联运无缝衔接，加快推进广州北站至机场快速路及其东延线，地铁24号线、22号线、18号线等项目。二是布局"双融合"枢纽经济。发挥临空经济和区内现代产业结合优势，以"空铁融合+港产城融合"

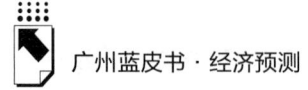

带动花都主城区高质量发展，建设航空都会区，构建南部空铁创展带、中部空铁融合服务发展带和北部文旅发展带，形成科创智造、商贸会展、临空消费、特色文旅"四轮驱动"发展格局。三是着力提高公共设施建设水平。引进大湾区优质医疗、教育设施，优化城市规划建设管理，统筹推进城市更新九项重点工作，严厉治理违建，加快城市智慧化智能化数字化转型，提升现代化城市风貌，深化城乡融合发展试验，打造宜居宜业宜游优质生活圈。

### （五）加强大田铁路经济产业园与广州民营科技园联动，打造白云北部重要增长极

一是高度重视大田站枢纽和集疏运体系建设。将大田站周边交通设施建设纳入市"十四五"规划和有关规划，优化现有高速公路衔接，实现与机场快速连接；将白云区黄金围大道北延神山和广州北站，高质量建设白云四线、白云五线等东西向道路，做大白坭河内河港（白云港），远期建议规划大田站连接白云机场的货运铁路、高速公路专线，打造与国际铁路物流基地相适应的铁、公、水综合交通体系。二是布局建设现代化国际铁路枢纽新城。推进大田铁路经济产业园规划建设，协同开展土地整治、农田布局优化和旧村改造，强化铁路物流及周边产业、公共服务、基础设施配套；高水平推进江高镇镇区规划建设，加快江高镇统筹规划、扩容提质、提档升级，完善商业、教育、医疗、文化体育等城市综合服务配套，提高宜居宜业宜游水平。三是深化广州民营科技园改革创新试验。推进未来产业核心区和美丽健康、轨道交通装备、智能家居"一核三园"建设，打造广州中部先进制造业高质量发展集聚区、大湾区科技创新成果转化综合实验区和全国民营经济营商环境改革先行示范区。

### （六）以改革创新、担当作为精神推进机场周边旧村改造，提升航空枢纽国际化现代化门户形象

一是支持旧改和机场三期扩建同步推进。大力推进机场三期周边旧村改造，纳入市城市更新领导小组重要议程，成立专项小组统筹有关各

区开展政策创新、模式创新、融资创新，搬迁受噪音影响的村居，实现人居环境提升、产业转型升级、环境面貌根本改变。二是推动"单村改造"向"全域更新"模式转型。打破传统单村改造、就地平衡更新模式，在更大空间尺度整体考虑全域改造平衡与指标腾挪，支持花都区开展"增存联动、一二级联动、噪音线内外联动"全域城市更新试点，由市区两级研究出台具体政策指引。三是鼓励从土地开发到城市运营的路径探索。将城市更新与城市运营相结合，探索建立企业参与土地一二级开发+运营联动模式，引入大型优质企业参与土地整备，精准开展产业策划、用地布局、指标设定，破解政府前期投入大、后续产业导入难等问题。

**（七）积极争取国家和省政策支持，营造空铁融合经济示范区良好政策环境**

一是争取将广州空铁融合经济示范区建设纳入国家、省"十四五"有关规划，作为大湾区建设重大平台，积极向国家申请创建国家级空铁融合经济示范区，借鉴海南自贸港政策创新，打造空铁经济自由区，上升为国家级战略平台。二是争取国家在大田站设立铁路一类口岸（国际口岸），强化航空、铁路双一类口岸优势。三是争取省财政支持设立广州空铁融合经济示范区建设专项资金或基金，"十四五"期间每年给予一定额度资金支持。四是争取省支持开展全域土地综合整治试点，释放的建设用地规模和指标优先支持示范区重大发展平台，保障区域发展用地需求。

# B.14
# 2020年广州交通运输邮电业分析报告

广州市统计局服务业处课题组*

**摘 要：** 2020年伊始，新冠肺炎疫情严重影响了全社会经济发展，交通运输邮政业受冲击明显。随着疫情防控逐步常态化，广州、北京、上海、深圳几大主要城市基于各自城市发展的特点，交通运输邮政业呈现出不同的恢复态势。本文对广州货运量、客运量、邮政业等恢复情况进行介绍，通过与北京、上海、深圳对比，借鉴各城市的先进经验，并提出下一阶段广州交通运输邮政业的发展建议。

**关键词：** 交通运输 国际交通枢纽 城市对比 广州

## 一 广州2020年交通运输邮政业总体情况

2020年初，疫情对交通运输业冲击明显，全市客运量、货运量单月增速均于2月降到最低，同比分别下降84.2%、32.9%，累计增速均于3月降到最低，同比分别下降49.2%、19.4%，之后随着疫情防控常态化呈现逐步恢复态势。进入四季度，社会经济加快复苏，上下游产业带动交通运输邮政业继续平稳运行，2020年广州完成客运量32712.15万人，同比下降34.4%，旅客周转量1257.31亿人千米，同比下降47.1%；全市完成货运量

---

\* 课题组成员：刘钰，广州市统计局服务业处处长；莫广礼，广州市统计局服务业处副处长；杨丽静，广州市统计局服务业处三级主任科员。执笔人：杨丽静。

92457.53万吨，同比下降4.9%，货运周转量21619.71亿吨千米，同比增长0.2%（见图1、图2）。

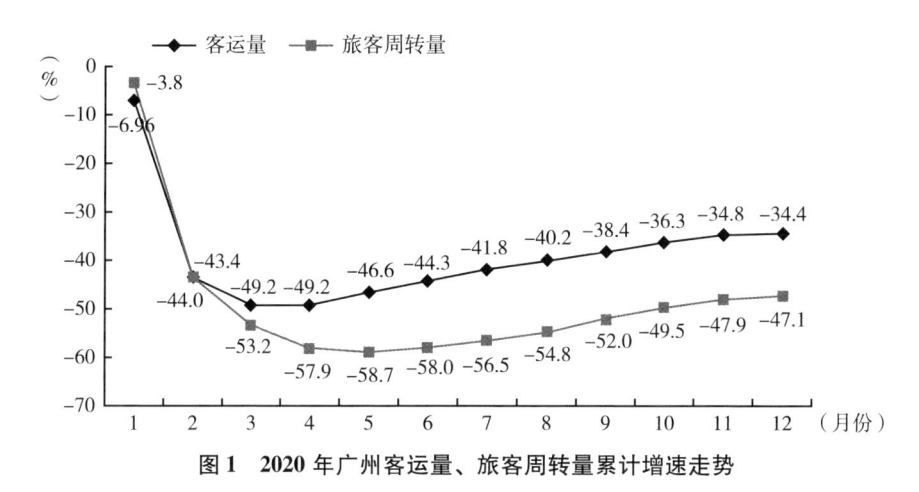

图1 2020年广州客运量、旅客周转量累计增速走势

图2 2020年广州货运量、货运周转量累计增速走势

## （一）货运加速恢复

2020年广州完成货运量92457.53万吨，同比下降4.9%。全市货运周转量自9月由负转正后，增速逐步提高，12月同比增长17.9%，达到全年货运周转量单月最高增速。2020年全市完成货运周转量21619.71亿吨千米，同比增长0.2%，其中水路的货运周转量同比增长0.3%，是四大运输

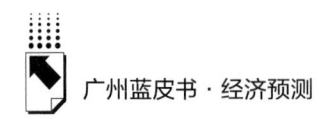

行业中全年周转量增速唯一转正的行业。

公路方面。在广州疫情防控成效显著、积极做好"六稳""六保"情况下，企业生产经营逐步恢复正常，带动全市公路货运稳步向好。公路货运量、货运周转量增速自5月由负转正后，除6月受传统雨季影响负增长外，后续持续保持正增长，12月同比分别增长8.8%、8.1%。但因疫情初期受影响较深，2020年全市完成公路货运量46965.85万吨，同比仍下降2.6%。

水路方面。2020年全市完成水路货运量42237.63万吨，同比下降6.8%。水路货运周转量自9月由负转正后，增速逐步提高，12月当月同比增长18.3%，年内首次实现两位数增长，其中，中远海散12月货运周转量同比增长25.8%，拉动全市12月水路货运周转量增长22.7个百分点，全年拉动广州水路货运周转量增长1.4个百分点。

铁路方面。2020年全市完成铁路货运量1792.98万吨，同比下降14.8%，货运周转量同比下降4.6%。影响主要来自港口供煤量减少和电力企业用煤量下降等方面，具体来说，一是澳大利亚进口煤炭船只靠港困难，供煤量有所减少；二是2020年西电东送到广州电量充足，挤压了电力企业发电的需求；三是电力配额政策和环保要求都一定程度限制电力企业发电量，进而用煤量有所降低。

航空方面。航空货运恢复明显好于航空客运，2020年全市完成航空货运量117.39万吨，同比下降16.0%，航空货运周转量自6月后累计降幅收窄为个位数，呈逐步收窄趋势。其中，12月货机货运量同比增长8.0%；客机腹舱货运量受国际疫情影响，12月同比下降26.4%，客机腹仓货运量占航空货运量的比重由2019年的近七成降至2020年的不足六成。

### （二）客运逐步恢复

2020年广州完成客运量32712.15万人，同比下降34.4%，其中铁路客运量、航空客运量同比分别下降40.2%、38.2%，降幅大于全市客运量平均水平。全年铁路、航空客运量占全市比重较2019年分别下降2.6个、1.1个百分点，铁路、航空客运恢复缓慢，主要是由国内部分地区疫情反弹、居民出行信心波动、上年假期利好客运量增长较大导致基数较大等多重叠加原因造成。

航空方面。2020年全市完成航空客运量5956.01万人次，同比下降38.2%。自航空业实行"五个一"政策以来，国际客运受影响较大，另外，从国外疫情防控来看，短期内国际客运仍难以恢复，加之国内旅客出行意愿减弱和部分航线停飞，全市航空客运量短时间内难以恢复。

铁路方面。2020年广州完成铁路客运量8696.23万人次，同比下降40.2%。5月以前，铁路客运采取隔座售票政策，同时大幅减少部分班次列车，导致客运量断崖式下降。随着5月旅行社逐渐恢复经营，居民出行意愿有所恢复，一定程度上推动了铁路客运量降幅逐月收窄。

水路方面。2020年全市完成水路客运量5.89万人次，同比下降88.1%。受疫情和香港局势双重影响，广州市唯一一条水路客运航线（广州到香港）客运量逐步减少并于4月停航，全市水路客运量降为零，随着6月28日开通南沙客运港至深圳机场码头航线，10月开通南沙客运港至珠海桂山岛、外伶仃岛航线，全市水路客运量恢复，但全年客运量仅5.69万人次，对水路客运拉动力有限，同比仍大幅下降。

公路方面。2020年全市完成公路客运量18054.02万人次，同比下降29.6%。在疫情影响下，市民出行方式有所变化，公路客运被私家车、高铁、飞机等更高质量出行方式分流的趋势更为明显。

### （三）港口逆势突破

2020年广州港生产营销工作逆势突破，全市完成港口货物吞吐量63643.22万吨，集装箱吞吐量2350.53万标箱，同比分别增长1.5%、1.2%。全市港口货物吞吐量3月当月即恢复上年平均水平（5400万吨左右），7月集装箱完成214.25万标箱，创近年来单月集装箱吞吐量新高，2020年广州港净增外贸集装箱航线9条。

分内外贸来看，内贸货物吞吐量4月当月增速由负转正，带动全市货物吞吐量当月增速回正，累计增速于1~7月回正，全年增长2.1%；外贸货物吞吐量单月增速最高达11.0%，全年受国外疫情影响同比下降0.3%。分货物类别来看，煤炭及制品、矿建材料占比均超过一成，其中矿建材料受内贸拉动增长明显。

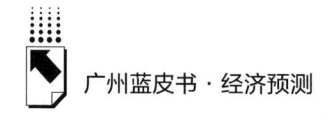

### （四）邮政快速增长

2020年广州完成邮政业务总量1678.45亿元，同比增长23.3%。分快递业和邮政寄递服务来看，疫情进一步提升了消费者对快递重要性的认知。经过短暂恢复期，全市快递业务量4月当月增速由负转正，5月当月增速两位数增长，带动1~5月累计增速由负转正，2020年全市完成快递业务量76.16亿件，同比增长20.0%。疫情初期防疫物资需求井喷，带动邮政寄递服务增速保持在20%以上的快速增长，成为拉动广州邮政业务总量增长的新增长点，但随着复工复产，竞争优势不足，邮政寄递服务增速逐步下滑，2020年全市同比下降45.7%。

## 二 北、上、广、深交通运输邮政对比分析

基于地理位置、国家政策扶持力度、城市功能定位等差异，广州、北京、上海、深圳交通运输邮政业呈现不同发展特点，对比发现：四城市全年货运量恢复程度均达九成以上，客运量恢复程度广州居首；广州快递业的发展明显快于北京、上海、深圳；广州港疫情下虽实现逆势突破，但离体量居首位的上海港仍存在差距；广州城市公共交通恢复程度不及上海、深圳，但好于北京（见图3、图4）。

### （一）对比广州与北京：北京地处内陆，无港口和水运优势；公路客运量占全市客运量比重超广州；作为首都，防疫要求更高，交通运输业总体恢复更慢

2020年北京完成货运量22296.8万吨，恢复到上年同期的97.2%，稍好于广州（95.1%）；完成客运量36255.8万人次，恢复到上年同期的50.3%，恢复能力逊于广州（65.6%）。与广州相比，北京市交通运输业有以下特点。

1. 北京公路客运量超过广州，但公路客运周转量不及广州

2020年北京完成公路客运量24547.9万人次，比广州多6494万人次，

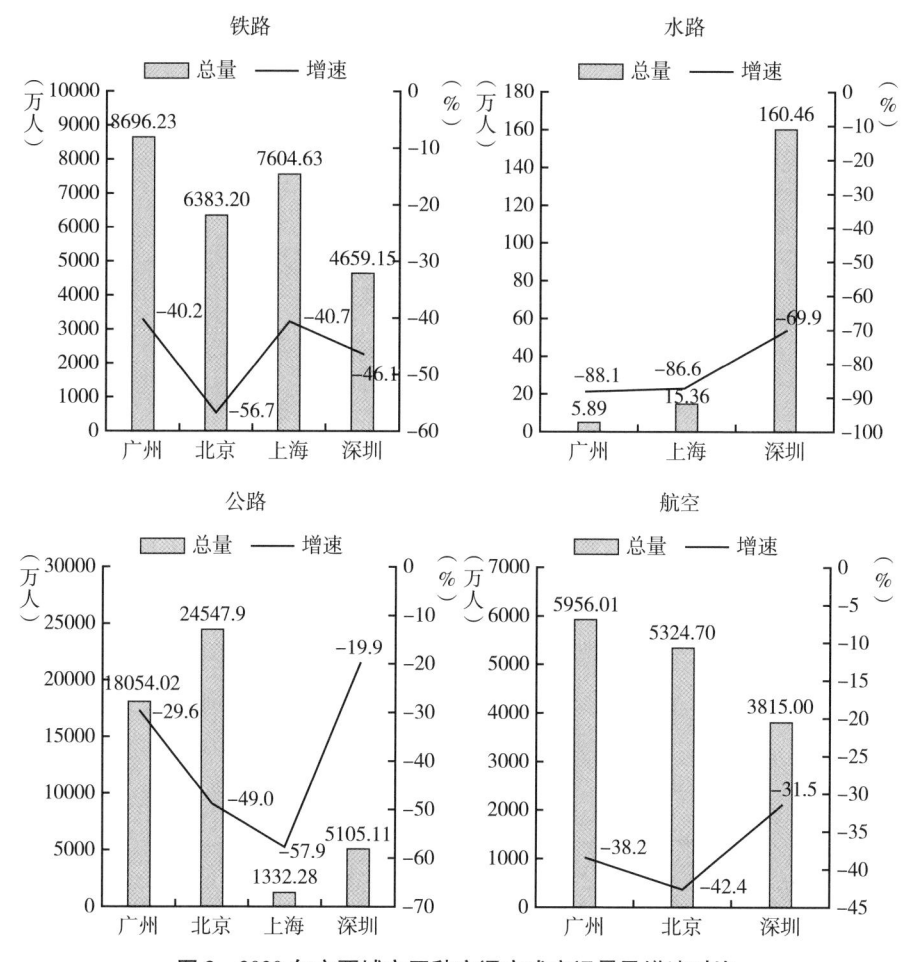

图 3 2020年主要城市四种交通方式客运量及增速对比

注：北京无水路运输，上海航空运输数据未公布。

主要是由于北京郊区客运班线需求稳定，与传统公路客流逐步被私家车、公共交通等分流的趋势不同。但这些客运班线属于短途运输，对公路客运周转量拉动作用有限，故完成公路客运周转量仅43.67亿人千米，不足广州三成。

2. 继2019年2月北京航空客运量被广州反超后，疫情影响下北京航空旅客周转量2020年5月被广州反超

国内三大航空公司运营情况是影响当地航空运输的主要因素，其中国航

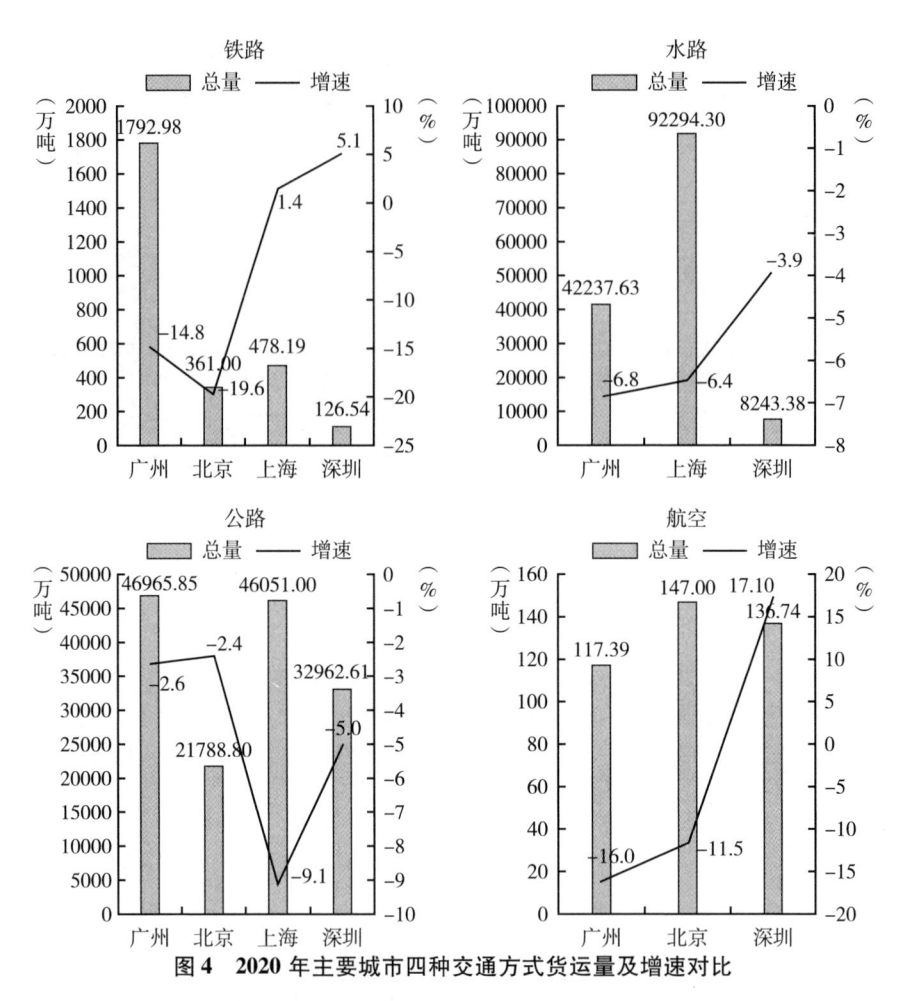

图 4　2020 年主要城市四种交通方式货运量及增速对比

注：北京无水路运输，上海航空运输数据未公布。

位于北京，南航位于广州，东航位于上海。疫情前国航国际部分业务占比约四成，高于南航（约三成），带动北京航空旅客周转量持续高于广州，同时国际疫情暴发后所受影响也更明显。

3. 北京无港口、内河航道、沿海航道

港口作为对外贸易的开放窗口，承载着带动区域内整体经济发展提升的核心战略资源；水路运输在大批量货物运输、原料半成品等货物运输中具有明显优势，北京不具有以上地理优势。

**（二）对比广州与上海：上海作为世界公认的国际航运中心，港口经营和水路货运协调发展在全国一枝独秀，均优于广州**

2020年上海完成货运量139226.01万吨，恢复到上年同期的92.8%，略低于广州（95.1%）；完成客运量11973.18万人次，恢复到上年同期的53.8%，恢复能力强于北京（50.3%），逊于广州（65.6%）。与广州相比，上海交通运输业有以下特点。

1. 上海港集装箱吞吐量稳居全球第一

2020年上海港完成集装箱吞吐量4350万标箱，远高于广州港（2351万标箱）；上海港完成货物吞吐量7.17亿吨，高于广州港（6.36亿吨）。

2. 上海水路货运周转量稳居全国第一

2020年上海完成水路货运周转量32094.55亿吨千米，是广州（20867.71亿吨千米）的1.5倍。

3. 上海机场旅客吞吐量高于广州

2020年上海完成机场旅客吞吐量6164.21万人次，高于广州（4376.81万人次）。

**（三）对比广州与深圳：深圳客运量和货运量整体不及广州，但深圳航空货运、多式联运、港口集装箱快速发展，优势明显**

2020年深圳完成货运量41469.27万吨，恢复到上年同期的95.3%，基本与广州（95.1%）持平；完成客运量13739.72万人次，恢复到上年同期的64.8%，略低于广州（65.6%）。与广州相比，深圳交通运输业有以下特点。

1. 深圳航空货运量快速增长

深圳航空货运的发展优势在疫情下格外突出，航空货运量于2020年1~3月超过广州，2020年增速最高时达31.9%，全年实现17.1%的增长，而北上广三城市航空货运量尚未彻底恢复。深圳宝安国际机场货邮吞吐量同比增长9.0%，该增速不仅在全国百万吨机场中居首，也是深圳宝安国际机

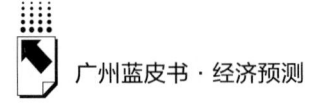

场近4年来货运业务增长最高纪录。

**2. 深圳多式联运增长迅速**

2020年深圳多式联运和运输代理业完成营业收入1295亿元，是广州的1.7倍，同比增长35.0%，增速比广州高3个百分点。

**3. 深圳港口集装箱吞吐量在全国港口中排名第三，领先广州一名**

2020年深圳完成港口集装箱吞吐量2655万标箱，比广州多304万标箱。但随着广州港再建码头，产能与需求逐步匹配，差距有望缩小。

### （四）城市公共交通方面，广州恢复程度不及深圳、上海，但好于北京

2020年广州实现了保障城市交通出行需求与有效防控疫情风险"两不误"，全年完成城市公共交通客运量41.89亿人次，恢复到上年同期的68.2%。从总量上看，2020年广州城市公共交通客运量不及上海（45.47亿人次）、北京（42.93亿人次），高于深圳（30.05亿人次），与疫情前排名一致（第三）。从恢复程度上看，广州不及深圳（75.8%）、上海（70.1%），但好于北京（58.0%）。疫情前，北京城市公共交通客运量稳居全国第一，首都属性使得疫情防控措施更为严格，城市公共交通客运量恢复程度居四城市末位（图5）。

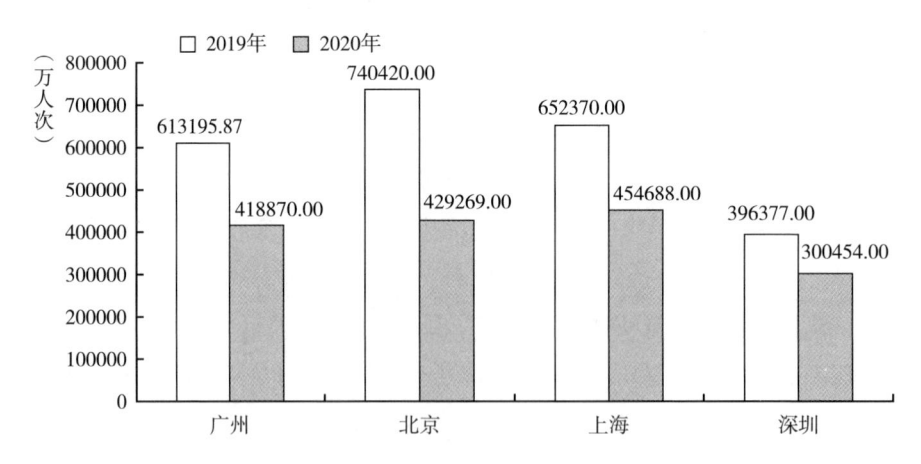

**图5 疫情前后城市公共交通客运量对比**

## （五）2020年广州港口货物吞吐量、港口集装箱吞吐量均居全国第四，广州港逆势而行开拓新市场，全年净增9条航线，展现强势后劲

港口是经济的晴雨表，中国产业链供应链建设相对较为完整，且疫情防控效果显著，2020年全国多地港口货物吞吐量率先恢复增长。近年来广州港港口货物吞吐量、港口集装箱吞吐量均位居全国第四，作为内贸大港，广州港外贸占比不足三成，远低于港口货物吞吐量排名全国前三的宁波舟山港（45.8%）、上海港（54.7%）、唐山港（42.1%），上海港外贸占比最大，受外贸大幅下降影响，成为几大港口中唯一一个未恢复正增长的港口。几大港口中，广州港港口集装箱吞吐量率先由负转正，但全年增速（1.2%）低于宁波舟山港（4.3%）、深圳港（3.0%），高于上海港（0.4%）（见表1）。

表1 2020年国内重要港口吞吐量排名情况

|  | 港口货物吞吐量排名 | 港口集装箱吞吐量排名 |
| --- | --- | --- |
| 广　州 | 第四 | 第四 |
| 宁波舟山 | 第一 | 第一 |
| 上　海 | 第二 | 第二 |
| 唐　山 | 第三 | 第十八 |
| 深　圳 | 第十六 | 第三 |

## （六）2020年广州快递业务量首次被浙江金华超越，但仍强势领先于居第三的深圳，上海和北京分别排名第四、第六

2020年广州完成邮政业务总量1678.45亿元，同比增长23.3%，自4月之后一直保持两位数增长。自2020年一季度广州快递业务量被浙江金华超越后，差距继续拉大，2020年全年差额扩大至13.95亿件。目前广州的快递业务量虽仍强势领先居全国第三的深圳市22.44亿件，但预计再次回归全国第一将存在一定困难（见表2）。

表 2　2020 年快递业情况

| 城市 | 快递业务量(亿件) | 全国排名 | 快递业务收入(亿元) | 全国排名 |
| --- | --- | --- | --- | --- |
| 金华(义乌)市 | 90.11 | 1 | 283.57 | 6 |
| 广州市 | 76.16 | 2 | 694.07 | 2 |
| 深圳市 | 53.72 | 3 | 657.20 | 3 |
| 上海市 | 33.63 | 4 | 1428.19 | 1 |
| 北京市 | 23.82 | 6 | 331.19 | 5 |

## 三　北、上、深交通运输邮政业发展对广州的借鉴

### （一）对接粤港澳大湾区，发挥广州独特区位优势

世界一流湾区具有开放的经济结构、高效的资源配置能力、发达的国际交往网络，《粤港澳大湾区发展规划纲要》的发布标志着粤港澳大湾区已上升为国家发展战略，广州作为粤港澳大湾区中重要的国际交通枢纽，相比北京、上海具有独特的区位优势，通过资源优化配置，提升广州国际交通枢纽的地位。

### （二）机场硬件是发展的前提，北京、上海均有两个及以上机场

上海两个机场功能划分比较完善，虹桥机场满足国内航线需求，浦东机场满足国际枢纽需求；北京大兴国际机场和北京首都国际机场采取"先平移、再优化、后增量"的措施配置资源，最后将实现均衡增长，都极大优化资源，提升城市航空枢纽发展潜力。而广州目前仅有一个民用机场，可能面临地面交通拥堵、机场保障压力以及空域紧张等方面的问题。

### （三）抓住航空货运发展先机在后疫情时期尤为重要

随着我国首个以货运为主的鄂州机场即将投入使用，北、上、广、深、

郑集中全国 90% 的国际货运量格局将发生变化。以顺丰、圆通、京东等为代表的企业争相抢占航空货运市场先机，瓜分传统三大航空公司市场份额。深圳航空货运 2020 年逆势增长，便是得益于顺丰航空有限公司，而广州目前没有类似的民营企业，在同类型竞争方面缺乏竞争力。

### （四）多式联运发展不及深圳，广州未充分发挥交通枢纽优势

2020 年规模以上服务业统计数据显示，广州多式联运企业数、营业收入、营业利润分别是深圳的 81.8%、58.2%、71.1%，全年营业收入增速也低于深圳 3 个百分点。2020 年广州港海铁联运完成 11 万 TEU，也明显低于深圳港（18 万 TEU）。这与广州兼具国际航空枢纽、国际航运枢纽、发达的高铁运输线路等不相匹配。

## 四 下阶段广州交通运输邮电业发展建议

### （一）完善机场配套，提升广州国际航空枢纽地位

进一步增强广州白云国际机场的航空运输服务功能与综合交通换乘枢纽功能，构建完善高效、便利、国际化的地面综合服务体系。加快第二机场规划选址，明确定位两个机场的功能与分工，包括客运与货运的分工、国内与国际的分工。尤其要在新一轮国际航空货运市场重新分配前抢占市场，巩固广州国际航空枢纽地位。

### （二）立足现有优势，构建政策体系支持多式联运发展

多式联运具有产业链条长、资源利用率高、综合效益好等特点，对推动物流业降本增效和完善现代综合交通运输体系具有积极意义。广州既要努力争取国家和省的支持政策，自身也要出台有竞争力的政策，加强与泛珠三角区域合作，立足现有资源，做好规划，逐步完善铁路货站场功能、加快港口智能化、完善机场配套等，助力多式联运发展。

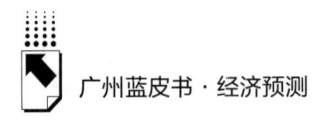

## （三）畅通全球通道，形成广州港内外贸业务均衡发展优势

广州港在城市发展中扮演着关键角色，广州凭借港口优势获得较大发展机遇，后疫情时代如何深入内陆、联通全球，使国内市场和国际市场更好联通，助力经济外循环是接下来的新考验。一是要继续深化布局，加强与珠三角和粤东粤西港口群的互通互联，共建粤港澳大湾区世界级港口群；二是要继续智能化港口配套设施，提升港口冷链运输等能力；三是要继续发挥水铁联运物流通道优势，推动珠江流域为共建"一带一路"国家和地区商贸往来提供服务。

## （四）主动适应新平衡，逐步培育交通运输新增长点

突如其来的疫情对交通运输行业造成了极大的冲击，不同城市应对疫情表现不同，广州水路运输、港口货物吞吐量和集装箱吞吐量都有较好表现，但铁路运输、航空运输则受挫严重。随着疫情防控常态化，居民重新形成了新的出行习惯，广州应以此为契机，梳理铁路运输、航空运输、公路运输、水路运输应对疫情的优势与劣势，寻找新的增长点。

**参考文献**

1. 李瑞雪：《以铁路枢纽为核心的广州交通物流融合发展对策》，《铁道运输与经济》2020年第11期。
2. 王选飞等：《粤港澳大湾区港口整合背景下广州与深圳港城关系发展评价》，《物流技术》2020年第12期。
3. 尧丹：《广州港：深入内陆，联通全球，助力构建双循环新发展格局》，《中国远洋海运》2020年第11期。

# 房地产市场篇

Real Estate Market

## B.15 2020年广州房地产市场发展动向分析*

戴荔珠**

**摘　要：** 全球主要经济体在2020年上半年受疫情冲击，经济下行。而中国得益于有效的防疫机制，经济增速在第二季度率先回正，经济预期持续好转带动居民收入预期向好。广州市房地产市场上半年受疫情冲击成交乏力，下半年加快恢复，在近远郊人才购房政策放宽、土地市场热度传导、产业和规划利好、新房供应创新高、莞深外溢客群增量促成下，2020年广州住宅市场开启向上发展的趋势：土地市场热度大增，二级房地产市场回暖明显，存量住宅均价上涨。与此同时广州市房地产也存在着以下几方面的问题：供需矛盾依旧存在，内部分化明显，对住房需求堵有余而疏不足。

---

\* 本文受国家自然科学基金项目"流空间视角下粤港澳大湾区的空间结构及其影响机制研究"（批准号：41801110）资助。
\*\* 戴荔珠，广州大学广州发展研究院助理研究员，博士。

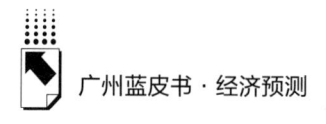

关键词： 房地产市场　调控政策　广州

  2020年全国房地产市场政策依然是以促进房地产市场平稳健康发展为主，坚持"房住不炒"、"因城施策"为目前楼市调控主基调。全球主要经济体在2020年上半年受疫情冲击，经济下行。而中国得益于有效的防疫机制，经济增速在第二季度率先回正，是2020年唯一实现正增长的经济体。经济预期持续好转带动居民收入预期向好。房地产、基建在疫情后成为经济恢复的重要抓手。广州市房地产市场上半年受疫情冲击成交乏力，下半年加快恢复，在近远郊人才购房政策放宽、土地市场热度传导、产业和规划利好、新房供应创新高、莞深外溢客群增量促成下，2020年广州住宅市场开启向上发展的趋势。2020年土地市场热度大增，同比增加48%；二级房地产市场在一、二季度受疫情影响成交乏力，但下半年市场回暖明显，增速在全国重点城市中排名中等水平。存量住宅均价上涨。与此同时广州市房地产也存在着以下几方面的问题：供需矛盾依旧存在，内部分化明显，对住房需求堵有余而疏不足。

## 一　国际国内经济环境加速复苏

### （一）全球主要经济体加速复苏

  PMI先行指标已恢复至景气区间。PMI是采购经理指数，能够反映经济变化趋势的指标指数，是世界经济运行活动的重要评价和世界经济变化的晴雨表。从图1可以看出世界主要经济体在2020年2月到7月都有不同程度的回落，但是到11月又开始恢复到景气区间，美国、英国、欧元区和中国的PMI值分别为57.5、55.6、53.8和52.1。再加上疫苗研制取得突破性进展，外部经济预期逐渐好转。从图1中可以看出，由于2020年疫情的影响，全球主要经济体包括美国、英国、欧元区的PMI指数都为负。英国在第二季度甚至降到了-21.46的水平。

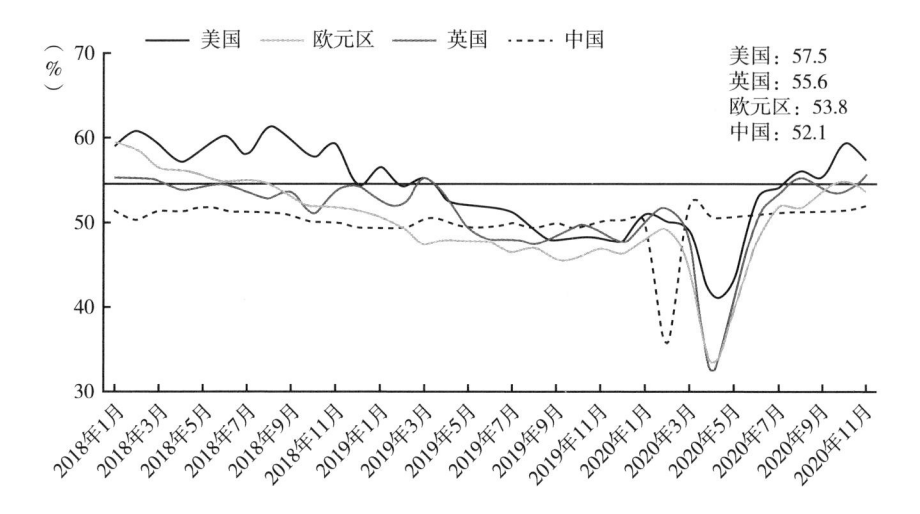

**图 1　主要经济体制造业 PMI 走势**

## （二）我国经济复苏加快

我国经济延续加快恢复态势，2020 年 GDP 增速为 2.3%，其中第四季度增长 6.5%（见表1）。中国得益于有效的防疫机制，经济增速在第二季度率先回正。中国是 2020 年唯一实现正增长的经济体，未来对全球资金的吸引力将持续增强。经济预期持续好转带动居民收入预期向好。房地产、基建在疫情后成为经济恢复的重要抓手。货币金融环境方面，疫情后货币环境宽松，M2 增速上涨至双位数，年中政策环境趋于中性。

**表 1　主要经济体 GDP 增速走势**

| 国家/区域 | 2019（全年） | 2020Q1（当季） | 2020Q2（当季） | 2020Q3（当季） | 2020（全年） |
|---|---|---|---|---|---|
| 中　国 | 6.11 | -6.8 | 3.2 | 4.9 | 2.3 |
| 美　国 | 2.2 | 0.32 | -9.03 | -2.91 | -4.3 |
| 英　国 | 1.3 | -2.08 | -21.46 | -9.58 | -9.8 |
| 欧元区 | 1.3 | -0.3 | -14.9 | -4.3 | -8.3 |

注：英美欧全年数据为 IMF 预测值。

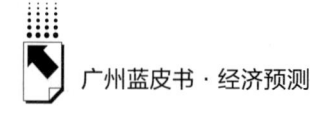

伴随宏观杠杆率快速攀升，当前政策站位发生明显转变，"既不让市场缺钱，又不让钱溢出来"，预计2021年货币政策将更关注风险防范。

### （三）广州经济持续恢复

广州经济持续恢复，投资、出口持续回暖。从GDP增速水平来看，广州的GDP在2020年第一季度受到重创，在第二、第三季度快速恢复，在第三季度GDP增速已经超过了北京、上海等城市（见图2）。固定资产累计同比、社会消费品零售总额累计同比和出口累计同比增长都远远超过了全国平均水平。固定资产投资中，基建投资年底涨幅逐步收窄（1~8月同比增9.5%），房地产开发投资累计同比增长5.8%；工业投资乏力，对制造业（尤其是电子信息）的投资仍为负数；但对金融业的投资翻番。出口同比增长9.8%，对东盟国家同比增长23.4%。社零增长仍未转正，但网上零售增长强劲。工业生产稳步提升，规模以上工业产值及三大支柱产业产值同比持续增长。

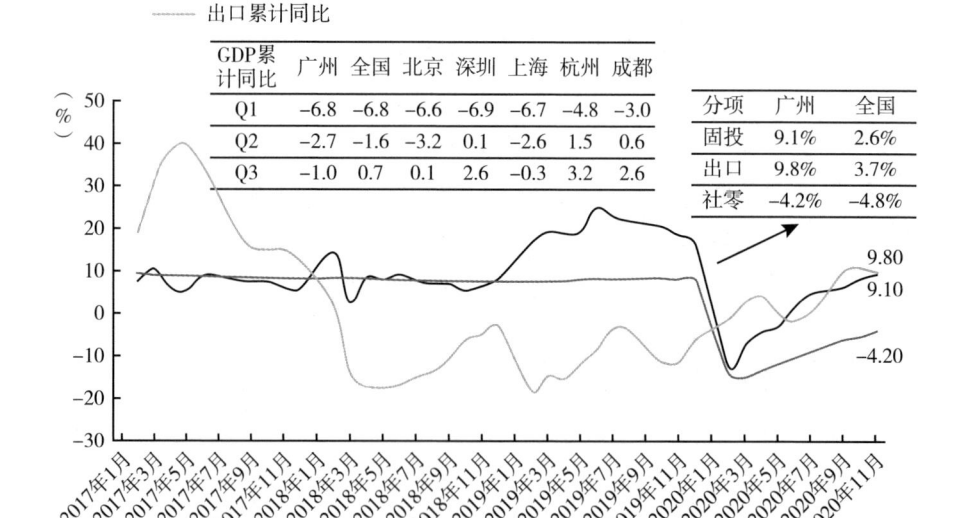

图2 广州累计GDP增速水平

## 二 广州市房地产市场的政策变化

### （一）疫情后政策以稳预期为主

2020年前三季度广州城市部分区房价涨幅明显，政策仍然以稳预期为主（见表2）。2020年4月17日中共中央政治局会议重提"房住不炒"，再次强调了房子是用来住的、不是用来炒的定位，要求促进房地产市场的平稳健康发展。可见政策基调开始转向中性偏紧，主要的调控方向为限购限贷政策收紧、限价限售条件升级、并且加大优先刚需房源比例等。2020年8月20日央行和住建部在北京召开的重点房地产企业座谈会上提出了房企融资的"三条红线"标准，融资环境进一步趋紧。三条红线包含房企剔除预收款后的资产负债率大于70%、房企净负债率大于100%和房企的现金短债比小于1。这标志着对房地产调控的进一步深入，对房企融资带来深远影响。12月政治局会议定调，促进房地产市场平稳健康发展，12月经济工作会议也再次强调解决好大城市住房突出问题。可见行业政策对于过热城市的政策越发收紧，并且进行定向调控。

表2 2020年房地产调控政策时间轴

| 时间 | 发布机构 | 主要内容 | 对房企融资环境影响 |
| --- | --- | --- | --- |
| 4月30日 | 证监会、发改委 | 《关于推进基础设施领域不动产投资信托基金（REITs）试点相关工作的通知》，以及国家战略性新兴产业集群、高科技产业园区、特色产业园区等开展试点。 | 放松 |
| 6月1日 | 中共中央、国务院 | 《海南自由贸易港建设总体方案》，指出要加快金融改革创新，支持住房租赁金融业务创新和规范发展。 | 放松 |
| 6月5日 | 央行 | 积极探索推动住房租赁企业开展房地产投资信托基金（REITs）试点。 | 放松 |
| 8月20日 | 住建部、央行 | 人民银行、住房城乡建设部形成了重点房地产企业资金监测和融资管理规则，即三条红线标准。 | 收紧 |

续表

| 时间 | 发布机构 | 主要内容 | 对房企融资环境影响 |
|---|---|---|---|
| 9月16日 | 住建部、央行 | 监管部门下发的三张监测表,涵盖融资"三条红线"指标以及参股未并表住宅地产项目、明股实债融资等数据。 | 收紧 |
| 10月14日 | 央行 | 央行将会同住建部以及其他相关部门,跟踪评估房企融资管理新规的执行效果,不断完善规则,稳步扩大适用范围。 | 收紧 |
| 11月26日 | 央行 | 《2020年第三季度中国货币政策执行报告》,坚持稳地价、稳房价、稳预期,保持房地产金融政策的连续性、一致性、稳定性,实施好房地产金融审慎管理制度。 | 收紧 |
| 11月30日 | 银保监会 | 银保监会文章《完善现代金融监管体系》中指出房地产是现阶段我国金融风险方面最大的"灰犀牛"。 | 收紧 |

### (二)进一步放松人才限购政策

广州近郊、远郊多区微调人才购房政策,其中南沙多次降低人才购房门槛(见表3)。对于南沙区,中级职称、本科以上学历即可购房。甚至是部分行业大专学历人才,比如符合11类申报单位类别,大专以上学历+3个月社保即可购房。此外中心荔湾区亦发布人才政策,但总体门槛依然较高。12月16日广州市人力资源和社会保障局发布关于公开征求再对落户政策征求意见,除中心四区外,28岁以下大专以上学历,连续缴纳12个月社保可落户。12月25日广州市人力资源和社会保障局发布了《广州市人力资源和社会保障局关于放宽"双一流"高校大学本科学历人才入户社保年限的通知》,明确了"双一流"高校大学本科学历人才参保即可入户。

表3 广州各分区入户政策要点

| 分区 | 政策 | 核心 |
|---|---|---|
| 全市落户政策 | 各区符合条件满半年社保的人才绿卡持有人,非广州市本地居民可享受与本地户籍居民相同购房待遇<br>港澳台同胞、外国人等可购买1套房<br>2020.12 差别化入户征求意见:<br>除中心四区外,28岁以下大专以上学历,连续缴纳12个月社保可落户<br>"双一流"高校全日制本科及以上学历人才,参加社保即可落户广州 | 双一流本科直接落户、外围7区大专+12个月社保可落户 |

续表

| 分区 | 政策 | 核心 |
|---|---|---|
| 荔湾区 | 2020.8 在荔湾工作、创业超6个月，具有研究生学历并有博士学位、具有双一流大学硕士学位或全球前500境外一流大学全日制硕士学位人才，可在区内购房 | 双一流硕士以上+6个月社保 |
| 黄埔区 | 1. 经区认定的黄埔区连续工作半年以上的本科以上学历各种人才，可在区内购买1套商品房<br>2. 在区内工作且持有广州人才绿卡或经区认定的杰出人才，直系亲属均可在区内购买1套房<br>3. 港澳居民在区内购房享受与广州户籍居民待遇 | 本科以上+半年工作、人才绿卡 |
| 南沙区 | 1. 拥有人才绿卡即可享受广州户口一样购房资格<br>2. 拥有中级职称+区内工作也可在区内购买1套房<br>3. 本科以上学历，在区内工作能买1套房<br>4. 广州户口，并为本科以上学历，南沙工作且在南沙无房的可在南沙购买1套<br>5. 符合11类申报单位类别，大专以上学历+3个月社保，可申请落户 | 人才绿卡、中级职称、本科以上学历，符合资格的大专以上学历人才 |
| 花都区 | 人才绿卡持有者享本市户籍居民购房待遇；211/全球前500国外本科、大专且在花都企业担任中高层管理和技术骨干；区人才绿卡持有人直系亲属，区内无房的，可在区内购买1套<br>在上半年绿卡办理放松半年社保要求，8月重提办理花都人才绿卡须在区内购买半年社保 | 211本科/大专以上企业中高层管理+半年社保 |
| 白云区 | 2020.3 北部四镇范围内大专以上人才+1年社保购房享受广州市户籍同等待遇<br>2020.8 只要在区内工作、创业超6个月，具有白云人才卡或双一流全日制研究生以上学历等，可在白云购房 | 北部四镇大专以上+1年社保，全区双一流研究生+6个月社保 |
| 番禺区 | 1. 大学城高校全日制在读或应届毕业生<br>2. 双一流大学全日制本科毕业且在区内工作创业<br>3. 大专学历，且在区内缴足1年社保并在区内"四上"企业担任中高级管理职务 | 大学城在读/应届生、双一流本科以上、大专学历以上大型企业中高管 |

# 三 广州市房地产市场的现状

## （一）土地市场热度大增

2020年全市宅地供求创历史新高，供应1988万 $m^2$，同比增加48%（见图3）。成交85宗1536万 $m^2$，同比增加43%，金额2045亿元，同比增加50%，供地完成率为近5年最高。因为中心城区出让地块增多，结构性拉高溢价率上升1.7个百分点。2020年疫情后，在全市增加基础设施建设的背景下，财政压力巨大，因此整体供地节奏前置。除南沙外，各区土地成交量均同比增长，远郊四区成交量占比下降。中心四区土地市场较热，地块多以溢价10%以上成交；下半年来，南沙地市热度攀升，8月之后土地基本溢价成交，地价屡创新高，突破2万元/m²，南沙湾、横沥岛尖多宗地块触顶摇号成交。而花都、从化、增城土地以底价成交为主。只有部分区位佳、配套全的地块获开发商争抢，以溢价成交。增城创历史纪录流拍21宗地，集中在配套差的石滩、挂绿新城等区域。

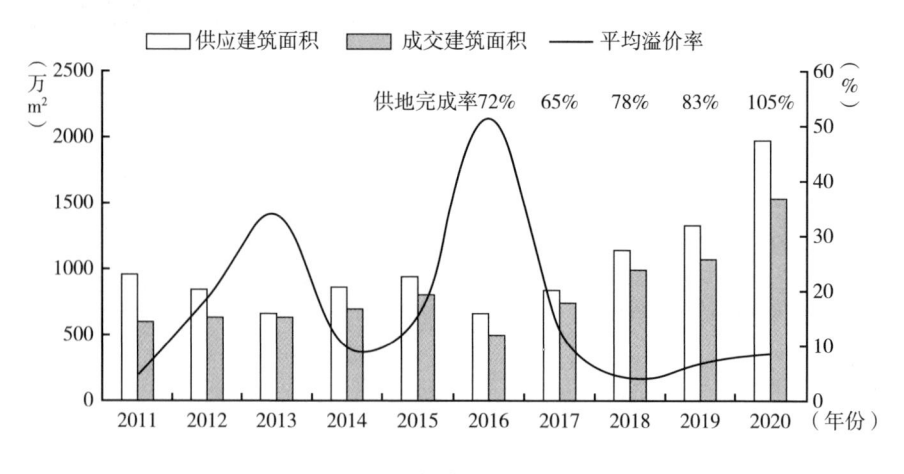

图3 2016~2020年广州住宅用地供求情况

## （二）二级房地产市场升温明显

二级房地产市场在一、二季度受疫情影响成交乏力，但下半年市场回暖明显，增速在全国重点城市中排名中等水平。在新建商品房供应上，2020年新建商品住宅供应1231万 m²，同比增长46%，创历史新高。2019年土地成交达历史高位，因而2020年5月以来广州商品房供应明显持续放量，第四季度的供应同比增加102%，整体供应充足。在新建商品住宅需求上，成交量仅次于2016年，为历史第二高位。新建商品房成交1091万 m²，同比增加27%，稍高于2015年，仅次于2016年最高位1403万 $m^2$。全年新建商品房成交同比增15%（剔除安置房干扰），其中商品住宅同比增长27%，商业业态同比下滑31%。在三级存量住宅市场数量上，成交宗数13万套，同比增加22%，成交1236万 $m^2$，同比增加21%。全年整体供过于求，商品住宅库存量有所提升，截至12月底库存规模1115万 $m^2$，较2019年12月增加145万 $m^2$，与2014年中相当，库存仍处相对高位；去化周期先升后降，下半年市场去化速度明显加快，去化周期加速下行至12.3个月，低于2019年底的1.3个月。

### （三）存量住宅均价上涨

根据对广州市129个住宅板块共计约4100个存量住宅小区的监测，12月存量住宅均价为32656元/$m^2$，环比上升0.32%，同比上涨1.52%（见图4）。

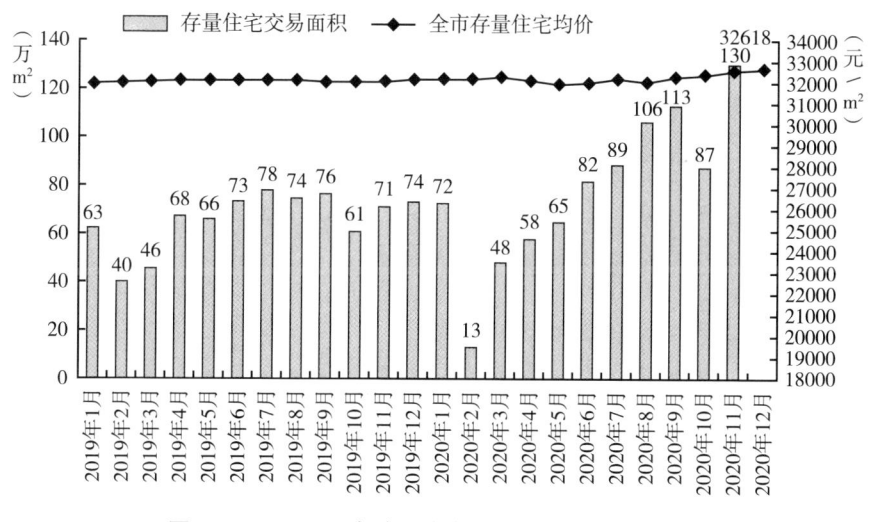

图4 2019~2020年广州市存量住宅成交面积及均价

其中，中心六区均价最高的是越秀区，监测均价为48551元/$m^2$，环比上升0.91%；其次是天河区，监测均价为48506元/$m^2$，环比上升1.72%；海珠区监测均价为39428元/$m^2$，环比上升1.29%。外围五区均价最高的是番禺区，监测均价为23523元/m²，环比上升0.39%；其次是花都区，监测均价为19738元/m²，较上月下降0.24%；外围五区中价格最低的是从化区，监测均价为15445元/m²，较上月下降1.63%。

## 四 广州市房地产市场存在的问题

### （一）供需矛盾依旧存在

在土地供应方面，广州2020年土地面积总供应量与2019年相比稍有增长，但增长幅度不大，主要因为工业物流用地的供应面积大幅减少。居住与商服用途土地无论是供应面积还是供应宗数环比2019年均有大幅增加，特别是商服用地，宗数接近2019年的一倍，面积比2019年增长了50%。但是与一线城市大量流入人口的刚性需求相比，土地供应的增长比例仍然不够。而且从区域上来看，土地供应增长主要在广州市郊区，比如花都区和从化区的土地面积供应量较2019年分别翻了3倍和2倍。增城区在2020年也一举拿下25宗商住、商业用地，以418.4亿元总成交额夺下全市首席。但是2020年大量境外回流人才、本地人口的买房意愿主要还是集中于寸土寸金的老城区，供需上依旧存在着较大的矛盾。

### （二）房地产市场出现内部分化

由于广州市内部不同区域的经济发展水平、规划实施力度、供求关系以及政策的差异，区域分化越发突出。分区库存去化周期方面，各区区域分化依旧很严重。2020年广州市各区显性库存去化周期仅中心区和花都有降，白云去化周期最长，花都第二（见表4）；隐性去化周期方面，白云、从化、花都居前三；此外，增城、南沙库存量较大，但走量较快，去化周期居中位。2020年天河、越秀、荔湾、海珠中心四区供不应求，商品住宅供应98.9万m²；成交123万m²，同比下降13%。二手市场火热，成交406万

m² （存量时代，二手占全市成交比重为77%），同比增长58%，"卖一买一"链条活跃。天河和海珠二手成交超百万 m²，同比分别增加61%和54%，越秀和荔湾二手成交同比涨幅分别为62%和56%，天河和海珠价格上涨明显。而外围五区的供应增加，价格下降，去化周期长。白云北部大体量项目及南部旧改项目陆续入市拉动，2020年供应109万 m²，创历史新高，成交50万 m²，同比增长28%，供求比达2.2，为全市最大。市场以地缘性客户成交为主，整体去化速度较为缓慢，目前全区显性库存94万 m²，为历史新高，去化周期22.6个月，隐性库存去化周期达60.5个月，均达全市最大。分区显性库存、去化周期方面，仅中心区和花都有降，白云去化周期最长，其次为花都；隐性去化周期方面，白云、从化、花都居前三；此外，增城、南沙库存量较大，但走量较快，去化周期居中位。

**表4 各区供求、库存情况**

| 分区 | 2020年供应建面 | 2020年成交建面 | 2020年底库存量及变化 | 量性库存去化周期 | 2020年底隐性库存量及变化 | 隐性库存去化周期 |
|---|---|---|---|---|---|---|
| 中心四区 | 99 | 123 | 157↓ | 15.2 | 295↑ | 23.3 |
| 白 云 | 109 | 50 | 94↑ | 22.6 | 253↑ | 60.5 |
| 黄 埔 | 207 | 180 | 112↑ | 7.5 | 215↑ | 14.4 |
| 番 禺 | 130 | 100 | 119↑ | 14.4 | 263↑ | 31.7 |
| 南 沙 | 231 | 199 | 166↑ | 10.0 | 471↑ | 28.3 |
| 增 城 | 286 | 268 | 225↑ | 10.1 | 665↑ | 29.9 |
| 从 化 | 52 | 52 | 63= | 14.7 | 159↑ | 36.9 |
| 花 都 | 117 | 120 | 178↓ | 17.8 | 331↑ | 33.1 |

备注：库存后符号代表相比较2019年底水平的变化；隐性库存量 = 显性库存 + 近12个月土地成交建面。

### （三）对住房需求"堵有余，疏不足"

目前对于住房的投机需求堵有余而疏不足。从我国房地产需求看，除了刚性的居住需求，在目前我国投资渠道狭窄、实际利率为负的情况下，房地产投资也可以看作"刚性需求"。广州近几年房价过快上涨，最根本的原因

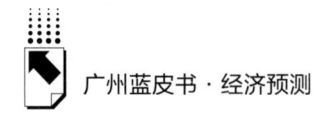

还是供求矛盾突出,供需缺口持续加大。其次是投资渠道有限。特别是2020年疫情时期,工业生产被限制,投资渠道非常有限,在这样的背景下,市民的投资都转向了房地产市场。因此,从长期来看,房地产市场的刚性需求将有效支撑房屋价格,在市场供应不能继续增加、未来投资渠道有限的情况下,市场难有根本性转变,房价上涨压力仍然会比较大。

**参考文献**

1. 巴曙松、杨现领:《从城镇化大趋势看房地产市场的未来发展》,《东岳论丛》2020年第2期,第6~17+192页。
2. 巴曙松:《中国房地产市场正加速转型》,《支点》2020年第6期。
3. 马树才、华夏、韩云虹:《地方政府债务影响金融风险的传导机制——基于房地产市场和商业银行视角的研究》,《金融论坛》2020年第4期,第72~82页。
4. 易宪容、郑丽雅、Lkhagva Dolgorsuren:《"房住不炒"楼市定位的理论意义和政策选择》,《江西社会科学》2019年第5期,第52~62+257页。
5. 盛松成、宋红卫、汪恒:《新冠疫情对房地产市场的冲击与对策建议》,《中国房地产》2020年第8期,第12~14页。
6. 李伦一、张翔:《中国房地产市场价格泡沫与空间传染效应》,《金融研究》2019年第12期,第173~190页。

# B.16
# 2020年广州房地产市场运行情况调研报告

广州市统计局投资处课题组*

**摘　要：** 2020年初，受新冠肺炎疫情影响，广州市房地产项目施工和销售渠道严重受阻，房地产开发投资和商品房销售面积双双呈现快速回落态势。自新冠肺炎疫情得到有效控制后，广州市积极推出各项暖企惠民政策推动复工复产。在施工和销售渠道完全恢复通畅后，广州市房地产市场平稳复苏。主要表现在：开发投资稳步增长，施工规模不断扩大，商品房销售市场持续回暖，房地产开发企业到位资金充裕。

**关键词：** 房地产开发　疫情影响　平稳复苏　广州

## 一　2020年房地产开发市场运行情况

### （一）施工渠道恢复通畅，房地产开发投资稳步增长

2020年，全市房地产开发市场恢复常态化经营之后，房地产开发投资规模和增速稳步向好，全年共完成房地产开发投资3293.95亿元，同比增长6.2%，增速较上年回落8.6个百分点，增速略低于全国（7.0%）0.8个百

---

\* 课题组成员：郑振威，广州市统计局投资处处长，一级调研员；倪静，广州市统计局统计执法监督处副处长；王方东，广州市统计局投资处副科长。执笔人：王方东。

分点。从月度变动情况看，年初受新冠肺炎疫情影响，全市房地产开发投资增速下降明显，直至1~5月同比降幅至年度最低点（-11.3%），在新冠肺炎疫情得到有效控制后，广州市大力推动复工复产，房地产项目施工渠道恢复通畅，房地产开发投资增速稳步向上，1~10月同比增速由负转正至2.8%，1~12月至年度最高点（6.2%）。

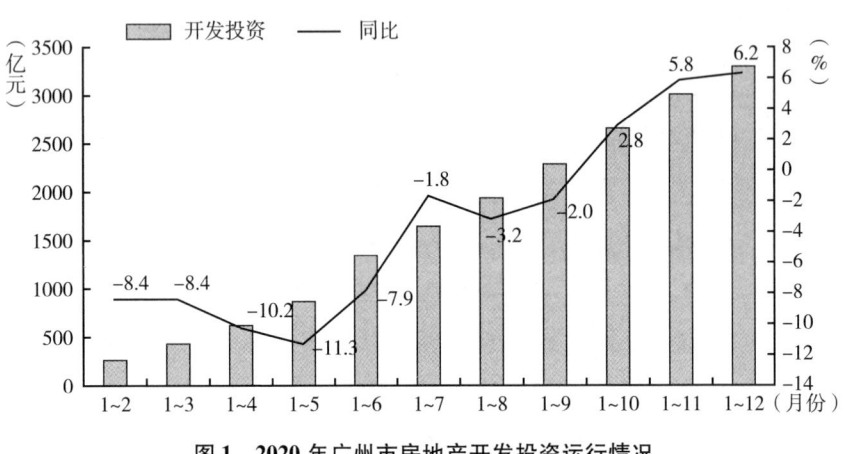

**图1 2020年广州市房地产开发投资运行情况**

### （二）大项目持续落地动工，带动开发投资持续向好

2020年，随着御溪谷三期、万科金域曦府、2019NJY-15地块项目、广船一期地块等计划总投资超百亿元项目持续开工入统，带动全市房地产开发投资稳步增长。2020年全市新开工房地产开发项目150个，其中计划总投资超30亿元以上大型项目54个，比上年增加17个。全年新开工项目计划总投资合计3613.22亿元，同比大幅增长57.4%，其中，计划总投资超30亿元项目完成投资1124.53亿元，同比大幅增长28.4%，高于全市房地产开发投资增速22.2个百分点，拉动全市房地产开发投资增长8.0个百分点，对全市房地产开发投资增长拉动作用明显。

### （三）建安工程投资快速增长，土地购置费平稳波动

在大项目持续落地开工带动之下，全市建安工程投资保持较快增长。

2020年，全市房地产开发投资中建筑安装工程合计完成投资1184.01亿元，同比增长9.1%，增速较上年提高12.4个百分点。建安工程投资占房地产开发投资比重为35.9%，比上年增加0.9个百分点，拉动全市房地产开发投资增长3.1个百分点，是房地产开发投资保持增长的主要拉动力量。从具体项目看，建安工程超10亿元的项目有花都万达四号地块、品秀星瀚和敏捷绿湖国际城等11个项目，比上年增加7个。房地产开发投资中土地购置费1820.98亿元，占全市房地产开发投资比重超五成，同比增长2.2%，拉动房地产开发投资增长1.3个百分点。

表1　2020年广州市房地产开发投资构成情况

|  | 完成投资（亿元） | 同比增速（%） | 较上年同期增速（±百分点） |
|---|---|---|---|
| 合计 | 3293.95 | 6.2 | -8.6 |
| 1. 建筑安装工程 | 1184.01 | 9.1 | 12.4 |
| 2. 设备购置 | 14.32 | 8.3 | -12.0 |
| 3. 其他费用 | 2095.62 | 4.6 | -23.1 |
| #土地购置费 | 1820.98 | 2.2 | -31.1 |

## （四）住宅投资占据开发市场主体，商业和办公楼投资一升一降

从投资用途看，2020年，全市住宅完成投资2155.21亿元，同比增长3.3%，增速较上年回落17.1个百分点。住宅投资占房地产开发投资比重为65.4%，占据房地产开发市场主体地位。住宅投资拉动全市开发投资增长2.2个百分点，是全市开发投资保持正增长的重要原因。从住宅户型结构看，在二胎政策放宽和限购政策的双重影响下，大户型住宅逐渐受到市场青睐，144平方米以上住宅合计完成投资248.19亿元，同比大幅增长37.7%，增速较上年提高64.5个百分点。办公楼和商业营业用房投资表现则一升一降，2020年，全市办公楼完成投资405.88亿元，同比增长23.8%，增速较上年提高9.8个百分点；商业营业用房完成投资235.42亿元，同比下降20.9%，增速较上年回落32.0个百分点。随着房地产项目公建配套设施建

设速度加快，其他房屋完成投资497.44亿元，同比大幅增长27.6%，增速较上年提高33.2个百分点。

表2 2020年广州市房地产开发投资各用途情况

| | 完成投资<br>（亿元） | 同比增速<br>（%） | 较上年同期增速<br>（±百分点） |
| --- | --- | --- | --- |
| 合计 | 3293.95 | 6.2 | -8.6 |
| 1. 住宅 | 2155.21 | 3.3 | -17.1 |
| （1）90平方米及以下 | 604.38 | 3.4 | -10.1 |
| （2）90~144平方米 | 1302.64 | -1.5 | -37.5 |
| （3）144平方米以上 | 248.19 | 37.7 | 64.5 |
| 2. 办公楼 | 405.88 | 23.8 | 9.8 |
| 3. 商业营业用房 | 235.42 | -20.9 | -32.0 |
| 4. 其他 | 497.44 | 27.6 | 33.2 |

## （五）房屋新开工面积快速增长，施工面积保持平稳

2020年，受御溪谷三期、恒大紫荆府、知识城广场、广百海港城等超大型房地产项目陆续开工因素影响，全市房屋新开工面积保持快速增长，全年房屋新开工面积2620.61万平方米，同比增长18.0%，增速较上年回落7.1个百分点。分类型看，占比53.6%的住宅新开工面积1405.67万平方米，同比下降0.1%；占比16.3%的办公楼新开工面积430.52万平方米，同比大幅增长94.7%；占比7.1%的商业营业用房新开工面积185.85万平方米，同比增长33.8%；占比22.8%的其他房屋新开工面积598.58万平方米，同比增长32.0%。

从施工面积看，2020年全市房屋施工面积11878.29万平方米，同比下降0.9%，增速较上年回落9.9个百分点。分类型看，占比58.3%的住宅施工面积6924.32万平方米，同比下降3.3%；占比11.6%的办公楼施工面积1374.19万平方米，同比增长1.7%；占比9.7%的商业营业用房施工面积1147.76万平方米，同比下降10.0%；占比20.5%的其他房屋施工面积2432.02万平方米，同比增长10.6%。

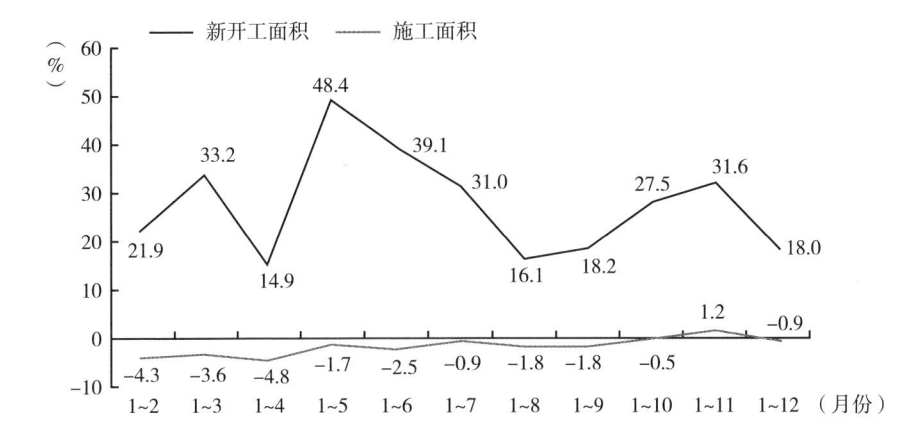

图 2 2020年广州市房屋新开工、施工面积同比走势

## 二 房地产开发企业到位资金回正

2020年，全市房地产开发企业到位资金合计5337.13亿元，同比增长6.7%，增速高于房地产开发投资增速0.5个百分点。到位资金与房地产开发投资比为1.62:1，与上年基本持平。从全年走势情况看，房地产开发企业到位资金同比增速基本都低于开发投资增速，直至12月才实现反超。

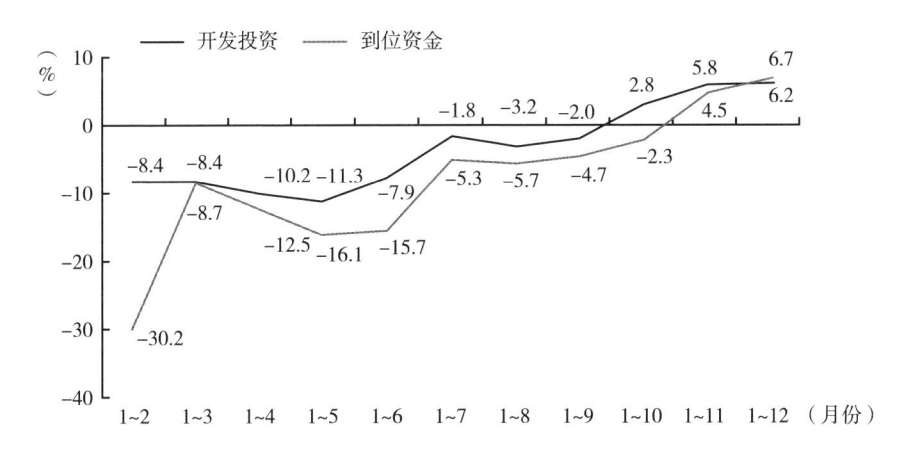

图 3 2020年广州市房地产开发投资、企业到位资金同比走势

从到位资金来源看，2020年，全市房地产开发企业到位资金主要构成为销售回笼资金、企业自筹资金和国内贷款三大部分。受销售市场加速回暖因素影响，房地产开发企业销售资金回笼速度加快，主要靠销售回笼的定金及预付款和个人按揭贷款合计到位资金2302.77亿元，同比增长9.6%，增速较上年回落11.8个百分点，占所有到位资金比重为43.1%。国内贷款到位资金1052.25亿元，同比增长3.4%，增速较上年回落22.9个百分点。自筹资金到位1904.07亿元，同比增长14.1%，增速较上年回落14.7个百分点。

从到位资金来源看，2020年，全市房地产开发企业到位资金主要构成为销售回笼资金、企业自筹资金和国内贷款三大部分。受销售市场加速回暖因素影响，房地产开发企业销售资金回笼速度加快，主要靠销售回笼的定金及预付款和个人按揭贷款合计到位资金2302.77亿元，同比增长9.6%，增速较上年回落11.8个百分点，占所有到位资金比重为43.1%。国内贷款到位资金1052.25亿元，同比增长3.4%，增速较上年回落22.9个百分点。自筹资金到位1904.07亿元，同比增长14.1%，增速较上年回落14.7个百分点。

## 三 商品房销售市场加速回暖

2020年初受新冠肺炎疫情影响，房地产营销中心普遍未开放，全市商品房销售面积同比快速下降。自疫情得到有效控制后，广州市科学谋划，积极推出各项暖企惠民政策推动复工复产。销售渠道恢复通畅后，开发商积极推出各项"以价换量"的优惠购房政策促进市场成交，受此影响，各楼盘销售中心人流明显增多，年初积压的购房需求得到有效释放，商品房销售市场进一步回暖。2020年全市商品房销售面积1539.40万平方米，同比增长5.1%，增速较1~9月，1~6月和1~3月分别提高12.3个、29.9个和36.7个百分点，比上年提高10.6个百分点。

分类型看，占比超79.5%的住宅销售面积稳步增长是商品房销售市场回暖的最主要原因。2020年，全市住宅销售面积1223.21万平方米，同比

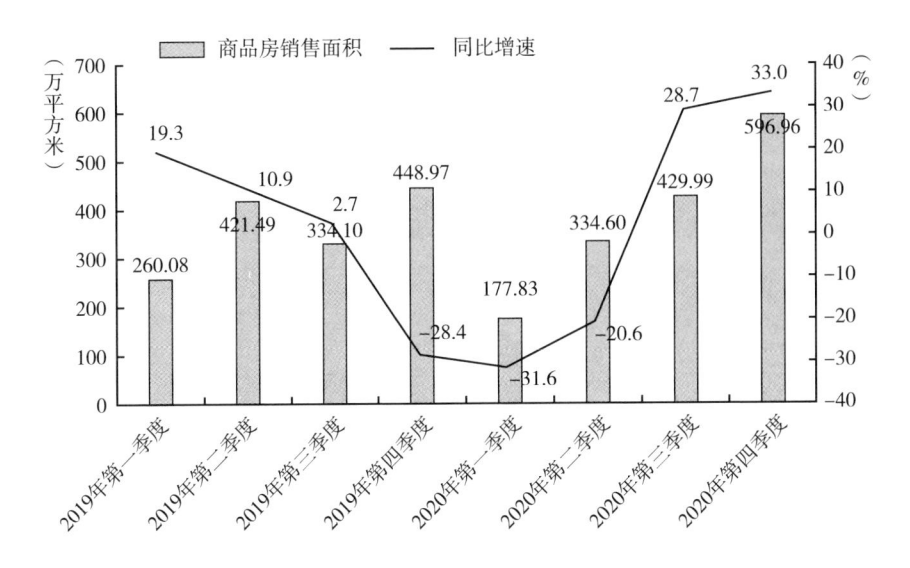

2020年广州房地产市场运行情况调研报告

**图4　2020年广州市各季度商品房销售面积情况**

增长10.5%，增速较1~9月，1~6月和1~3月分别提高16.8个、38.6个和42.8个百分点，较上年提高13.3个百分点，拉动销售面积增长8.0个百分点。占比7.8%的办公楼销售面积119.73万平方米，同比下降22.2%，降幅较上年扩大3.5个百分点；占比7.1%的商业营业用房销售面积110.04万平方米，同比增长3.2%，增速较上年回落1.3个百分点；占比5.6%的其他房屋销售面积86.42万平方米，同比下降11.5%，降幅较上年收窄7.7个百分点。

**表3　2020年广州市商品房销售面积分类型情况**

| | 销售面积（万平方米） | 同比增速（%） | 较上年同期增速（±百分点） |
| --- | --- | --- | --- |
| 合计 | 1539.40 | 5.1 | 10.6 |
| 1. 住宅 | 1223.21 | 10.5 | 13.3 |
| 2. 办公楼 | 119.73 | -22.2 | -3.5 |
| 3. 商业营业用房 | 110.04 | 3.2 | -1.3 |
| 4. 其他 | 86.42 | -11.5 | 7.7 |

## 四 房地产市场运行需要关注的问题

### （一）热点区域地价出让创新高，警惕房价过快增长

2020年是广州市土地出让市场不平凡的一年，3月位于广州市越秀南的AD013907地块被广州市城市建设投资集团有限公司以总价23.57亿元摘得，折合楼面价高达6.45万元/平方米，刷新了广州土地单价纪录。10月位于天河区奥体公园北侧地块被合景泰富拿下，折合楼面地价达5.1万元/平方米，刷新了天河区土地单价纪录。随着土地出让价格水涨船高，部分热点区域的楼面地价已经超过了周边二手房的价格，出现面粉贵过面包的情况，商品房交易市场迎来了新一轮抢购热潮，2020年第四季度广州市商品房销售面积596.96万平方米，同比大幅增长33.0%。在土地市场和商品房销售市场持续升温背景之下，部分热点区域一、二手楼盘价格出现不同幅度上涨，效应辐射到大部分区域商品房交易市场，房价存在过快增长风险。

### （二）企业筹资预期风险增大、应付款快速增长，资金承压

2020年，全市房地产开发企业到位资金虽然同比保持正增长，但是主要依赖于商品房销售回笼资金。据统计，2020年全市商品房销售回笼资金的定金及预收款和个人按揭贷款占到位资金的比重为43.1%，拉动全市房地产开发企业到位资金增长4.1个百分点，是房地产开发企业到位资金回正的最主要原因，而商品房销售市场存在较大不确定性因素，一旦市场遇冷企业到位资金将面临较大风险。从企业的各项应付款数据看，2020年末，广州市房地产开发企业各项应付款合计900.03亿元，同比增长2.3%，其中应付工程款331.00亿元，同比大幅增长20.9%。企业融资过度依赖销售回笼资金，而各项应付账款数据快速增长，企业资金面承压，市场风险加大。

## （三）商品房供需市场结构性、区域性矛盾依旧突出

广州市住房和城乡建设局数据显示，截至 2020 年末，全市新建商品房可售面积为 1663.91 万平方米，按照 2020 年网签销售面积 1511.29 万平方米的库存去化速度，库存去化周期为 13.2 个月，比上年末延长 1.2 个月。分类型看，商品住宅库存去化速度明显加快，商业地产和车位类项目库存去化周期有所延长。2020 年末，全市商品住宅可售面积为 944.01 万平方米，库存去化周期（9.5 个月）已低于 10 个月，需引起关注。商业营业用房、办公楼和车位可售面积分别为 172.70 万、217.51 万和 329.70 万平方米，存库去化周期分别为 26.6 个、18.2 个和 58.0 个月，都已偏离 15 个月的警戒线。

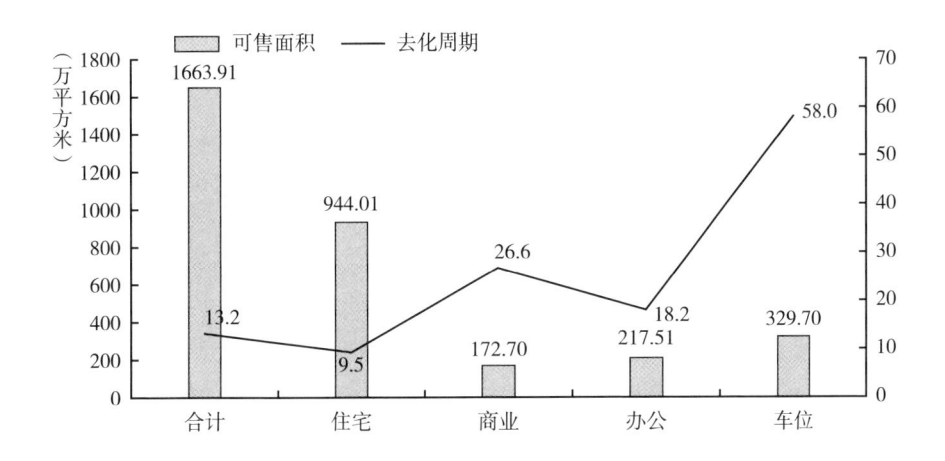

图 5　2020 年末广州市商品房可售面积及库存去化情况

分区域看，中心城区库存去化压力明显低于外围区域，新建商品房可售面积超过 100 万平方米的区有南沙区（357.99 万平方米）、番禺区（310.19 万平方米）、增城区（295.31 万平方米）、花都区（159.09 万平方米）和黄埔区（153.11 万平方米），主要集中于外围区域。从各区商品房库存去化情况看，库存去化周期超过 15 个月的区有番禺区（22.0 个月）、白云区（19.8 个月）、从化区（18.9 个月）、海珠区（17.9 个月）和南沙区（16.2 个月）。

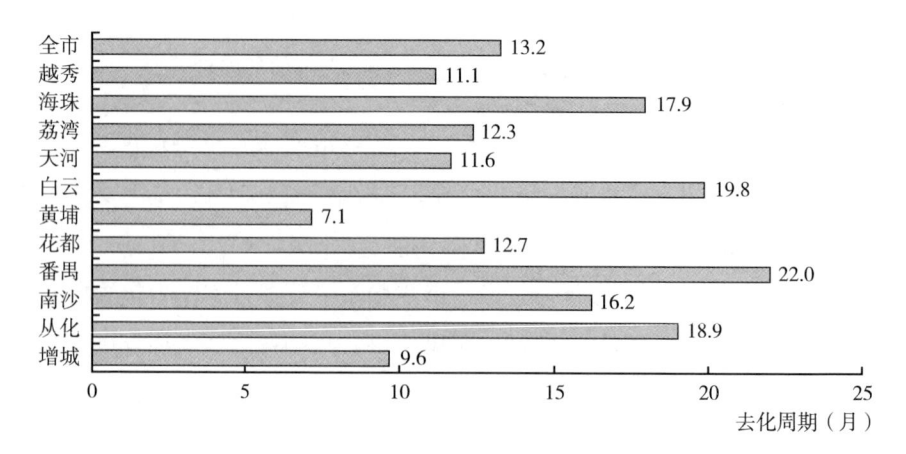

```
全市    13.2
越秀    11.1
海珠    17.9
荔湾    12.3
天河    11.6
白云    19.8
黄埔     7.1
花都    12.7
番禺    22.0
南沙    16.2
从化    18.9
增城     9.6
```

图6　2020年末广州市各区商品房库存去化情况

## 五　对策建议

### （一）强化市场监管，合理引导市场预期，保障房地产市场平稳运行

房地产开发业一直是关乎广大群众"住有所居"的国计民生产业，党的十八大以来，党和政府始终把"住有所居和提高人居环境"作为一项重要改革任务。为保障房地产市场健康平稳运行，应继续加强房地产市场监管，坚持以"稳地价、稳房价、稳预期"为目标，坚定不移地落实房地产调控长效机制。对于发布假房源、哄抬房价、无证销售等扰乱市场平稳运行的行为进行严厉打击。严格落实商品房明码标价、一房一价制度，禁止捆绑销售、双合同及附加条件等违规行为。对网络上各种扰乱市场秩序的不实信息加大惩戒力度，合理引导房地产市场预期，预防市场大起大落，保障房地产市场平稳健康运行。

### （二）优化营商环境，加快项目审批、施工进度，拓宽企业融资渠道，防范市场风险

2020年初，受新冠肺炎疫情影响，全市房地产项目工地基本未复工，

房地产开发企业资金面承压。在此背景下，广州市积极推出各项政策优化营商环境，帮助企业复工复产，以简化审批程序为抓手，有效地推进了项目落地动工的步伐。如花都区、番禺区和增城区等都推出关于简化房地产项目审批流程的政策，通过提前审批、简化流程等手段，有效提高了工程项目审批效率，加快了项目落地开工的步伐，防范了市场风险。为进一步降低企业资金压力，建议一是在符合金融监管部门的政策要求下，鼓励企业利用多种渠道融资，摆脱单一化依靠银行贷款的融资方式，构建多元化融资体系；二是要继续加强房地产企业资金账户监管力度，提高房地产企业自有资金的比重；三是要引导商业银行房地产贷款合理增长，完善房地产金融审慎管理制度。

### （三）以市场为导向，张弛有度调节供需两端，保障市场均衡发展

针对商品房供需市场结构性、区域性矛盾依旧突出问题，应继续坚持以市场需求为导向，合理控制各区域土地出让节奏。商品房市场供应端和需求端配合张弛有度，对于库存去化周期较长、压力较大的区域，应适时给予政策倾斜，通过完善交通、教育、商超等配套设施建设吸纳更多购房需求。对于库存去化周期较短的中心城区，受土地供应限制，应注重加快城市更新建设，为商品房市场供应端提供有效供给，为展现"老城市新活力"，美化城市容貌、提升城市品质、激发城市活力注入新动能。

# B.17
# 广州市公共租赁住房政策绩效评价研究[*]

广州大学广州发展研究院课题组[**]

**摘　要：** 本文通过构建4E公租房政策绩效评价模型，分析和评价广州市公租房政策实施现状，从政策实施、资源配置、社会经济效益、满意度等多个维度，识别成绩，找出问题，并对新"夹心层群体"进行测算。结论：广州最终绩效得分为83.4分，"良好"等级。并提出整合社会资源、加快立法步伐、促进职住平衡、完善政策细节等对策建议。

**关键词：** 4E绩效评价模型　夹心层群体　公租房政策　广州

城市"夹心层群体"是谁？他们在哪里？数量有多少？"房住不炒"是否实现？公租房政策实施效果如何评价？针对现阶段"夹心层群体"具体界定模糊、缺乏定量的公租房政策绩效评价体系等问题，课题组围绕"十四五"规划中提出"房住不炒"的定位及"住有所居"的目标，将广州公租房政策作为研究对象，以大型城市的"夹心层群体"住房权为切入点，构建公租房政策指标体系开展绩效评价研究。

---

[*] 本研究报告系国家社科基金青年课题（19CGL008）资助项目，系广东省高校人文社科重点研究基地、广东省高校特色新型智库广州发展研究院、广东省社会科学研究基地"国家文化安全研究中心"、第十六届"挑战杯"广东大学生课外学术科技作品的研究成果。

[**] 课题组成员：谭苑芳，广州大学广州发展研究院副院长，教授，博士；周雨，广州大学广州发展研究院政府绩效评价中心主任，讲师，博士。广州大学经济与统计学院学生团队：明泳娴、郭乐诗、林士涛、董雨琪。

# 一 政策实施回顾

## （一）政策实施背景

针对"夹心层"群体的住房保障问题，国家出台了多部住房保障政策和文件。如：2011年住建部等发布《关于加快发展公共租赁住房的指导意见》，明确了公租房的供应对象为城市中等偏下收入住房困难家庭；2016年国务院办公厅出台《关于加快培育和发展住房租赁市场的若干意见》，要求以建立购租并举的住房制度为主要方向，健全以市场配置为主、政府提供基本保障的住房租赁体系；财政部在2018年有关中央和地方的预算方案草案的报告中指出完善住房保障机制，加大对公共租赁住房及其配套基础设施建设的支持力度，将符合条件的新就业无房职工、外来务工人员纳入公共租赁住房保障范围。

2013年至今，广州市也出台了一系列关于广州市公租房的相关政策并且不断地进行完善和修改，对"夹心层群体"住房保障问题的关注度也与日俱增。

表1 广州市公租房相关政策

| 时间 | 内容 |
| --- | --- |
| 2013年1月 | 《广州市公共租赁住房保障制度实施办法（试行）》，廉租房与公租房合并管理，以租为主的住房保障制度建立。 |
| 2013年4月 | 《广州住房保障办公室关于暂停受理申购经济适用住房申请有关问题的通知》，暂停审理申购经济适用房申请，公租房主体地位确立。 |
| 2013年5月 | 《广州市公共租赁住房轮候实施细则》开始实施，设立了轮候册，明确了配租程序。 |
| 2015年11月 | 《来穗务工人员申请承租市本级公共租赁住房实施细则（试行）》，将部分来穗务工人员纳入公租房保障范围。 |
| 2016年7月 | 广州市政府办公厅印发《广州市公共租赁住房保障办法》，租房补贴发放期限以及租赁合同期限从3年延长到5年，针对户籍中等偏下家庭优化租金标准、梯度收缴租金等；规范退出机制。 |
| 2017年1月 | 《广州市新就业无房职工公共租赁住房保障办法》，进一步扩大保障范围。 |

续表

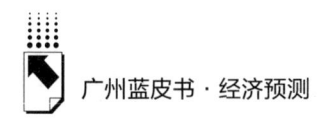

| 时间 | 内容 |
|---|---|
| 2017年7月 | 《广州市加快发展住房租赁市场工作方案》,在自持、改造租赁住房等方面给予了充分的政策支持。 |
| 2018年2月 | 《广州市新就业无房职工公共租赁住房保障办法》,为新就业无房职工在就业初始阶段提供过渡性、周转性住房支持。 |

### (二)广州市公租房政策实施现状

目前,广州市公租房推行覆盖面较广,黄埔、天河、白云、海珠、荔湾等主城区公租房房源点较多,分散公租房房源较多,市中心越秀区及远郊增城区公租房房源稀缺。公租房政策问题主要是供给问题、租金问题、保障对象设置问题、监督管理问题、配套问题等几大方面。

表2反映了广州市目前公租房项目建设完成的相关情况,供应总套数在2017年达到41775套,但之后不断下降,很大一部分原因是之前供应的公租房有较大的存量没有实现配租,而实现配租的人数也有所下降,许多申请人不满足公租房的申请条件而无法实现配租,广州市公租房的门槛存在着一定的问题。

表2 广州市2016~2020年公租房建设项目完成情况

单位:套

| 年份 | 供应总套数 | 总申请人数 | 实现配租人数 |
|---|---|---|---|
| 2016 | 17802 | 8991 | 8576 |
| 2017 | 41775 | 个人8802+单位未知 | 个人7610+单位未知 |
| 2018 | 17616 | 个人10721+单位未知 | 个人6511+单位未知 |
| 2019 | 7101 | 6810 | 3870 |
| 2020(截至4月3日) | 1512 | / | / |

表3为2016~2020年五年间广州市公租房建设项目的分配表,该表反映出广州市公租房在不同主体之间存在着分配不均的状况,用人单位总体租赁相较于其他主体而言项目分配较多,其次是本市户籍家庭的分配,而需求

最多的来穗务工人员建设项目分配则相对而言较少，因此广州市公租房的分配均衡问题值得探讨。

表3 广州市2016~2020年公租房建设项目分配表

| 年份 | 来穗务工人员 | 新就业无房职工（个人、家庭） | 用人单位总体租赁 | 本市户籍家庭 |
| --- | --- | --- | --- | --- |
| 2016 | 600 | / | / | 7976 |
| 2017 | / | 1471 | 28768 | 5900 |
| 2018 | 769 | 799 | 4720 | 4943 |
| 2019 | / | 2550 | / | 5154 |
| 2020 | 420 | 1512 | / | 2678 |

资料来源：广州市住房和城乡建设局网站。

## 二 评价指标体系介绍

### （一）评估说明

1. 评估范围

由于广州市"夹心层群体"以及公租房分布范围广且分布数量多，因此为了降低研究难度和相应缩小研究范围，我们根据广州市的相关历史数据选取广州市的夹心层群体以及公租房分布较为集中的区域（以越秀区为中心区向外围扩散选取白云区、黄埔区、荔湾区、海珠区、天河区六大区域）并且将该区域划分为三大圈层——中心圈层、近郊圈层以及远郊圈层进行研究，同时在每一圈层中选取具有代表性的公租房小区深入开展研究调查工作。

2. 评估具体模型及评分标准

本文的实证评估遵循定性与定量相结合的原则，依据既定的4E绩效评价体系与客观的评价标准，将广州市各指标的具体实施情况定量化并得出具体的分数，结合指标所分配的权重，最终得出各级指标的加权分数。最终从经济性、效率性、效益性、公平性四大一级指标出发，提出对广州市公租房政策的具体政策建议，优化广州市的公租房政策体系，精准对接"夹心层群体"的住房需求。

表4 三大圈层中具有代表性的公租房小区相关信息

| 圈层 | 房源点 | 类型 | 位置 |
| --- | --- | --- | --- |
| 中心圈层 | 恒大御府 | 户籍家庭公租房 | 白云区 |
| | 聚德花苑 | 单位整租新就业无房职工公租房 | 海珠区 |
| 近郊圈层 | 棠德花苑 | 单位整租新就业无房职工公租房 | 天河区 |
| | | 户籍家庭公租房 | |
| | 棠悦花园 | 单位整租新就业无房职工公租房 | 棠下村 |
| | | 户籍家庭公租房 | |
| 远郊圈层 | 保利翰林花园 | 户籍家庭公租房 | 黄埔区蟹山路 |
| | 瑞东花园 | 单位整租新就业无房职工公租房 | 黄埔区大沙东街 |
| | | 户籍家庭公租房 | |

（1）最优值法。将单项指标中表现最好的数据作为最优标准值——设定为100分，其他的数据在此最优标准值的基础上根据所属指标类型（正指标、负指标、区间指标）增减分数，最终再测算指标的最终平均得分。

（2）分项评价法。将指标的客观评价标准拆分成不同项目进行赋分，达到一条标准则给予相应的分数，否则不给予该项内容的分数，最终用求和计算出该二级指标的总得分。

（3）专家评分法。由于部分数据不充分，无法进行相对客观的评价分析，则针对这类指标采用专家评分方法确定三级指标分值。

（4）评估结果分为5个档次：优（90~100分）、良（70~89分）、中（50~69分）、低（30~49分）、差（＜30分），模型总得分最终由各项指标的加权得分求得。

表5　4E公租房政策绩效评价模型

| 一级指标（权重） | 二级指标（权重） | 三级指标（权重） | 测量项 | 评分标准 |
|---|---|---|---|---|
| E1 经济性（21） | E11 住户经济性（11） | 租金成本（7） | 公租房租金水平和同区市场租金标准差距是否合理 | 采用市场导向定价法的原则，判断广州市公租房的租金水平占同期商品房租金水平的比例，以50%为限定标准，评价广州市公租房租金合理性。 |
| | | 交通成本（4） | 交通成本占总支出比例是否较低/通勤时间是否合理 | 按照最优值评价法原则，以各圈层中的最短通勤时间以及最低通勤成本作为最高分（100分），通勤时间每增加五分钟即减少10分/通勤成本每增加0.5元则减少10分进行评价，最终求平均值。 |
| | E12 政府经济性（10） | 公租房建设成本（5） | 广州市公租房的建设成本支出是否合理，占当期财政支出比例是否适当 | 1）公租房建设资金中政府的财政支出占比是否合理；<br>2）财政支出占比相较于其他城市而言是否有相对经济性优势；<br>3）财政支出占比是否有逐年下降的趋势。 |
| | | 公租房维护成本（5） | 政府在维护管理公租房方面的成本是否合理 | 1）维护成本支出占比相较于其他城市而言是否有相对经济性优势；<br>2）维护支出占比是否有逐年下降的趋势。 |
| E2 效率性（22） | E21 公租房配租效率（5） | 各环节时长分配（5） | 公租房申请、审批、公示、配租环节的耗费时长是否合理 | 1）公租房配租总用时是否设置合理，满足申请对象的住房需求；<br>2）公租房配租总流程是否设置简单合理；<br>3）与国内其他城市公租房配租用时相比是否具有比较优势。 |
| | E22 公租房建设效率（6） | 公租房建设效率（6） | 公租房的建设效率是否较高，供给是否及时跟上需求 | 1）平均一个公租房项目建设效率（公租房建设数量/公租房建设时间）是否合理；<br>2）公租房建设施工是否连贯，无过多拖延工期现象。 |
| | E23 公租房入住率（7） | 公租房入住率（7） | 公租房的入住率是否合理，供给和需求数量是否存在结构性问题 | 1）大部分公租房小区的入住率是否达到要求/公租房小区的空置率是否合理；<br>2）不同对象的公租房入住率是否均衡。 |
| | E24 服务效率（4） | 服务效率（4） | 小区周围相关配套设施是否齐全，是否较大程度上满足了自身需要 | 1）各圈层公租房小区周边基础设施的数量是否充足（能够满足住户需求）；<br>2）基础设施配套在各圈层的分布是否均衡。 |

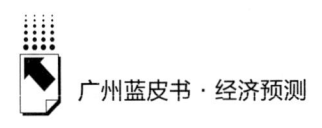

续表

| 一级指标（权重） | 二级指标（权重） | 三级指标（权重） | 测量项 | 评分标准 |
|---|---|---|---|---|
| E3 效益性（29） | E31 社会效益（20） | 对房价的调控作用（5） | 衡量广州市的房价收入比是否相应的有所下降 | 近5年来广州市房价收入比是否处在合理的位置并且有所下降。 |
| | | 人口结构调整（5） | 是否有效改善了广州市的住房人口结构，提高分布合理性 | 1）公租房政策实施能否有效降低广州市中心圈层的居住密度；<br>2）公租房政策实施能否有效引导中心圈层居住人群向近郊圈层、远郊圈层扩散。 |
| | | 社会满意度（5） | 广州市公租房政策是否达到了预期 | 1）对公租房政策的制定过程是否满意；<br>2）公租房的政策实施在效果、力度上是否达到自己的预期等。 |
| | | 专家满意度（5） | | 对公租房政策经济性、效率性、效益性及公平性的满意度。 |
| | E32 环境效益（9） | 生活环境（4） | 是否有效提高了居住的舒适度、降低住房拥挤度 | 1）绿化是否充足；<br>2）停车位数量是否充足，是否与居民总户数相对匹配。 |
| | | 生态环境（5） | 是否有效减少了垃圾污染、噪声污染 | 小区内部是否产生垃圾污染/噪声污染/水污染等。 |
| E4 公平性（28） | E41 政策普及（9） | 政策普及（9） | 公租房政策的宣传渠道是否充足 | 1）公租房政策的宣传渠道是否兼顾了线上与线下；<br>2）公租房政策的宣传渠道能否兼顾不同年龄阶段的"夹心层"人群。 |
| | E42 区域分布（8） | 区域分布公平性（8） | 公租房的区域分配比例是否和其需求程度匹配 | 公租房的区域分布数量是否与区域需求量相匹配。 |
| | E43 政策内容（11） | 对象界定（3） | 在公租房保障对象界定方面是否合理 | 1）公租房政策是否覆盖了本市绝大部分的"夹心层群体"；<br>2）公租房政策是否精准对接"夹心层群体"的住房需求。 |

续表

| 一级指标（权重） | 二级指标（权重） | 三级指标（权重） | 测量项 | 评分标准 |
|---|---|---|---|---|
| E4 公平性（28） | E43 政策内容（11） | 进入机制（4） | 公租房政策不同对象的进入机制是否公平，有无出现门槛高低不一现象 | 1）是否存在着户籍和社保年限限制；<br>2）能否针对不同收入范围对象实施差异化准入（譬如差异化租金），有效避免高收入人群占用公租房；<br>3）不同申请对象的准入申请难度是否趋于一致；<br>4）是否能够按照需求度高低依次降低提高准入标准；<br>5）是否有严格的收入准入条件审查，剔除隐性高收入人群。 |
|  |  | 退出机制（4） | 不同对象的退出机制是否有统一的标准 | 1）是否具有人性化的退出机制，即针对不同困难情况的主体是否进行相应的分类处理；<br>2）针对不符合条件且拒不退出公租房的主体是否有强有效的惩罚制度；<br>3）针对积极退出公租房的主体是否有有效的奖励制度，如租住或者购买相应的商品房时给予相应的优惠或者补贴；<br>4）是否具有健全的个人收入申报和审查制度；<br>5）是否设立有相应的退出缓冲期。 |

## 三　各绩效维度现状分析

### （一）政策实施经济性分析

1. 住户经济性评价

（1）租金水平合理性

按照市场定价法计算广州市公租房的租金水平占同期商品房租金水平的比例，以50%为限定标准，5分为最高分，超过50%的按照每10%减10分。根据计算结果得出，广州市成片小区公租房的租金水平得分为99分，得分较高；而分散小区的得分则为83.33分，良好，仍有改进空间。因此，广州市政府应当加大对分散小区公租房租金定价的规范管理,使得分散小区的租金水平能够与成片小区的相匹配,整体提升广州市公租房租金定价水平的合理性。

表6 2020年公共租赁住房租金标准(成片小区)

| 所在圈层 | 行政区 | 房屋类型 | 平均租金标准(元/月·平方米建筑面积) | 同区商品房租金标准 | 公租房租金占市场租金比例(%) | 分数(0~100) |
|---|---|---|---|---|---|---|
| 中心圈层 | 荔湾区 | 电梯楼 | 26.60 | 53.24 | 49.96 | 100 |
| | | 楼梯楼 | 17.00 | | 31.93 | 100 |
| | 海珠区 | 电梯楼 | 32.75 | 66.05 | 49.58 | 100 |
| | | 楼梯楼 | 30.00 | | 45.42 | 100 |
| | 白云区 | 电梯楼 | 25.37 | 49.17 | 51.60 | 90 |
| | | 楼梯楼 | 21.83 | | 44.40 | 100 |
| 近郊圈层 | 天河区 | 电梯楼 | 28.75 | 59.76 | 48.11 | 100 |
| | | 楼梯楼 | 23.34 | | 39.06 | 100 |
| 远郊圈层 | 黄埔区 | 电梯楼 | 19.00 | 51.43 | 36.94 | 100 |
| | | 楼梯楼 | — | | — | — |
| | 花都区 | 电梯楼 | 5.00 | 35.65 | 14.03 | 100 |
| | | 楼梯楼 | — | | | |
| | | | | | 均分 | 99 |

注:同区商品房租金标准参考公租房附近区域商品房。

表7 2020年公共租赁住房租金标准(分散房源)

| 行政区 | 房屋类型 | 平均租金标准(元/月·平方米建筑面积) | 公租房租金占市场租金比例(%) | 分数(0~100分) |
|---|---|---|---|---|
| 荔湾区 | 电梯楼 | 35.00 | 65.74 | 80 |
| | 楼梯楼 | 28.55 | 53.63 | 90 |
| 海珠区 | 电梯楼 | — | — | — |
| | 楼梯楼 | 29.43 | 44.56 | 100 |
| 白云区 | 电梯楼 | 36.00 | 73.22 | 70 |
| | 楼梯楼 | 25.00 | 50.84 | 90 |
| 天河区 | 电梯楼 | 43.00 | 71.95 | 70 |
| | 楼梯楼 | 30.96 | 51.81 | 90 |
| 黄埔区 | 电梯楼 | — | — | — |
| | 楼梯楼 | 17.50 | 34.03 | 100 |
| 越秀区 | 电梯楼 | — | — | — |
| | 楼梯楼 | 32.41 | 90.91 | 60 |
| | | | 均分 | 83.33 |
| | | | 总均分 | 91.165 |

240

（2）交通成本测算

按照最优值法，三大圈层中平均通勤时间最优值为40分钟，平均费用最低值为4.5元，因此以（40分钟，4.5元）为最优值100分，通勤时间每增加5分钟则减少10分，平均费用每增加0.5元则减少10分，得出其最终平均得分为68.33分。

表8　六大样本公租房小区中的通勤时间和公交成本测算

| 所属圈层 | 公租房小区名称 | 交通联系方式 | 至中心城区的时间 | 费用 | 得分（100分制） |
|---|---|---|---|---|---|
| 中心圈层 | 恒大御府 | 地铁3号线、5号线 | 步行15分钟 总用时45分钟 | 4元 | 85 |
| | 聚德花苑 | 地铁3号线、5号线 | 步行15分钟 总用时50分钟 | 5元 | |
| 近郊圈层 | 棠德花苑 | 地铁21号线、5号线 | 步行10分钟 总用时40分钟 | 5元 | 90 |
| | 棠悦花园 | 地铁21号线、5号线 | 步行10分钟 总用时40分钟 | 5元 | |
| 远郊圈层 | 保利翰林花园 | 地铁5号线 | 步行15分钟 总用时50分钟 | 6元 | 30 |
| | 瑞东花园 | 地铁5号线 | 步行15分钟 总用时60分钟 | 7元 | |
| 总分 | | | | | 68.33 |

注：中心城区的中心位置定为中心圈层——越秀区广州火车站（地铁站），至中心城区的时间及费用是根据时间短、费用少的双原则进行合理选择交通方式所计算的。

2.政府经济性分析

（1）公租房建设投入分析

根据《广州市公共租赁住房保障办法》规定，现阶段广州公租房建设资金来源主要有四部分：公共财政资金、土地出让资金、住房公积金增值收益以及银行贷款。由表9和表10对比可知，广州公租房建设投入呈现逐年下降的趋势，财政支出占比高于深圳，但绝对值低于深圳。主要原因为前期公租房开发较多，存量房较多；后期主要为对现有存量房的分配。

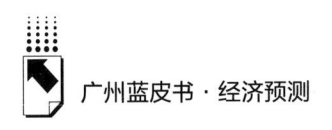

表9　广州市2017~2020年公租房建设投入

单位：万元，%

| 年份 | 出让土地使用权成本 | 建设房屋成本 | 合计 | 财政支出占比 |
| --- | --- | --- | --- | --- |
| 2017 | 149069.27 | 110093.12 | 259162.39 | 1.24 |
| 2018 | 118910.00 | 66550.87 | 185460.87 | 0.87 |
| 2019 | 84384.00 | 60261.00 | 144645.00 | 0.46 |
| 2020 | 80000.00 | 16207.00 | 96207.00 | 0.32 |

表10　深圳市2017~2020年公租房建设成本

单位：万元，%

| 年份 | 出让土地使用权成本 | 建设房屋成本 | 合计 | 财政支出占比 |
| --- | --- | --- | --- | --- |
| 2017 | 111492.90 | | 111492.90 | 0.20 |
| 2018 | 61223.84 | 21646.85 | 82870.69 | 0.16 |
| 2019 | 141954.61 | 5500.00 | 147454.61 | 0.26 |
| 2020 | 236796.00 | 9213.00 | 246009.00 | 0.59 |

（2）公租房维护成本评价

广州市公租房维护成本主要由日常化的住房租赁补贴、公租房维修费、公租房信息化系统建设经费、管理经费构成。由表11和表12可知，2017~2020年广州公租房维护成本与占公租房建设成本比例逐年上升，远高于深圳市。

表11　广州市2017~2020年公租房维护成本

单位：万元，%

| 年份 | 住房租赁补贴 | 公租房信息化系统 | 管理经费 | 住房维修费 | 占建设成本比例 |
| --- | --- | --- | --- | --- | --- |
| 2017 | 10760.00 | 48.74 | 441.49 | 495.00 | 4.53 |
| 2018 | 9768.00 | 16.90 | 457.25 | 600.00 | 5.85 |
| 2019 | 11208.00 | 51.05 | 440.55 | 547.50 | 8.47 |
| 2020 | 7509.47 | 87.51 | 422.92 | 547.50 | 8.91 |

表12　深圳市2017~2020年公租房维护成本

单位：万元，%

| 年份 | 公共租赁住房维护维修及运营管理成本 | 占建设成本比例 |
| --- | --- | --- |
| 2017 | 3600.00 | 3.23 |

续表

|  | 公共租赁住房维护维修及运营管理成本 | 占建设成本比例 |
|---|---|---|
| 2018 | 5600.00 | 6.76 |
| 2019 | 8308.00 | 5.63 |
| 2020 | 8606.80 | 3.50 |

## （二）效率性评价结果

1. 公租房配租效率

对比广州市、香港、重庆市的公租房配租流程可知，广州市专门划出"来穗务工人员""本地户籍家庭""新就业无房职工"三个类别，比其他地区更细致。但总轮候时间为3.6~5.6年，略高于其他地区，同时广州市还存在着各区之间的配租用时不平均等状况。

表13 广州市公租房配租流程及大概用时

| 流程 |  | 具体事项 | 用时（工作日/天） |
|---|---|---|---|
| 申请 |  | 申请人向户籍所在地街道办事处（镇政府）提交申请 | 60天左右 |
| 审批及公示 |  | 街道办事处（镇政府）受理、初审及公示 | 初审≤20<br>公示≥20 |
| 复核 |  | 区住房保障部门会同区民政部门复核 | 复核≤30 |
| 批准及公示 |  | 市住房保障部门公示和批准 | 公示≥20<br>批准≤3 |
| 来穗务工人员 | 积分摇号配租，摇号结果公示 | 住房保障部门组织公租房摇号分配仪式，在网站公布摇号分配结果 | 2天左右 |
| 本地户籍家庭 | 轮候及配租结果公示 | 根据登记意向公布预配租名单，并进行摇号预分配及结果公示 | ≤5年（平均为3年左右） |
| 新就业无房职工 | 个人（家庭）采用摇珠分配；单位整租采用整体配租+单位分租 | 根据要求自行制定分配管理方案对申请人员分租 | 不确定 |
| 签订租赁合同，办理入住手续 |  | 签订租赁合同，办理入住手续 | 60天左右 |
| 加总（以本地户籍家庭为例） |  | — | 平均3.6~5.6年 |

资料来源：《广州市公共租赁住房保障办法》。

表 14　香港公屋配租流程及大概用时

| 流程 | 具体事项 | 用时（工作日） |
|---|---|---|
| 初步审批阶段 | 申请人向香港房屋署提交申请表，房屋署审核申请表及文件，登记申请 | ≤90 |
| 调查阶段 | 约见申请人（及其家庭成员），审核资格 | ≤60 |
| 配房阶段 | 电脑随机编配单位，申请人办理入伙 | 一般申请者平均≈5.4年<br>长者申请平均≈2.9年 |
| 加总 | — | 平均3.3~5.8年 |

资料来源：香港房屋委员会网站。

表 15　重庆市公租房配租流程及大概用时

| 流程 | 具体事项 | 用时（工作日） |
|---|---|---|
| 申请与受理 | 对申请材料齐全的，申请点予以受理并出具受理凭证 | ≤27 |
| 初审 | 初审机构完成初审，提出初审意见 | ≤20 |
| 复审及公示 | 市公共租赁房管理局提出复审意见 | 复审≤7<br>公示≥20 |
| 轮候配租 | 进入申请人轮候库并进行摇号配租 | ≤5年（平均为3年左右） |
| 签订合同 | 申请人到指定地点签订《重庆市公共租赁住房租赁合同》 | ≤30 |
| 加总 | — | 平均3.3~5.3年 |

资料来源：《重庆市公共租赁住房管理实施细则》。

2. 建设效率

广州市近几年公租房建设效率有所下降，原因在于"建房用地不足""部分区域出现抵触情绪""建公租房与发展商业用地存有矛盾""一期住户对于二期公租房施工噪声等投诉频繁，施工经常中断"等。

3. 公租房入住率

新一年的公租房申请配租仍在进行（截至2020年9月27日），2020年面向新就业无房职工及来穗人员的公租房仍在申请阶段，户籍家庭公租房申请名单已公示但未摇号分配。

表16　2020年各类公租房入住率

| 面向申请对象 | 户籍家庭 | 单位整租新就业无房职工 | 来穗人员 |
|---|---|---|---|
| 供应套数 | 原计划4851+加推303 | 东片区1959+西片区1336（其中加推745） | 420 |
| 配租套数 | 3870 | 3092 | 420 |
| 未实现配租套数 | 1284 | 203 | 0 |
| 入住率 | 75.09% | 93.84% | 100% |

资料来源：政府信息公开。

从表16的结果来看：

（1）面向户籍家庭的公租房入住率最低，只有75.09%，没有实现配租的公租房房源相对较多，体现为公租房入住效率较低。然而共有6829户户籍家庭申请该种类的公租房，申请人数又多于公租房供应数量。

（2）从供应房源申请到最后的配租完成，面向单位整租新就业无房职工的公租房入住率未达百分之百，为93.84%。而符合资格的单位需求数又远大于最终分配到整租公租房的单位数量。

（3）来穗人员公租房的入住率达到了100%且广州市2018年度已有17095名来穗务工人员入户，供应的公租房数量远远小于需求，出现较为严重的"僧多粥少"现象。

### （三）效益性评价分析

1. 对房价的影响

根据广州市统计局2011～2019年的数据得出住房价格与城市居民家庭年收入之比。自从广州市2013年实施公租房政策后，房价收入比在2013～2015年呈现小幅的下降趋势，在2015～2018年四年间住房收入比急剧上升到15.84。公租房对房价有一定抑制作用，但其数量有限而导致影响有限。

表17　广州市2011～2019年房价收入比

| 年份 | 2011 | 2012 | 2013 | 2014 | 2015 | 2016 | 2017 | 2018 | 2019 |
|---|---|---|---|---|---|---|---|---|---|
| 居民人均年收入（元） | 14606 | 15503 | 18157 | 18341 | 19625 | 21482 | 26870 | 31661 | 32938 |

续表

| 年份 | 2011 | 2012 | 2013 | 2014 | 2015 | 2016 | 2017 | 2018 | 2019 |
|---|---|---|---|---|---|---|---|---|---|
| 居民户均年收入（元） | 103314 | 114162 | 126147 | 128865 | 140203.8 | 152822.1 | 166200 | 179946.3 | 195156 |
| 商品住宅每平方米均价 | 34438 | 38054 | 42049 | 42955 | 46734.6 | 50940.7 | 55400 | 59982.1 | 65052 |
| 商品住宅每套均价 | 1314540 | 1395270 | 1634130 | 1650690 | 1766250 | 1933780 | 2418300 | 2849490 | 2964420 |
| 房价收入比 | 12.72 | 12.22 | 12.95 | 12.81 | 12.60 | 12.65 | 14.55 | 15.84 | 15.19 |

资料来源：根据广州市统计局2011~2019年《广州市国民经济和社会发展统计公报》计算得出。

**2. 环境生态情况**

在生活环境方面，各圈层公租房小区的绿化率普遍都在30%以上，而停车位数量相对居民总住户数而言则相对不足，存在较大的缺口，停车位的问题在近郊圈层中的两大小区最为明显。

在生态环境方面，中心圈层以及远郊圈层的公租房小区较少出现环境污染问题，而公租房户数较多的近郊圈层中，则出现较多的环境问题反映，垃圾污染和噪声污染最为显著，主要原因在于无规范化的管理。

表18 六大样本小区生活环境及生态环境状况

| 所在圈层 | 小区 | 生活环境状况 ||| 生态环境状况 ||
|---|---|---|---|---|---|---|
| | | 绿化率 | 停车位 | 总户数 | 是否有污染 | 具体污染情况 |
| 中心圈层 | 恒大御府 | 30.80% | 1311 | 1415 | 无 | — |
| | 聚德花苑 | 26% | 600 | 7609 | 无 | — |
| 近郊圈层 | 棠德花苑 | 36% | 1000 | 9000 | 有，垃圾污染、噪声污染 | 附近棠下后山马鞍山边山寨厂、猪棚、焚烧垃圾堆影响；靠近闹市区，通道狭窄，车体与封闭区仅有半米左右，车辆通过时双向通行。 |
| | 棠悦花园 | 43% | — | 3506 | 有，垃圾污染 | 小区居民垃圾分类意识较弱，无人在分类垃圾箱投放垃圾而是随手处置，且物业公司处理小区垃圾不及时、不合理，造成垃圾堆积。 |

续表

| 所在圈层 | 小区 | 生活环境状况 ||| 生态环境状况 ||
|---|---|---|---|---|---|---|
| ^^ | ^^ | 绿化率 | 停车位 | 总户数 | 是否有污染 | 具体污染情况 |
| 远郊圈层 | 保利翰林花园 | — | — | 1024 | 无 | — |
| ^^ | 瑞东花园 | 适中 | — | 3592 | 无 | — |

### （四）公平性评价结果

1. 政策普及

从广州市现有的政策宣传途径来看，公租房政策的更新情况能够较及时地从网站查询得到，公租房的具体情况如房源情况汇总、开放房源查询、房源情况概览等亦需从相关网站搜索查询，且存在信息不完全现象。与线上相比，线下关于公租房的信息普及度并不很高，尤其是对于不擅长查询信息、缺乏数据灵敏度的中老年人来说，只能依靠周围亲戚朋友协助。

2. 区域分布

结合表中公租房分布状况可知：区域分布不均衡是主要问题。作为市中心的越秀区，只有公租房管理中心的相关信息，但无公租房房源供应；海珠、荔湾等临近老城区，主要供应存量住宅用地，公租房密度极小；近郊圈层房源相对密集，公租房套数较中心圈层呈量的增长；远郊圈层的公租房房源较近郊圈层而言较为稀疏，但公租房房源数量众多，且分布在外围。目标人群主要租赁意向主要在越秀、荔湾和海珠等中心城区，但广州选址多在远郊区，增加了通勤成本。这也是公租房空置率高的另一个原因。

表19 公租房不同区域分布情况

| 行政区 | 公租房套数 ||| 合计 | 比例(所在圈层套数/总套数)(%) |
|---|---|---|---|---|---|
| ^^ | 单位整租新就业无房职工公租房 | 户籍家庭公租房 | 总套数 | ^^ | ^^ |
| 越秀区 | / | / | / | 58 | 0.86 |
| 海珠区 | 21 | 37 | 58 | ^^ | ^^ |

续表

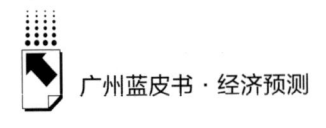

| 行政区 | 公租房套数 | | 总套数 | 合计 | 比例(所在圈层套数/总套数)(%) |
|---|---|---|---|---|---|
| | 单位整租新就业无房职工公租房 | 户籍家庭公租房 | | | |
| 荔湾区 | 19 | 41 | 60 | 1262 | 18.71 |
| 天河区 | 154 | 1048 | 1202 | | |
| 白云区 | 299 | 2004 | 2303 | 5425 | 80.43 |
| 黄埔区 | 1401 | 1721 | 3122 | | |

资料来源：政府信息公开。

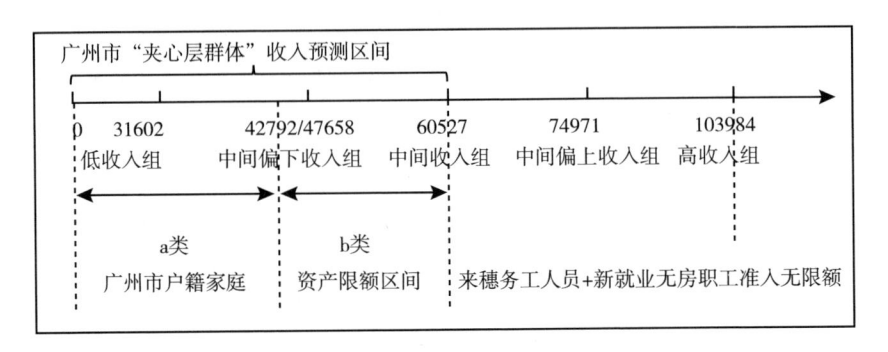

**图1 广州市"夹心层群体"收入预测区间及公租房政策保障准入区间示意图**

3. 政策内容

广州市将过去的廉租房和经济适用房并入了公共租赁房之中，扩大了公共租赁房的保障范围，并对来穗务工人员以及新就业无房职工两类申请对象不设置收入限额，进一步提高了受众覆盖面，基本覆盖了"夹心层群体"。

根据居民五等份收入进行分组，广州市"夹心层群体"年人均可支配收入在60527元以下，在该范围内的"夹心层群体"可以根据自身的条件申请来穗务工人员以及新就业无房职工的公租房；而在42792元以下的a类"夹心层群体"则可以根据自身条件申请针对户籍家庭的公租房，但有着严格的户籍准入门槛；但处境较为尴尬的"夹心层群体"（b类）以及无广州市户籍的a类，由于不符合户籍家庭的资产限制标准，同时由于自身的学历、职位无法达到来穗务工人员或新就业无房职工的准入条件，很多时候无法申请到公租房。

广州市公租房政策针对不同类型的"夹心层群体"采用分类化处理的方法，分为三种不同类型的主体进行保障，设置不同的准入条件，有利于在保障本市困难家庭的住房基础上，吸引更多的高学历、高素质的外来人员，但这样的对象界定同时也带来了一定的问题——"夹心层群体"当中的"新夹心层群体"的出现，即收入不满足户籍家庭申请准入条件也没有广州市本地户籍的部分"夹心层群体"，由于自身学历、能力等条件的限制，也无法满足其余两大类申请对象的准入条件，成为公租房政策中的"新夹心层群体"。

### （五）模型评价结果

根据以上各维度的客观评价标准进行打分并加权计算，最终，广州市公租房政策绩效评价总分为83.4，平均得分率为82.2，总评良好。具体指标得分如下：

表20 广州公租房政策绩效评价加权得分表

| 一级指标（权重） | 分值 | 二级指标（权重） | 分值 | 三级指标（权重） | 分值 | 得分率 |
|---|---|---|---|---|---|---|
| E1 经济性（21） | 17.5 | E11 住户经济性（11） | 9.2 | 租金成本（7） | 6.4 | 92 |
| | | | | 交通成本（4） | 2.8 | 70 |
| | | E12 政府经济性（10） | 8.3 | 公租房建设成本（5） | 4.3 | 85 |
| | | | | 公租房维护成本（5） | 4.0 | 80 |
| E2 效率性（22） | 19.3 | E21 公租房配租效率（5） | 4.3 | 各环节时长分配（5） | 4.3 | 85 |
| | | E22 公租房建设效率（6） | 5.1 | 公租房建设效率（6） | 5.1 | 85 |
| | | E23 公租房入住率（7） | 6.3 | 公租房入住率（7） | 6.3 | 90 |
| | | E24 服务效率（4） | 3.6 | 服务效率（4） | 3.6 | 90 |
| E3 效益性（29） | 23.4 | E31 社会效益（20） | 16.0 | 对房价的调控作用（5） | 4.3 | 85 |
| | | | | 居住人口结构调整（5） | 4.3 | 85 |
| | | | | 社会满意度（5） | 3.9 | 77 |
| | | | | 专家满意度（5） | 3.6 | 72 |
| | | E32 环境效益（9） | 7.4 | 生活环境（4） | 3.4 | 85 |
| | | | | 生态环境（5） | 4.0 | 80 |

续表

| 一级指标（权重） | 分值 | 二级指标（权重） | 分值 | 三级指标（权重） | 分值 | 得分率 |
|---|---|---|---|---|---|---|
| E4 公平性（28） | 23.3 | E41 政策普及(9) | 8.1 | 政策普及(9) | 8.1 | 90 |
|  |  | E42 区域分布(8) | 7.2 | 区域分布(8) | 7.2 | 90 |
|  |  | E43 政策内容(11) | 8.0 | 对象界定(3) | 2.4 | 80 |
|  |  |  |  | 进入机制(4) | 2.8 | 70 |
|  |  |  |  | 退出机制(4) | 2.8 | 70 |
| 总得分 |  | 83.4（等级：良好） |  |  |  | 82.2 |

一级指标得分率如图2：经济性83.3分（良好），效率性87.5分（良好），效益性80.5分（良好），公平性83.2分（良好）。二级指标得分率如图3：公租房入住率、服务效率、政策普及、区域分布为"优"，住户经济性、政府经济性、公租房配租效率、公租房建设效率、环境效益为"良"，社会效益、政策内容为"中"。

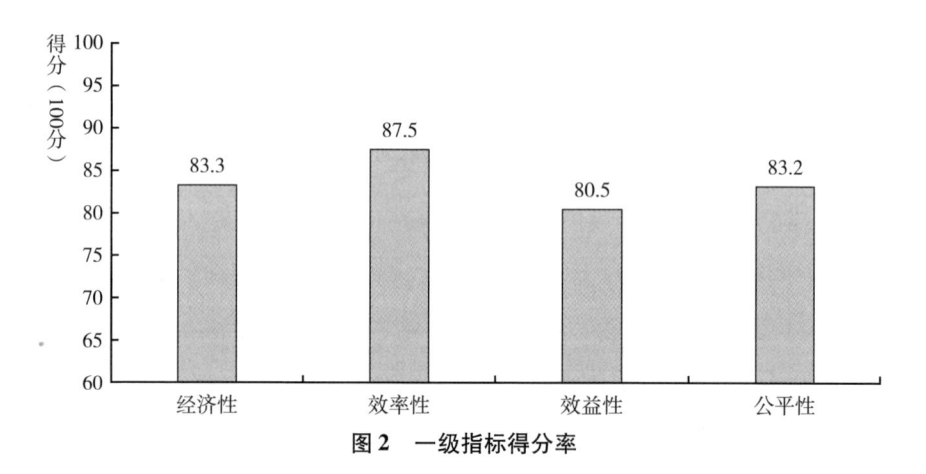

图2 一级指标得分率

## 四 基于实证研究结果的政策建议

广州市公租房政策最终评价结果为83.4分，总体表现良好，反映出广州

得分(100分)

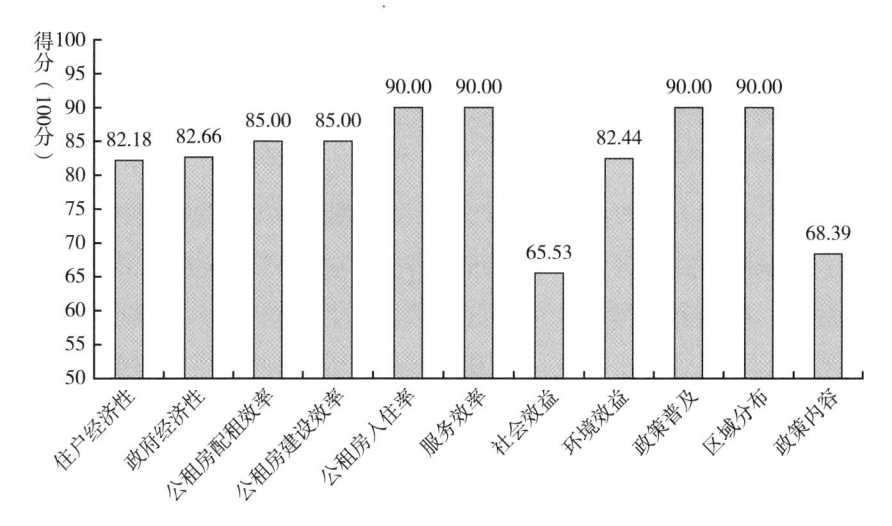

| 指标 | 得分 |
|---|---|
| 住户经济性 | 82.18 |
| 政府经济性 | 82.66 |
| 公租房配租效率 | 85.00 |
| 公租房建设效率 | 85.00 |
| 公租房入住率 | 90.00 |
| 服务效率 | 90.00 |
| 社会效益 | 65.53 |
| 环境效益 | 82.44 |
| 政策普及 | 90.00 |
| 区域分布 | 90.00 |
| 政策内容 | 68.39 |

图3 二级指标得分率

市近年来在住房保障领域的建设颇有成效，圆满完成了"十三五"规划中提出的"提高住房保障水平"的目标，并为"十四五"时期"完善住房市场体系和住房保障体系"，使"全体人民住有所居、职住平衡"开启良好开端。

## （一）通过新建、改建、长期租赁等方式有效盘活存量房源，引入社会资源增加供给主体，提高效率性

针对公租房供不应求、僧多粥少的现象，政府应当继续大力增加公租房供给，通过新建、改建、长期租赁等方式有效盘活存量房源，让更多的夹心层群体住有所居，缓解供求之间的矛盾。尤其是在现阶段政府建设用地不足的情况下，通过改建空置的建筑来增加公租房供给数量及加快发展公租房长期租赁对提升效率性指标尤为关键。同时，建立政府资源和社会资源合作的新模式，可大力推广和整合"CCB建融家园"模式，引入多元化社会资源，构建建设银行长租房平台等。

## （二）推进住房租赁法制化，加快地方立法，使住房租赁回归服务属性，提高公平性

推动地方住房租赁的准入退出机制法制化、规范化，加快地方立法，让

公租房能够更精准地对接相应"夹心层群体"的需求。加大对申请者收入的审查力度，规范统一针对拒不退租住户的惩罚机制，维护公共租赁住房市场秩序，加大对市场中各主体的监管力度，使住房租赁回归服务属性，提高公租房政策的公平性。

### （三）促进公租房分布实现职住平衡，推动产城融合，降低住户居住成本，提高经济性

优化公租房布局和选址，加快实现职住平衡，一是增加位于近郊以及远郊区域的公租房小区配套设施和基础设施来提升住户居住条件、降低通勤成本和居住成本；二是增加在中心城区或交通便捷的新城区公租房供应量来实现职住平衡，加快产城融合，降低住户交通成本，进而提高住户经济性。

### （四）加大市场租房补贴力度，修订完善公租房政策，提高效益性

加大对公租房住户的补贴力度，促进"货币补贴"和"实物补贴"并行发展，降低"夹心层群体"经济负担，提高满意度；修订完善公租房宜居建设导则，统一公租房外部小区的绿化率、停车位数量及相关环境指标的要求，规范公租房内部建设标准和要求，提高住户的居住舒适度和满意度，提高公租房的效益性。

## 五 研究展望

广州市公租房政策从2013年开始正式实施至今，经过一步步的修改与完善，不断根据广州市"夹心层群体"的住房需求调整政策内容，同时结合广州市各方面的具体情况进行多次修改完善，譬如根据广州市外来务工人员占比大、市中心地价高、居住密度大的城市特点，公租房政策对象分为三大不同的主体以及公租房在广州市形成了"大分散、小聚集"的公租房布局等，这些都是广州市公租房政策可供我国其他有类似发展特点的城市借鉴的地方。同时，广州市政府应当根据4E公租房政策绩效评价结果，有侧重

地完善和修改政策具体内容，精准、有效地完善政策，修补政策不足，使广州市公租房政策更好对接"夹心层群体"住房需求，加大广州市人才吸引力度和社会保障力度。

## 参考文献

1. 徐嘉鹤：《我国公租房制度研究》，江西财经大学硕士学位论文，2015。
2. 吴开泽：《广州"夹心层"住房保障研究》，广州大学硕士学位论文，2011。
3. 崔亮：《我国城镇住房保障制度研究》，西北农林科技大学硕士学位论文，2007。
4. 周雨：《〈政府信息公开条例〉绩效评价实证研究》，华南理工大学博士学位论文，2015。

# 乡村振兴篇
Rural Revitalization

# B.18 2020年广州市乡村产业振兴调研报告

广州市统计局农村处课题调研组*

**摘　要：** 本文对2020年广州市乡村产业发展情况进行调研分析，发现目前广州的乡村产业发展劲头强、产业融合程度深、设施农业和科技农业的发展均卓有成效，但是仍存在土地供给不足、水利设施不完善、区域发展不平衡等方面的问题，限制了乡村产业的进一步振兴。对此，本文针对有关问题提出具体对策建议：全方位促进乡村产业发展，赋能乡村振兴。

**关键词：** 广州市　乡村振兴　农业现代化　产业融合

---

\* 调研组组长：区海鹏，广州市统计局副局长。调研成员：朱展翔，广州市统计局农村处处长；肖穗华，广州市统计局农村处原一级调研员；杨秀仪，广州市统计局农村处二级调研员；卢志霞，广州市统计局农村处一级主任科员；冯涵，广州市统计局农村处四级主任科员。执笔人：冯涵。

为进一步推动广州市乡村振兴战略实施，促进乡村产业兴旺，2020年广州市统计局联合广州市农业农村局先后赴白云、番禺、花都、南沙、从化、增城6区进行调研，深入到小楼、太平、东涌等镇街，走访诚一、绿聚来、绿宝轩等多家涉农企业，通过实地察看、座谈交流、分析研讨、问卷调研等方式深入了解广州市农村产业发展现状，从而形成本报告。

## 一 广州市乡村产业发展现状

### （一）农业现代化建设成效显著

1. 农业生产总值增速创历史新高

2020年，广州市进一步落实惠农、富农政策，把实施乡村振兴战略摆在优先位置，在做好疫情防控的同时切实抓好农业生产，保障农产品有效供给，农业增效、粮食增产成效明显。全年实现农林牧渔业总产值497.61亿元，同比增长10.2%，创26年来最高增速。其中，农业产值277.68亿元，同比增长10.5%，增速较上半年和三季度分别提高1.9个和0.7个百分点；渔业总产值103.51亿元，同比增长17.9%；农林牧渔业及辅助性活动总产值66.95亿元，同比增长8.5%。

2020年广州市围绕农业生产中心任务，超额完成省下达的粮食生产任务。全年种植粮食42.24万亩，产量14.22万吨，同比分别增长6.5%和7.7%；蔬菜全年播种面积226.46万亩，产量403.82万吨，同比分别增长2.0%和4.8%；荔枝量价齐升，全年产量10.12万吨，同比增长154.3%；花卉产业产销两旺，全年产值57.08亿元，同比增长11.8%。在全部农产品中，蔬菜、水果、水产品产量均达到历史最高位，年产量分别为403.82万吨、79.25万吨和66.95万吨。农业生产全面扩量、提质、增效。

2020年农村居民人均可支配收入达到3.13万元，同比增长8.3%，增速排名全省第三，居珠三角片区首位。

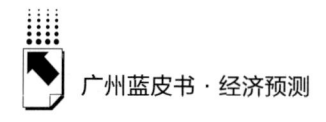

**2. 农业现代化建设卓有成效**

设施农业全面发展。广州市大力发展现代种养业，加大现代农业设施投入。农业设施方面，广州市现有设施农业播种面积15.16万亩，同比增长69.2%，其中设施蔬菜播种面积3.86万亩，同比增长19.7%；设施花卉播种面积11.12万亩，同比增长100%。牧业设施方面，平地散养或集中养殖逐渐向标准化养殖、楼层养殖、工厂化养殖转化。增城区建成投产的广州金农现代生态农牧，已成为一体化的设施产业基地。渔业设施方面，推水养殖、室内养殖、集装箱养殖、圆筒融氧养殖等如雨后春笋般涌现，逐步实现自动化、数字化养殖，全市水产品工厂化养殖面积13.33万平方米，室外设施鱼池养殖面积约40万平方米，全年搭建越冬棚养殖面积约1000万平方米。

现代农业园建设高速推进。2020年，全市新增8个省级现代农业产业园，主导产业产值达47.75亿元，带动2.59万农户户均增收1.2万元，从化区现代农业产业园已被纳入国家创建管理体系。

农业企业规模扩大。2020年，全市新增51家省级龙头企业，培育1家市值突破千亿元、2家销售过百亿元的龙头企业。至2020年底，广州市有农业产业化龙头企业374家，其中，国家级龙头企业11家，省级龙头企业113家，市级龙头企业130家，共带动农户60.08万户。

品牌品质和竞争力提升。全市拥有农业类省名牌产品182个，拥有省名特优新农产品区域公用品牌22个，经营专用品牌87个。"三品一标"绿色农产品34个，有机农产品1个，无公害农产品317个，地理标志农产品1个。"三品一标"绿色农产品基地占地面积2.18万亩，无公害农产品基地占地面积7.01万亩，地理标志农产品认定面积约17万亩。"一村一品"产品数量19个。从化区和增城区两大广州荔枝优势区被认定为中国特色农产品优势区。

**3. 科技创新助力农业腾飞**

为深刻践行习近平总书记提出的要把发展农业科技放在更突出的位置，大力推进农业机械化、智能化，给农业现代化插上科技的翅膀，广州市不断推进农机化、集约化全程全面高质高效发展。2020年，广州市水稻耕种收综合机械化率提高至74.7%，推动粮食扩面增产，全市粮食产量14.22万吨，同比增长7.7%。

科技力量推动种养生产模式转换。一是畜禽养殖由传统分散养殖向集约科学养殖模式转换。广州市先后新改扩建18个一体化生猪养殖场，其中5个已建成。项目全部建成后，将形成多个以"楼房集约科学养殖、生态环保绿色排放、猪—沼—菜/果循环经济"为重点模式的田园牧场，高度实现养殖集约化、规模化和标准化，同时将数字化技术运用到整个生产管理中，实现产前、产中、产后信息化和一体化。养殖场转型升级加快生猪产能恢复步伐，全市生猪出栏量42.22万头，同比增长2.5%。二是渔业养殖由传统池塘养殖向陆基推水养殖迈进。番禺、花都、南沙等区大力推行集装箱陆基推水养殖系统，推水系统以改装后的集装箱为养殖载体，养殖水体经过池塘的净化后再被水泵抽回集装箱，完成一次循环，如此循环往复。以广州市诚一水产养殖有限公司为例，其养殖集装箱的直径6~10米，深度1.8~2米，折算亩产约为49500千克，是传统池塘养殖模式的33倍。

广州市积极创建农业科技领域创新平台，以袁隆平院士为代表的院士、博士团队全力服务广州农业，黄埔长洲岛隆平院士港、从化艾米稻香小镇等一批农业科技领域创新平台加快建设。

## （二）都市农业亮点纷呈，产业发展提速换挡

广州市紧紧围绕乡村产业振兴，着力推进现代农业农村产业体系、生产体系和经营体系建设，促进一二三产业深度融合发展。农业的快速增长带动了整个涉农产业链条的发展，促进了乡村产业的融合，加快了城乡一体化进程。2020年，全市都市农业总收入①2588亿元，同比增长8.6%。

1. 农业有效投资扩大

广州市为践行习近平总书记和党中央、国务院"六稳""六保"的重要

---

① 本地农产品的生产、加工、运输、批零、仓储、旅游、餐饮、住宿等全产业链条总收入。

指示精神，保证城市供给，以"打基础、利长远、补短板"为目的，近两年持续加大农业招商力度，举办了广州市农业重大项目集中签约、开工仪式，聚焦现代种养、农产品加工流通、农业科技研发、现代农业服务业等领域，引进130多个总投资额1300多亿元的农业产业项目。着力优化高标准基本农田等政府投资项目管理，加强对社会投资服务、用地和金融等方面的支持。

2020年以来，全市集中开工的涉农重大项目①81个，计划总投资706.54亿元，签约意向项目625.38亿元，共1331.9亿元。在开工项目中，南沙、增城、从化三个区的计划总投资均超过百亿元；所有项目中，18个生猪新建改建场项目尤为突出，总投资达到66.79亿元。新型猪场一旦建成，广州市生猪产能将迎来一个质的飞跃。项目完成后，预计可以拉动当地建筑业产值约500亿元，间接辐射当地砂石、水泥、钢材等建材生产和销售产业，有力提高农民工收入。

2. 农产品加工业水平整体提升

依托华南地区中心城市的区位优势及雄厚的工业底蕴，广州市不断加速构建农产品田头冷库和区域性冷链物流区，提高农产品加工业整体水平。至2020年底，全市改造村级工业园11.8平方公里，打造出大塘汽车配套产业园、智慧PARK等一批产业融合发展示范园区。粤港澳大湾区菜篮子工程建设提速，132个地级以上城市加入合作共建，全国布局建设17个配送中心，认定962个"菜篮子"生产基地（加工企业），具有全国影响力的农产品"广州标准"初步形成。

2020年，全市本地农产品加工收入达到1291.3亿元，同比增长5.5%。农产品加工业的蓬勃发展将农产品的附加值提高了三倍以上。近年来，增城、从化两个开发区引入了较多农产品深加工企业，这些企业的生产类型从农业延伸到美容、保健、医药、化工等行业，整个产业链产值全面提升。如从化一家从事荔枝（生物酶）深加工的企业落户明珠产业园，预计投产后

---

① 涉农重大项目数据来源于农业农村局，投资额包含前期工程及后期软投入，统计口径与统计部门"涉农项目"指标有差异。

全链条年产值超过1亿元。

3. 交易平台赋能乡村经济，助推"云上生活"

广州市初步建成通关（增城）便利区，布局自动售卖智能零售终端，并联合省农业农村厅、中央广播电视总台粤港澳大湾区总部、省交易控股集团，谋划共建粤港澳大湾区"菜篮子"交易平台。各区依托自身产品特色，构建多元网络交易平台，增城、从化利用电商模式定制销售荔枝，实现了荔枝种植"大年不愁卖、小年保增收"；南沙、花都打造"1+2+N"生态直播平台。

农业和直播的有机结合，将广州的优质大米、蔬菜、肉类、花卉等农产品销往各地，满足大众"云上生活"的同时也助推了各类农产品网销平台蓬勃发展，以"小鲜驿站"为例，自2020年4月成立以来，市内布点达58个，至6月底销售额达到4197万元。

4. 农业兴旺激活乡村旅游新业态

随着美丽乡村建设工作的推进，以农业旅游为主题的观光休闲旅游业兴旺起来。2019年，广州全市接待乡村观光休闲游客6679万人，乡村旅游总收入97.48亿元。2020年初受新冠肺炎疫情影响出行人数有所下降，5月以来，乡村旅游人数大幅回升。广州乡村观光休闲旅游业依托乡村自然资源，引进涉农项目合理开发，开展采摘、观光、餐饮、住宿、购物、娱乐、农耕体验、参观学习等创收活动。

2020年，广州积极培育休闲农业新业态，全市新增10家省级特色小镇，生态设计、现代金融、休闲运动等新兴高端产业加速向农村布局。13家乡村旅游景区被评为国家3A级以上旅游景区，建成8个省级、17个市级旅游文化特色村，11条省级精品乡村旅游线路，乡村民宿走向规模化、品牌化。各区加快发展新型旅游业，从化区推进全域旅游示范区建设，开辟6条美丽乡村旅游线路，建成全省唯一一条水陆绿道和旅游慢行系统，旅游综合竞争力连续九年在全省67个县（市、区）排名第一。番禺、从化、增城等区积极发展特色民宿，在全省率先编制区域性民宿发展总体规划和促进民宿业发展实施意见，成功打造了如从化米社、增城万家旅舍等一批知名"网红民宿"。

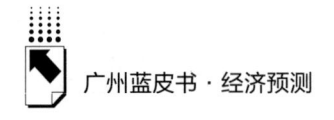

## （三）乡村非农产业基础雄厚，发展稳定

广州全市镇及涉农街道规模以上工业企业由2016年的4354家发展到2019年的5225家；住宿餐饮企业由4161家发展到6899家，建筑业企业由3391家发展到10963家，综合性商店由8242个发展到10363个。镇级财政实力增强，一般公共预算收入247.10亿元，比2016年增长29.4%，乡村非农产业基础雄厚，发展稳定。在全市390.87万农村从业人员中，从事农林牧渔业生产的人数为62.31万，占15.94%，从事非农行业的人数为328.56万，占84.06%，大多数农村劳动力被乡村非农产业吸纳。农村劳动力是乡村非农产业的人力资源基础，促进非农产业发展壮大，而非农产业有效稳定农民就业，拉动农民增收。2020年，全市农村居民人均可支配收入为3.13万元，同比增长8.3%，其中，工资性收入2.30万元，同比增长8.0%，占73.48%；非农业生产经营性收入0.33万元，同比增长5.7%，占10.54%。

## （四）乡村产业发展走在大湾区前列

从产业园、基地数量情况来看，2020年，广州市省级以上农业龙头企业、新增省级产业园区、粤港澳大湾区"菜篮子"生产基地、农产品出口示范基地数量均位于大湾区各市前列。其中，省级农业龙头企业124家，占大湾区总数（470家）的近1/3，高出第二位深圳（77家）47家；新增省级农业产业园8个，占大湾区总数的近五成，高出第二位惠州（3个）5个；粤港澳大湾区"菜篮子"生产基地23个，位列大湾区第二，仅次于惠州（24个）；农产品出口示范基地9个，超过大湾区总数（19个）的1/2。

从农村旅游业情况来看，2020年，广州市有省级农业公园5个，与佛山并列大湾区第一位；省级特色小镇加速申报创建，2020年新增省级特色小镇10个，增量排名大湾区第一，现有省级特色小镇13个，总量排名大湾区第二，仅次于佛山（18个），广州农旅产业发展走在大湾区前列。

表1 大湾区各城市乡村产业振兴指标对比

单位:个

| 城市 | 省级以上农业龙头企业个数 | 新增省级产业园区个数 | 粤港澳大湾区"菜篮子"生产基地个数 | 农产品出口示范基地个数 | 省级农业公园个数 | 省级特色小镇个数 |
|---|---|---|---|---|---|---|
| 合计 | 470 | 18 | 115 | 19 | 20 | 60 |
| 广州 | 124 | 8 | 23 | 9 | 5 | 13 |
| 深圳 | 77 | 0 | 4 | 0 | 1 | 4 |
| 佛山 | 57 | 2 | 15 | 1 | 5 | 18 |
| 东莞 | 26 | 1 | 10 | 0 | 0 | 6 |
| 惠州 | 57 | 3 | 24 | 5 | 3 | 4 |
| 珠海 | 20 | 0 | 8 | 1 | 2 | 3 |
| 中山 | 16 | 0 | 6 | 1 | 3 | 4 |
| 肇庆 | 40 | 2 | 8 | 1 | 1 | 4 |
| 江门 | 53 | 2 | 17 | 1 | 0 | 4 |

## 二 广州市乡村产业振兴中存在的主要问题和困难

广州市多措并举推进乡村振兴战略实施,在产业发展、产业融合等方面取得了巨大成效,同时也存在一些问题,主要表现如下。

### (一)农村土地供给问题突出

土地是农村最重要的核心资源,通过走访调研发现,土地是目前制约"三农"发展的最大瓶颈因素。

1.用地指标紧缺、土地流转受限

一是用地规划缺失与部门多规冲突并存。乡村规划用地指标分配偏少,发展观光休闲农业需配套建设的游客接待、休闲景观、停车场等公共服务设施用地指标紧缺,农转用审批周期长,建设用地指标竞争大,难落地,普遍面临着"两规不符"的困扰。同时部分地区存在"多规冲突",规划难以真正落地。二是"确权到户"制约土地连片经营。农业生产经营主体希望土地集中连片规模经营,但受广州市各区"确权到户"等因素的制约,可供乡村产业集中发展的耕地有限,土地连片流转较难。三是在土地集中后,原使用方(农户)和集约经营方(承包者)的长期利益分配关系难以调配,

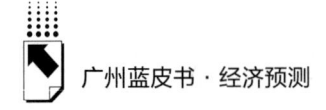

造成土地流转不成功。

2. 产业布局与红线守护缺乏统筹

部分村庄小广场、停车场等公共服务配套用地以及旅游等产业项目用地没有与永久基本农田保护统筹，存在占用或计划占用基本农田的情况。此外，部分地区基本农田面积占比高，选址受限。

3. 现行管理体制不能满足乡村振兴用地需要

乡村振兴出现大量复合型用地形态，宗地内部结构复杂化，而以现行土地利用分类标准却难以定性。另外，乡村的耕地、林地、园地交互变化比较频繁，以现状用途判别地类过于静态，忽视土地潜能带动属性。

## （二）农田水利建设、维护重视不足

一是农田水利工程配套设施不健全。资金投入不足制约农田水利"最后一公里"配套设施建设，影响了整体工程效益。二是农田水利建设缺乏有效维护，在水利基础设施的使用过程中，缺乏对相关设施的维护投入，难以保障设施使用寿命。同时，水利基础设施易受到自然因素和人为因素影响，设施使用者的知识水平普遍不足，难以对水利设施进行正确的使用和科学的维护。维护和管理工作不到位，使水利设施的正常运行得不到有效保障。三是重建设轻管理。当前农村水利基础设施建设在实际使用过程中，存在重建设轻管理的现象，对管理工作缺乏有效部署。管理部门的管理理念相对僵化，缺乏有效的主动性，仍然沿用传统的管理方式，不能结合实际管理需求有针对性地开展工作。

## （三）种植业设施生产占比偏小

设施种养是种植业扩量提质增效的有效手段，但目前广州市设施播种面积仅占全市农作物总播种面积的2.8%。在调研中发现，各区在农业设施内从事农业生产和非农生产执行力度不统一。一是普遍存在违建厂房该拆未拆或复耕不彻底的情况。二是建设申报手续繁琐，广州市农业设施建设"两手册、一指南"出台后，部门间缺乏沟通，宣传不足，各基层镇（街）执行力度不同，造成农业经营者不敢建、无法建。

## （四）财政和金融支持力度有待加强

农村产业建设需要大量资金投入，广州市在农业产业上的投入难以完全满足农村产业建设的需要。一是农业补贴有待加强。支农、惠农政策还不够优化。财政扶持存在门槛高、补助低、范围窄、手续繁琐等问题，致使农业经营主体缺乏积极性。二是金融机构、担保机构信贷门槛过高，农业企业获取各级金融机构的信贷支持难度较大，融资成本高。三是农业保险发展滞后。各类涉农保险普及率低，缺乏创新宣传。

## （五）产业发展所需人才不足

人才资源是乡村产业振兴的基石，但广州市人才资源要素向农业农村流动存在诸多问题。一是专业人才稀少。随着广州市农村产业融合发展加快，管理人才、市场开拓人才、新技术应用人才缺乏问题凸显。二是引才留才较难。当前广州市农业农村的引才政策还不够完备，对人才的吸引力较弱。人才保障、激励机制还有待完善。

## （六）北部山区产业项目少，亟待因地制宜引进优质涉农项目

从非农企业数量上看，广州市北部山区八镇[①]现有规模以上工业企业54家、建筑业企业82家、住宿餐饮企业78家、综合性商店210个，占全市镇及涉农街道相关企业数量的比重分别为1.03%、0.75%、1.13%、2.03%，受制于环保政策和功能定位，北部山区非农产业基础薄弱，需要因地制宜，重点扶持。从农村居民可支配收入的情况来看，北部山区农民总体收入偏低，主要以外出务工为主要经济来源。与打工就在家门口的珠三角地区相比，广州市北部山区可提供就业的二产、三产企业严重偏少。出于农民增收的需要，广州北部区域亟待引进涉农好项目、大项目。

---

① 按地理位置和经济状况，将广州市花都区梯面镇，从化区吕田镇、温泉镇、良口镇、鳌头镇和增城正果镇、派潭镇、小楼镇划分为北部山区八镇。

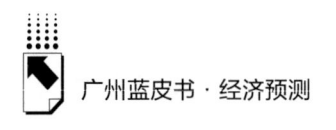

## 三 广州市乡村产业振兴发展的对策和建议

### （一）加强质量监测，保障农产品安全有效供给

1. 健全农业支持保护制度

加强粮食生产功能区和特色农产品优势区建设，着力稳定粮食生产，不断提升"菜篮子"产品的有效供给能力，先行开展高标准农田改造提升项目试点工作。

2. 加强农产品质量安全监测

构建农产品质量控制和追溯体系，打造绿色精致农业，加快构建与国际标准接轨的果蔬标准园、畜禽养殖标准化示范场和水产养殖标准示范场，加快构建农产品质量安全防线，强化准入准出规范，完善风险预警机制，加大抽检监测力度。不断提高农产品质量和效益，保障重要农产品安全有效供给。

### （二）发挥乡村资源优势，赋能乡村产业振兴

"绿水青山"是乡村最宝贵的财富，也是乡村振兴的根本前提。但是生态资源不会自动转化为"金山银山"。只有不断向乡村赋能，激活"绿水青山"向"金山银山"转化的内在动力，才能为乡村振兴提供源源不断的能量。

1. 提高农产品质量和品牌竞争力

要增强广州优质农产品供给规模与质量，不断提高广州特色农产品的品牌竞争力，持续推动广州以"菜篮子"、"米袋子"为主导融入大湾区市场。

2. 发展生态养老产业

立足乡村资源优势，发展契合粤港澳大湾区城市群实际的生态养老产业，同时加强宏观调控，规划配套的建筑和服务的基础硬件设施。

3. 开展村级工业园的改造升级

把村级工业园的整治提升与传统产业的转型升级相结合，通过探索连片改造、混合开发、地券制度等方法盘活村级工业园用地，释放产业发展空

间。村级工业园区的改造升级将带动广州传统制造业升级，输出更多"智造业"，进一步带动乡村振兴。

### （三）优化土地使用机制，支持乡村产业发展

1. 加强政策顶层设计，精准支撑乡村振兴战略实施

加快推进村级规划编制试点，加快建立乡村振兴的用地保障机制，编制完善支持振兴乡村产业发展的土地政策体系。同时要加强政策落实执行监管，建立完善农业用地监督管理体制机制。

2. 保障乡村产业用地，坚守生态红线

一是积极申报乡村振兴建设用地指标，优先安排现代农业产业园用地指标。同时建立部门联动机制，做好政策解读，指导企业做好用地指标报批手续，保障乡村振兴项目用地指标。二是明确永久基本农田范围，立足地区资源禀赋合理布局，立足产业发展方向做好用地规划，不踩生态红线。在保障乡村振兴产业用地的同时坚守生态保护和粮食安全底线。

3. 加快土地流转，促进土地向新型经营主体集中

在全市推广从化区引导农村土地经营权有序流转发展农业适度规模经营的经验做法，加强土地流转政策宣传，鼓励农户以土地入股，按"保底+分红"方式流转土地给农业企业，在土地流转的绩效上实现双赢。加大土地流转的扶持力度，提升财政对土地流转的补贴数额，促进土地向新型经营主体集中。

### （四）补短板，完善农业基础设施

1. 坚持多头投资，改善农田水利建设

实行政府和社会多头投资。水利设施的高效利用已经成为乡村产业发展最关键一环。整合各部门对水利设施的投资，避免重复投资和重复建设；降低社会资本进入农田水利工程的准入门槛，对社会资本进入农田水利工程给予适当补助或者政策扶持，保障社会资本的盈利性。水利部门设立农田水利维修专项基金，抽取部分投资资本作为维修储备金。鼓励专业人士投身农村水利工程建设管理，借助先进技术和充足的资金推动水利基础设施建设。

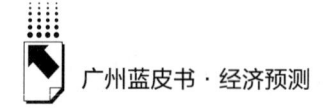

2. 全面统筹规划设计，农业基础设施建设提升"三步走"

第一步有效评估。对现有农业基础设施的建设情况、使用情况以及农业资源的开发现状进行全面综合评估，有效衡量农业生产资源的承载能力。第二步优化规划、设计标准。加强相关政府部门和施工单位合作交流，因地制宜制定合理长效的基础设施建设工程规划和设计标准，确保规划方案的可持续性。第三步严把"检验关"。政府部门要对规划的过程和结果进行严格把控，将基建工程的验收标准纳入规划之中。

3. 健全农业基础设施管理机制

首先，优化管理制度。结合实际管理环境和基础设施建设使用情况，以推进农田工程管护和农业基础设施管理"精细化、制度化、规范化"发展为目标，积极构建全市农业基础设施管理规程规章制度。其次，明确管理方式。根据受益对象和影响范围，遵循"谁受益，谁管护，谁负担，财政适当补助"的原则，实行统一管理和分级管理相结合、专业管理和群众管理相结合，全面监管农业基础设施建设和管理过程。最后，完善养护规范。明确权责划分，严格落实农业基础设施的养护工作，提升基础设施的使用寿命，为农业基础设施的高效运行提供有效保障。

## （五）政策引导，完善财政金融惠农服务

1. 加大财政扶持力度

重点倾斜对积极带动农业增效、农民增收的农业产业化项目进行补助。在加强农村基础设施建设的同时，市财政要加大对农业产业的投入力度和绩效考核，优化农业生产资料的补助政策，有效降低农业生产经营成本，促进农业社会化服务体系建设与现代农业发展。

2. 加强金融服务

指导各企业与农行、农商行、建行等金融部门进行依法依规融资，为经营主体做好融资服务工作。金融机构加大对农业企业信贷支持，简化审批流程，进一步降低服务收费，完善续贷管理，对购买信用保险和贷款保证保险的企业给予贷款优惠政策。

3. 完善农业保险政策

丰富农业保险险种，扩大保险保障范围，提高保险保障标准，减少审批环节，提升保险兑付效率，简化理赔手续，保障农业生产，创新农业保险推广方式，提高农业保险普及率。

### （六）加强人才建设，推进乡村产业建设

1. 吸引人才返乡

要研究制定鼓励本乡本土大学毕业生返乡创业就业的办法举措，拓宽返乡创业就业渠道，搭建大学生返乡实习平台，储备优秀人才。

2. 加强人才培育

积极依托广州丰富的高校资源，采取委托和订单培养、定向就业和专项奖学金等多种方式，精准实施广州乡村振兴产业人才培养和技能培训。

3. 促进产学研相结合

在各区现代农业产业园建立产业研究院、教学实践基地、博士工作站等，发展新型农业技术研发和产业孵化机构，加速科研成果转化。不断完善"三农"科研保障和激励机制，进一步激发农业科研人员的积极性、主动性和创造性。

**参考文献**

1. 袁海江、俞文虎：《关于加强农村水利基础设施建设服务的思考》，《科技风》2020年第29期，第118~119页。
2. 赵金龙：《基于可持续发展的农业水利基础设施建设分析》，《南方农业》2018年第11期，第169~170页。
3. 江彩霞：《乡村振兴背景下广州发展壮大农村集体经济的思考》，《广州城乡融合发展报告》2020年第8期，第123~138页。
4. 段丽杰：《粤港澳大湾区建设进程中的乡村振兴路径——基于"两山"转化的视角》，《探求》2020年第6期，第80~86页。

# B.19 广州市"三农"众创空间发展的探索研究*

广州市农村发展研究中心课题组**

**摘　要：** "三农"众创空间是服务三农各类创新创业、支持乡村振兴的一种重要载体。本文通过对广州"三农"众创空间的实地调研与案例分析，从政策引导、科技支撑、主体培育、人才培养等方面，提出进一步促进广州"三农"众创空间发展的可行路径与对策建议。

**关键词：** "三农"众创空间　创新创业　广州

随着我国迈入了经济发展的新常态时期，创新成为当前新常态下经济发展一大新的要素。在创新创业的大潮中，相对于城市的风生水起，农村的广袤空间作为洼地，更亟待创新的种子在此生根发芽。中共中央、国务院编制的《乡村振兴战略规划（2018～2022年）》提出：坚持市场化方向，优化农村创新创业环境，放开搞活农村经济，合理引导工商资本下乡，推动乡村"大众创业、万众创新"，培育新动能。从众创空间、星创天地、农业科技园区等方面多次提及三农领域的创新创业问题。这标志着在顶层设计上将创新创业标注成为解决"三农"问题的一剂良药，而众创空间是当前创新创业活动的一个重要载体。

---

\* 本课题为广州市农村发展研究中心委托研究课题。
\** 课题组主要成员：方凯，仲恺农业工程学院教授、经贸学院院长，广东省孵化器协会特聘专家；黄灏然，仲恺农业工程学院副教授；张宁，仲恺农业工程学院。

# 一 广州"三农"众创空间现状调查分析

本文所研究探讨的"三农"众创空间，参照广东省科技厅对于众创空间的定义，"三农"众创空间需要满足以下条件之一：（1）涉农创业项目为主要服务对象；（2）以农村农业为主要领域；（3）以农民为主要受益对象条件。"三农"众创空间即是引导和帮助创业团队服务"三农"的各类科技创新创业场所。

为总结广州市"三农"众创空间的模式与经验，课题组调研了华农大众创空间、金颖农科孵化、弘科创业园、广州科创中心等六处承载涉农创新创业活动的平台。发现广州市现有的"三农"众创空间按其在现代农业中的作用领域分为四种类型。

一是聚焦农业产业资本类。改革开放以来，工业发展壮大后，促进大量农业生产资料进入农业，是农业迅速发展一大的原因。因此，本文将参与此类进程的"三农"众创空间划分为农业产业资本类众创空间。二是农业技术转化类。当前农业发展面临从传统农业转型的历史需求，对农产品质量的要求越来越高，习近平提出"农业出路在现代化，农业现代化关键在科技进步"。而农业技术的提升对于丰富农业产业的内涵具有重要意义。本文调研的弘科产业园即是农业技术转化类众创空间的一个典型例子。三是农业领域流通类。即对接城乡广域的大市场，注重农产品上行，促进商品流通，以此拉动贫困户的就业增收，促进城乡经济社会协调发展，实现共赢，以促进农业流通的方式带动农村农业发展。四是农业科技创新类。"三农"众创空间是现代农业高新技术的试验场，对于涉农高新技术企业而言，农业生产是自然再生产与经济再生产相互交织的过程，既受自然因素的影响，也受经济政策、经济环境的影响。因此，解决小微农业企业在农业科技创新上"心有余而力不足"的问题，是农业科技型众创空间存在的重要抓手。

广州"三农"众创空间的依托主体主要包括以下类别：（1）新型经营主体，即专业大户、家庭农场、农民合作社和农业产业化龙头企业；（2）涉农高校和科研机构；（3）政府主体；（4）现代农业产业园。依托主体并非杂乱无序参与到现代农业的发展中，而是有机参与到现代农业产业链条的各个环节中去。结合课题组调研案例列表分析如下：

表1  各依托主体作用分析

| 不同的依托主体 | 新型农业经营主体 | 涉农高校和科研机构 | 政府主体 | 现代农业产业园 |
| --- | --- | --- | --- | --- |
| 定位于现代农业的功能 | 直接参与农业生产链条的各个环节 | 农村农业发展的后备力量 | 农业发展顶层设计的规划者和实践者 | 农业产业融合发展的园区 |
| 发展"三农"众创的有利条件 | 是农业领域要素整合的最佳组织，有利于转化的便利性，例如农村电商的发展 | 创新创业所需的创意和人才众多 | "三农"众创空间可作为政策指引的具体实施途径 | "三农"众创空间丰富了现代农业产业园的业态 |
| 发展"三农"众创空间的不足 | 现阶段发展薄弱 | 当前存在转化机制不顺畅的问题 | 政府主体下的"三农"众创空间可能存在动力不足的问题 | 创新孵化并非现代农业产业园的重点方向 |

## 二 广州"三农"众创空间发展存在的问题

### （一）"三农"众创空间发展层次较低

1. 数量少、良莠不齐

广州市科技部门公示的广州市众创空间资料显示，截至2018年2月，广州市在众创空间数量上，国家级有51家，省级有33家。而统计资料显示，与农业相关的众创空间，数量占比仅为5%左右，且无一家国家级众创空间，对于位于珠三角经济中心，作为广东省政治文化中心、国家中心城市之一，在率先实现农业产业化、现代化上起示范和带动作用的广州而言，无疑是一块短板。也不利于广州在明确产业化目标的基础上着手开发和应用农业科技、提高农业经济效益、调整优化结构、促进农业转型升级；也不利于深化农村改革、巩固和创新农村经济组织、发展农产品流通加工业、建立健全农产品市场体系等。

2. 发展缺乏特色、集聚效应未形成

尽管广州市"三农"众创空间近年来在数量上表现为一定的增长，但在创业服务的全要素、专业化上并未得到相应的体现。

目前，广州市"三农"众创空间专业领域发展主要聚焦农业科技与农产品流转领域，呈现一种简单集中而非思维聚合的特点。依托于高校的众创空间重心建设模式单一，在孵化育成中未能发挥高校办学优势，而位于农村地带的"三农"众创空间则不约而同地以农村电商作为发展方向，同质化严重，无法形成错位优势和上下游关系，众创空间发展有着"1+1"的现实基础，却收不到"等于"或者"大于"2的效果。

3. 主体的驱动力不足

众创空间作为新生事物，推动其运营主体的动机各不相同，部分众创空间出现了自我驱动力缺乏的问题。

以位于广州华南农业大学校内的华农科创大学生众创空间为例，其场地由华南农业大学提供，由广州垫脚石孵化器有限公司进行运营，而华南农业大学严格规定其入驻团队必须由来自华南农业大学的师生组成，这无疑是收窄了众创空间的受众面，减小了其创新创业的来源，给众创空间的发展设立了天花板。

以事业单位运营主体为例，金颖农科是广东省农科院全资设立的子公司，负责建设和运营众创空间，其在建设上更为看重品牌效应，着力打造其众创空间品牌，以建设"国家级众创空间"为短期目标，而在农科院的兜底下较为轻视盈利模式的构建，不利于其良性循环。

4. 缺乏体现"三农"众创空间特征的服务

在调研过程中可见，各众创空间提供的服务除基本的物业服务等之外，其余内容也相似，包括培训服务、申报服务、代运营服务等，这些服务与工业众创空间类似，并未体现出农业的特殊性，在工业反哺农业的大背景下，显得落伍了。

同时，相对于平台办公、工商注册、企业培训等类基础服务，项目融资、资源对接等相对专业和高水平的软性服务较缺乏，不能提供如专业技

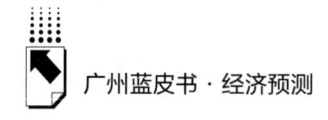

术、运营模式、市场开拓、专业化咨询等孵化性服务。

5. 运营能力不足，管理上"投鼠忌器"

由于农业的弱质性，往往"三农"众创空间较难吸引人才和企业入驻，因此在管理上较为"宽容"，缺乏科学的淘汰机制，存在"宽进宽出""只进不出"的情况。众创空间的管理者对于入驻企业存在"投鼠忌器"的心态，一方面希望执行严格的淘汰机制，另一方面担忧众创空间空置率过高，导致管理上存在矛盾性，既担忧没有企业入驻众创空间，又担心门槛过低带来孵化效果的下降，造成了"三农"众创空间管理上难以"精细化"和"严格化"。

## （二）政府主体的管理协调不足

1. 政策指引不足

当前，众创空间仍处于起步摸索的阶段，众创空间发展的扶持政策在全国各地都有出台，广州市出台的有关众创空间的政策仍然存在"批量生产"、具体的政策规划不足、体制不够创新、创新氛围营造不够等多个待政策突破的问题。

课题组统计了自2014年以来广州市出台的各项政策文件，可分为三大类：一是从资金层面给孵化器、众创空间以支持；二是在管理上对孵化器和众创空间进行准入与监督；三是在企业注册登记、配套支持上提供政策便利。由此可见，广州市出台的政策，仍然较为"粗线条"，缺乏针对性，延续着对科技孵化器的政策指导思路来指导众创空间的发展，缺乏对于专业型众创空间的具有针对性的内容。

2. 品牌意识缺乏，宣传意识薄弱

当前，社会舆论对创新创业的引导和宣传力度不够，尤其是在广大农村，缺乏创新创业的良好氛围，乡村创业者的创意不受重视，热情难以被发掘，这也是直接导致"三农"众创空间数量较少的原因。

## （三）创意转化机制存在短板

入驻众创空间的企业，将自身的创意要素转化为将产品推向市场，众创空间是其获取盈利的场所,因此,保障创新创业企业的优良创意能够被市场所接纳,完成由"创意"向"产品"的转化,是众创空间可持续发展的关键。

当前,众创空间在营收结构上面临着以下问题:①营收来源中不可持续部分的占比过大,专业化服务和投融资收入过少,类似租金和政府补贴的营业收入对于众创空间和入驻企业,均是不可持续的支出和收入,对于两者的发展均起不到持续的促进作用,入驻企业向市场要营收,众创空间提供服务获得收益才是良性的可持续的发展循环;②营收来源较为单一,缺乏高阶服务营收,专业化的服务是孵化入驻企业的一大要素,也是体现众创空间价值所在,而这一方面存在明显的不足。如此,造成了众创空间盈利结构的不稳定性,也不利于入驻企业对接市场,更好地发挥自己的创意要素。

在课题组调研的众创空间中,国营背景的众创空间运营主体对于盈利的迫切程度没有民营企业强烈,这制约着其发展壮大,即使是政府主体支持下的众创空间,也应该居安思危,寻求解决生存问题的新途径,同时客观上也不利于其他众创空间效仿复制,尤其是民营企业作为运营主体的众创空间。

## 三 促进广州"三农"众创空间发展的建议

### (一)适应顶层设计发展

"乡村振兴"和粤港澳大湾区"菜篮子"工程作为国家层面的顶层设计,是广州"三农"众创空间发展的外部机遇。一方面将倒逼供应本地市场农产品质量标准的提升,优质供给体系的升级将反过来促进广州市提升现代农业发展水平,另一方面将拓展农业科技创新发展活力,这无疑给广州"三农"众创空间发展搭建了更大的发展平台。因此,广州"三农"众创空间要基于乡村振兴战略,围绕粤港澳大湾区"菜篮子"工程,着力为广州农业发展培养"量质齐升"的驱动力。首先,"三农"众创空间通过培育农业企业、发展农村电商等，在与"菜篮子"工程接轨的同时，完成农产品品质升级和附加值增加；其次，"三农"众创空间作为要素的汇集平台，需要给传统的农业发展提供更加精细化的服务体系，降低农业发展中的风险；最后，"三农"众创空间作为创新创业平台载体，不仅直接通过众创空间的培训活动，激发农民参与创新创业活动的积极性，也间接通过对创新创业企业的培育，提升了农业产业的发展，发展成果能惠及农民。

### （二）政策指引要素集聚

众创空间具有公益性、开放性、共享性和探索性等特征，因此其发展需要政府和市场共同助力，吸引各类促进农业发展的要素汇聚到众创空间内，结合广州良好的农业基础，开展涉农创新创业活动。因此需要完善创新创业政策体系，加大政策落实力度，降低创新创业成本，壮大创新创业群体。完善股权激励和利益分配机制，保障创新创业者的合法权益，使众创空间的要素充分集聚。

### （三）设立专业管理机构

本文在此提及的管理机构，指的是与众创空间运营方密切相关，且对于众创空间的运营好坏负有责任的上级机构。从课题组调研的广州各众创空间来看，一个统一高效的主管机构是"三农"众创空间运行的关键因素，如广东省农科院给予金颖农科的资金和平台支持。相对而言，华农科创大学生众创空间在管理主体上"二元化"，难免会出现利益诉求不一致的情况，使得众创空间在运营上"瞻前顾后"。因此，广州发展"三农"众创空间有必要设立专业化管理机构，使之对于众创空间而言，是政策的"落脚点"、制度体系的"守夜人"以及服务体系的"质检员"。

（1）"落脚点"：专业化的管理机构需要引导建立规范的创业服务质量管理和评估评价管理体系，提升对众创空间的机构设置、服务标准的监督考评，规范服务流程，使专业水平较高的管理人员负责众创空间的运作管理、企业进驻、团队建设、技术服务、技术咨询等。

（2）"守夜人"：作为组织化的制度保障，管理机构要加强事中事后监管，梳理并简化众创空间管理的流程，提高监管效率。管理机构需要规范市场行为，促进创新要素有序流动。

（3）"质检员"：专业化的管理机构需要充当"中间商"，将工商注册、财务、税务、法律咨询等服务打包提供给众创空间，减少众创空间的营运成本，避免众创空间"臃肿"。另外，专业化的管理机构也要为企业获得优质服务发挥监督作用。

### （四）补齐转化机制短板

众创空间在成果转化上，面临着成果转化"最后一公里"问题，为了补齐这方面存在的短板，需要政府加强机制建设与引导。政府须为其营造对接市场，促进转化的通道。为了解决创新创业企业在成果交易、资金扶持上的痛点，搭建转化平台和交流渠道，需要通过政府出面，为创业者和科学家"护航"，引导信息和要素聚集，推动创新创业企业在产出成果上顺利转化，获得快速合理的市场反馈，因此有必要推动转化机制和相关机构的建设。

### （五）深入宣传双创精神

对于农村创新创业而言，积极扩大农民参与度，提升众创空间对农村发展的带动，需要营造良好的文化氛围。加强各类媒体对大众创新创业的新闻宣传和舆论引导，报道一批创新创业先进事迹，树立一批创新创业典型人物，让"大众创业、万众创新"在全社会蔚然成风。

### （六）健全落实机制

"三农"众创空间的建设涉及创业生态系统的诸多主体，具体的项目建设又有主次、缓急之分，必须进行统筹安排、统一管理，制定分期目标和实施计划，分地区、分重点、分步骤有序地组织实施。

要在有效整合现有要素资源基础上建造一批低成本、便利化、全要素、多元开放、各具鲜明特色的众创空间,要尽量避免在同一区域空间的无序引入和同质化建设;鼓励各行业龙头骨干企业和有条件的高校科研院所围绕现代农业产业发展定位来建设众创空间,形成开放共享的创新创业平台。"三农"众创空间依托主体涵盖多方面内容,应逐步选取具有一定基础、具有典型代表意义的众创空间,优先重点发展,及时发现总结发展过程中存在的问题和经验,再进一步扩大范围推广。项目落实必须依靠制定详细的实施方案,并将任务措施的落实情况作为绩效考核的指标之一。

## 参考文献

1. 武舜臣、胡凌啸、储怡菲:《新型农业经营主体的分类与扶持策略——基于文献梳理和"分主体扶持"政策的思考》,《西部论坛》2019年第6期,第53~59页。
2. 林嵩:《创业生态系统:概念发展与运行机制》,《中央财经大学学报》2011年第4期,第58~62页。
3. 汪群:《众创空间创业生态系统的构建》,《企业经济》2016年第10期,第5~9页。
4. 贾天明、雷良海、王茂南:《众创空间生态系统:内涵、特点、结构及运行机制》,《科技管理研究》2017年第11期,第8~14页。
5. 杨艳娟、应向伟、叶灵杰:《众创空间生态体系:理论检视、系统建构与发展策略——以浙江省为研究视域》,《科技通报》2017年第1期,第254~258页。
6. 梁文卓、王琳、侯云先:《涉农创意企业的孵化模式研究——基于创意价值链的视角》,《管理现代化》2015年第4期,第37~39页。
7. 韩长赋:《大力推进农村创业创新,对于实施乡村振兴战略具有重要意义》,《农业工程技术》2017年第33期,第7页。
8. 林聪伶、台新民:《温州市众创空间发展现状、问题及对策研究》,《浙江工贸职业技术学院学报》2017年第2期,第46~50页。
9. 陶红、单丽娜:《广州市众创空间发展现状研究》,《清远职业技术学院学报》2018年第5期,第29~34页。
10. 胡文伟、李湛、殷林森、刘晓明、华蓉晖、孙娟:《民营与国有孵化器服务模式比较分析》,《科研管理》2018年第9期,第20~29页。
11. 文福贵:《破解城乡二元结构问题的路径探索》,《沈阳干部学刊》2019年第3

期，第29~32页。
12. 郑思源：《现代农业产业园发展模式研究——"一亩三分地花园农庄"模式方案》，《现代经济信息》2018年第2期，第351~352页。
13. 张锡宝：《发展网络型科技孵化器 促进我省科技进步和创新组织体系的升级》，载山东省社会科学界联合会、山东省社会科学院《科学发展观：理论·模式·实践——山东省社会科学界2006年学术年会文集（4）》。

# 专题研究篇
Special Research

## B.20
## 关于加快建设广州国际消费中心城市的建议 *

广州大学广州发展研究院课题组**

**摘　要：** 培育建设国际消费中心城市，对加快促进广州消费转型升级、推动广州国际化大都市建设、助推国内国际双循环新发展格局形成等具有重大意义。广州建设国际消费中心城市必须以构建双循环新发展格局为导向，确立站位，扬长避短突出广州特色，在巩固提升原有优势的基础上，加快补齐发展短板。

---

\* 本报告为广州市新型智库、广东省高校特色新型智库广州大学广州发展研究院、广东省社科研究基地"国家文化安全研究中心"研究成果。

\*\* 课题组组长：涂成林，广州大学智库建设专家指导委员会常务副主任，二级研究员，博士生导师，国家"万人计划"领军人才。成员：谭苑芳，广州大学广州发展研究院副院长，教授，博士；徐印洲，广州市粤港澳大湾区（南沙）改革创新研究院高级研究员，广东财经大学原副校长、教授；曾恒皋，广州大学广州发展研究院软科学研究所所长；周雨，广州大学广州发展研究院政府绩效评价中心主任，讲师，博士。执笔人：涂成林、徐印洲。

# 关于加快建设广州国际消费中心城市的建议

**关键词：** 国际消费中心城市 双循环新发展格局 广州

培育建设具有强大消费引领和带动作用的国际消费中心城市，是加快促进形成强大国内市场、增强消费对经济发展的基础性作用、更好满足人民日益增长美好生活需要的重大战略举措。自商务部、国家发改委、文旅部等14部门印发《关于培育建设国际消费中心城市的指导意见》和商务部办公厅发出《关于推荐申报国际消费中心城市培育建设试点工作的通知》后，上海、重庆、深圳等许多国内经济强市积极响应，纷纷将培育建设国际消费中心城市作为快速提升城市能级、畅通国内国际双循环的一个重要抓手和发展突破口。广州作为重要的国家中心城市和华南地区重要的消费中心城市，自然不能落后，已于2020年9月正式向商务部申报国际消费中心城市培育建设试点，并迅速出台了《广州市建设国际消费中心城市实施方案（2020～2022年）》等相应的规划方案和配套措施，开始全力打造引领华南、辐射全国、面向世界的具有全球影响力的综合性国际消费中心城市。

当前世界正处于百年未有之大变局，加快形成以国内大循环为主体、国内国际双循环相互促进的新发展格局，已经成为我国经济发展的新主题。广州申报和建设国际消费中心城市不仅正当其时，且应从构建国内国际双循环新发展格局的战略高度来提高认识，确立站位，发挥优势，扬长避短，尽快成功进入培育建设试点行列，努力建设成为国际消费中心城市。

## 一 广州建设国际消费中心城市的重大意义

### （一）建设国际消费中心城市有利于扩大和引领消费，加快促进广州消费转型升级

我国正处在消费引领新发展格局的关键时期，广州城市竞争力不断增

强,城市产业结构持续优化,城市经济正在深刻转型,迫切需要加快培育建设具有强大创新能力、积聚能力和引领能力的国际消费中心城市。广州申报试点并加快建设国际消费中心城市,为进一步扩大消费市场能级形成支撑,提供拉动经济增长的新载体和新引擎,必将为新时期消费驱动城市经济可持续健康发展注入巨大新动能。

### (二)建设国际消费中心城市,有利于带动广州提升国际化水平和新一轮高水平对外开放

通过培育建设国际消费中心城市,广州可以更有效地依托强大的国际和国内市场,不断集聚全球各种消费资源,增强对粤港澳大湾区、全国乃至全球消费的强大引领和带动能力,增强消费对经济发展的基础性作用,更好满足城乡居民日益增长的美好生活需要。

### (三)建设国际消费中心城市,也是广州加快国际化大都市建设的重要突破口

培育建设国际消费中心城市,有利于进一步扩大广州新兴消费市场规模,加速各类消费资源的有效集聚,促进和激励消费创新,为供给侧结构性改革提供更为明确的市场信号;有利于引导各类市场主体加快产品、服务及商业模式创新,打造全新城市消费功能,进一步提升广州在粤港澳大湾区、华南乃至国内外的影响力和辐射带动作用,更好地促进粤港澳大湾区不同城市之间的协调发展。

### (四)广州建设国际消费中心城市,还有利于吸纳宏观限制房企杠杆以后所释放出的资金

目前,宏观经济正在对房企等高杠杆率行业进行调控。广州启动国际消费中心城市建设,引导以往房企过多使用和挤占的资金流入消费领域,并从消费领域进入制造业,稳固供应链和产业链,从而使广州城市经济更稳妥地形成新发展格局。

### （五）建设国际消费中心城市，是助推广州国内国际双循环新发展格局形成的重要加速器

国际消费中心城市虽然面向国际经济循环，但是以国内大循环为立足点和发展主体，强调通过供给侧结构性改革，以国内供应链和产业链为强有力的支撑，吸引国际消费更加依赖巨大的中国市场，进一步畅通国内经济循环，从而在提高国内国际经济双循环能力的同时，促进广州城市经济稳固增长，引领粤港澳大湾区经济发展，为全国经济高质量稳定增长做出更大贡献。

## 二 广州建设国际消费中心城市必须以构建双循环新发展格局为导向

2019年我国人均GDP首次突破1万美元的大关，全国居民人均可支配收入超过3万元，已稳步进入了中等偏上收入国家行列，并正向高收入国家快速迈进。深圳、无锡、南京、上海、北京、广州等十余座国内城市的人均GDP已突破2万美元，成为国际公认的高收入城市。收入水平提高推动国民消费能力提升与消费结构升级，近年来出境旅游、境外购物等高端消费行为明显增多，我国居民海外总消费支出已跃居全球首位。这种状况反映出当前我国的商品服务流通水平不能完全满足国民的消费升级需求，导致中高端消费红利大量外流。而要扭转这种状况，就必须增强消费对经济社会发展的基础性作用，顺应消费升级趋势加快培育完善内需体系，坚持扩大内需战略形成强大国内市场，促进形成国内国际双循环新发展格局。这也是国家计划利用5年左右时间，培育建设"若干立足国内、辐射周边、面向世界的具有全球影响力、吸引力的综合性国际消费中心城市，并带动形成一批专业化、特色化、区域性国际消费中心城市"的根本目的所在。

因此，广州培育建设国际消费中心城市，应该且必须以构建国内国际双循环新发展格局为战略基点与核心导向，这既是广州作为国家重要中心城市的政治担当，也是广州城市未来实现可持续、高质量发展的自身需要。

## （一）广州要以建设国际消费中心城市为契机，适时调整目前"两头在外"、外贸依存度过高的产业格局

外贸依存度过高的产业格局的缺陷在于易受国际市场波动影响，经济安全风险大，关键核心技术受限，产业结构转型升级被动等。通过国际消费中心城市建设，用"消费力进口"替代商品出口，与挖掘内需潜力相匹配，由占领国际国内"两个市场"，替代为吸引国际国内"两种需求"，这样可以引进国际消费资源，加速新型消费需求的成长，将国际消费的个性化需求转化为丰富的国内细分市场和新型消费的扩展空间，形成更具活力的消费新增长点。

## （二）广州要以建设国际消费中心城市为抓手，适当调整激励出口的政策导向

当前全球疫情远未消退，对出口拉动不能抱过高期望。建设国际消费中心城市必然立足于国内消费中心城市的基础上，要把满足国内消费作为基点，充分发挥广州较大规模市场优势和内需潜力，提高内需产品的供给质量，消除内需产品（服务）和外需产品（服务）质量差异，在进一步满足内需和挖掘内需潜力的基础上，通过建设国际消费中心城市，使国外消费资源进入广州消费市场，从而在提高经济自我循环能力的同时，促进更高水平的对外开放，实现国内国际双循环。

## （三）以双循环为导向，意味着广州需要建立辐射国内和国际市场的更加完整健全的流通体系

广州要切实提升国际商贸中心功能，建立既满足内需又满足外需的高质量的商业服务体系，就需要努力打造从重工业到轻工业，从制造业到服务业，从劳动密集型产业到资本密集型和技术密集型产业，从高端制造到普通制造的门类相对齐全、相对完整的工业体系。广州要通过建设国际消费中心城市，使国际大循环与国内大循环环环相扣，更好地利用国际国内两个市场

两种资源，疏通影响国内大循环的"堵点"，让外需在拉动内需上发挥更加积极主动的作用。

## 三 广州建设国际消费中心城市需要尽快补齐发展短板

广州建设国际消费中心城市，在城市经济实力、城市消费能力、开放水平、国际知名度、商贸服务基础设施条件、消费创新和引领能力等方面已有较好的基础条件。其中，在城市竞争实力与国际影响力方面，广州早在2016年就被评为Alpha级别世界一线城市。在城市开放水平方面，广州是我国最早的沿海开放城市之一，在《2020全球重要城市开放数据指数》排名中居第8位。从城市国际商贸服务与创新引领能力看，广州有千年商都的美誉，拥有国内规模最大、行业门类最全的专业批发市场体系，以及世界单展规模最大的广交会。现在广州又在大力打造直播电商之都，2020年2月以来直播商户开播场次、观看人次、购买力在全国城市排名中均居首位，已成为我国名副其实的直播电商第一城。实物商品网上零售额占社会消费品零售总额的比重从2019年的13.9%快速提升到2020年的21%，新型消费模式在2020年稳消费、促消费方面的作用更加突出，传统千年商都正在向现代化的国际商贸中心华丽转型。从交通便利性看，2020年广州白云国际机场旅客吞吐量为4376.81万人次[①]，客流量跃居全球第一，超过美国亚特兰大国际机场成为2020年全球最繁忙机场。

但也必须看到，相较于纽约、巴黎、伦敦、东京等领先的国际消费中心城市，广州在城市国际影响力、国际化营商环境、国际消费便利性、全球优质消费资源集聚水平、时尚消费创新引领能力、城市商业活跃度与消费舒适度等方面仍有一定的差距。广州应该根据《关于培育建设国际消费中心城

---

① 数据来源：《2020年广州市国民经济和社会发展统计公报》。

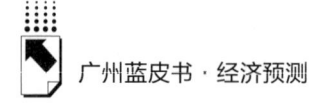

市的指导意见》提出的六个方面重点任务要求,在巩固提升原有优势的基础上,加快补齐发展短板。

### (一)突出广州特色,进一步优化营商环境

据统计,全国有上海、重庆、南京、西安、成都、深圳、青岛等多个城市都在积极争取国际消费中心城市培育建设试点,南京、上海等城市已围绕建设国际消费中心城市出台了相应的建设方案或专项扶持措施。广州要想从众多城市中脱颖而出,必须保持传统,发挥优势,突出特色,不断创新。除了耳熟能详的既有优势,广州在国际国内被消费者最为称道的是城市的开放包容精神,企业的商业服务意识,市政与商业服务设施的现代化与实用性,与外界交流沟通的便捷与广泛,等等。上述口碑是广州的独特优势,需要高度重视,并应该成为对外传播的突出亮点。

在建设国际消费中心城市的诸多措施中,要紧紧抓住打造国际化营商环境与舒适消费体验环境这个"牛鼻子"。世界上一些有名的国际消费中心城市,近年来因为多种原因营商环境恶化而开始沉沦。广州与一些名冠全球的国际消费中心城市相比,硬环境毫不逊色,如能在软环境上更胜一筹,则是当之无愧的国际消费中心城市。因此,打造国际化、法制化、诚信安全便利、严格保护知识产权的营商环境,不仅是建设国际消费中心城市的要求,也是广州自身发展、城市提质增容的迫切要求。营造优良软环境和保护知识产权,不仅是广州市委市政府的政策导向,更要成为广州深入人心的社会舆论,在广州市民意识中形成鲜明的社会共识。

### (二)从城市发展全局出发,各项建设相辅相成

近年来,广州启动多项推进商贸发展的建设工程。2012年广州市委市政府出台了《关于建设国际商贸中心的实施意见》,2014年正式提出建设国际会展中心城市,2017年确定了国际航运中心、物流中心、贸易中心和现代金融服务体系"三中心一体系"的城市发展定位,2018年又推出《建设广州国际航运中心三年行动计划(2018—2020年)》。2020年,广州提出了

"建成具有较强国际影响力和辐射力的国际消费中心、全球贸易枢纽、国际会展之都和国际商贸服务中心"的发展目标,并陆续出台了《把握国内国际双循环战略促进钻石产业高质量发展若干措施》《打造时尚之都三年行动方案》《关于促进会展业高质量发展的若干措施(暂行)》《把握RCEP机遇促进跨境电子商务创新发展的若干措施》等10多个行动方案与政策措施。经过多年持续努力,上述各项计划都取得了明显的进展,为建设广州国际消费中心城市创造了有利的条件。

但在商贸、消费、旅游、交通领域依然存在明显的衔接不足问题,没有真正形成发展合力。如当前广州的一些消费行业之间、各类商业企业之间融合互动不足,一些商业服务设施与城市基础设施之间也没有真正实现无缝衔接,商务中心、旅游景点、历史街区、交通枢纽与城市的一些主要商圈、重要商业网点之间还存在许多规划脱节、建设不匹配的现象。这些问题严重影响广州城市消费体验的舒适性、可达性和便捷性。因此,广州要建设国际消费中心城市,首先就必须统筹协调好商贸、购物、旅游、餐饮、交通、物流、金融等各资源要素之间的互通互融,增强国际消费中心城市的综合效应。

### (三)商旅文融合发展,集聚合力建设国际消费中心城市

促进商旅文深度融合发展是供给侧结构性改革的重要举措,也是以商贸为载体、以旅游为媒介、以文化为内涵,合力推进建设国际消费中心城市的关键一环。广州要加快培育建设国际消费中心城市,除了要继续做强广州的传统和新型商贸业,还需要实现商(贸)旅(游)文(化)产业深度融合发展,通过与旅游、文化、会展、科技的深度融合进一步拓展商贸业的发展新空间,催生商贸业的新型领域,铸造"千年商都"新名片。建议广州要在"十三五"期间广州建设国际商贸中心城市取得巨大成效的基础上,进一步合力打造全球闻名的时尚之都、都市型旅游胜地和岭南文化核心之都。以加快打造世界级旅游目的地、创建国家文化和旅游消费示范城市与积极申创"世界美食之都"为契机,为广州现代商贸业发展注入内涵更加丰富的

城市文化基因与旅游消费元素，进一步巩固提升广州作为全国最佳商业城市的领先地位。

### （四）将建设国际消费中心城市融入粤港澳大湾区建设之中

广州应深入学习和贯彻落实习近平总书记在深圳经济特区建立40周年庆祝大会上的重要讲话，利用建设粤港澳大湾区和深圳建设中国特色社会主义先行示范区的历史机遇，把建设国际消费中心城市培育建设试点与推进粤港澳大湾区建设有机结合起来，着力释放"双区驱动效应"。关键是通过建设广州国际消费中心城市，推进人流、物流、资金流和信息流等各类市场要素高效便捷流动，提升粤港澳大湾区的市场一体化水平。

### （五）推进广深"双城联动"，共同打造国际消费中心城市

广州和深圳两个城市同属广东和粤港澳大湾区，都具备培育建设立足国内、辐射周边、面向世界的具有全球影响力、吸引力的综合性国际消费中心城市的基本条件。目前两个城市也都已向商务部申报了国际消费中心城市的培育建设试点。

我们认为，在建设国际消费中心城市构建双循环新发展格局的发展战略中，广州深圳两城主要是竞合关系，而不是零和博弈关系。广州和深圳是共同引领粤港澳大湾区建设和广东未来经济发展的中心城市与枢纽引擎，广深共同打造国际消费中心城市更加有利于粤港澳大湾区、广东以及两市加快构建起双循环新发展格局。《广东省委关于制定"十四五"规划和2035年远景目标的建议》已明确提出，"支持广州、深圳建设国际消费中心城市，培育一批区域消费中心城市，建设一批高品质消费集聚区，打造一批省级示范特色商圈"。因此，广州应在与深圳同时申报国际消费中心城市培育建设试点过程中，积极推进两城的市场信息对称，市场开放度趋同，市场空间和渠道彼此开放，营商环境建设统一标准，努力规避同质化竞争，共同构建粤港澳大湾区市场一体化。

## （六）加强宣传推广，强力推介广州国际消费中心城市形象

低调务实一直是广州人和广州这座千年古城的一种重要文化特质。但针对当前众多城市竞跑国际消费中心城市的态势，广州除继续保持务实品质认真做好强优势、补短板相关工作外，还需要改变低调传统加强宣传推介工作。建议广州市有关部门尽快组织拍摄广州建设国际消费中心城市专题 VR 视频，通过各种渠道向国内外介绍广州目前建设国际消费中心城市的优势条件和政策举措，强力推介广州作为国际消费中心城市的形象。

**参考文献**

1. 中共中央关于制定国民经济和社会发展第十四个五年规划和二〇三五年远景目标的建议，人民网，http：//cpc.people.com.cn/GB/http：cpc.people.com.cn/n1/2020/1104/c64094 – 31917780.html。
2. 广州市国民经济和社会发展第十四个五年规划和2035年远景目标纲要，广州市人民政府网站，http：//www.gz.gov.cn/gkmlpt/content/7/7287/post_7287969.html#12632。
3. 关于培育建设国际消费中心城市的指导意见，中华人民共和国中央人民政府网站，http：//www.gov.cn/xinwen/2019 – 10/25/content_5444727.htm。
4. 商务部办公厅关于进一步做好推荐申报国际消费中心城市培育建设试点工作的通知，中华人民共和国商务部网站，http：//www.mofcom.gov.cn/article/h/redht/202003/20200302942337.shtml。
5. 2020年广州市国民经济和社会发展统计公报，广州市统计局网站，http：//tjj.gz.gov.cn/tjgb/qstjgb/content/post_7177236.html。

# B.21
# 关于培育新型消费促进广州国际消费中心城市建设的建议

民进广州市委员会课题组*

**摘　要：** 随着消费升级，消费新趋势和新方式不断涌现，新消费已成为经济发展新动能。加快构建双循环发展新格局，全面促进消费，需要培育新型消费。广州市消费基础深厚，也面临着一系列挑战。建议将新消费作为广州市建设国际消费中心城市的重要抓手，以新消费为引领，顺应消费升级的分众化、个性化、品质化、便利化、社交化和体验化趋势，通过数字赋能、文化植入和跨界融合，开展新品牌、新服务、新业态模式、新场景"四新"培育工程，增强广州消费的吸引力、影响力和辐射力。

**关键词：** 新型消费　国际消费中心城市　广州

"十四五"期间，我国要加快构建以国内大循环为主体、国内国际双循环相互促进的新发展格局，必须牢牢把握扩大内需战略基点，增强消费对经济发展的基础性作用，全面促进消费。我国消费已进入新一轮变革的窗口期，新消费的兴起成为本轮消费变革的重要特征和发展趋势。广州建设国际

---

\* 课题组组长：梁晓玲，民进广州市委员会专职副主委。课题组成员：李健晖，民进广州市委员会参政议政处处长；任慧明，民进广州市委员会参政议政处三级主任科员。执笔人：任慧明。

# 关于培育新型消费促进广州国际消费中心城市建设的建议

消费中心城市，必须顺应消费升级趋势，培育新型消费，以新消费创造需求、引领消费、升级产业，打造全球竞争新优势。

## 一 新消费孕育新蓝海

相较于传统消费，新消费的"新"主要体现在顺应消费升级的趋势，以消费者为中心，运用大数据、人工智能等新技术，创造多样化、个性化、体验式的新产品新服务，以网络购物、移动支付、线上线下融合等新业态新模式，夜间经济、特色街区等体验式、文化化的新场景，适应人民群众日益增长的美好生活需求并创造新需求。从供需两端发力，形成需求牵引供给、供给创造需求的更高水平动态平衡。

### （一）新的消费趋势凸显，新品类、新品牌、新服务不断涌现

1. 新品类补位空白领域

品类创新更加注重洞察消费者需求，发现未满足的需求，补位空白领域。京东平台全年新增细分品类达 728 个，"双十一"期间天猫 357 个细分新品牌成交额登上细分类目 Top1。

2. 新品牌满足分众化、个性化需求

以新国潮、新国货为代表，彰显特色，更具文化内涵。"双十一"期间天猫 357 个细分新品牌成交额登上细分类目 Top1。新品牌表现突出，1800 多个新品牌成交额超越上年，94 个新品牌增长超过 1000%。跨界联名成为品牌创新渠道，李宁与敦煌研究院跨界合作，占据新消费品牌榜单第一位。回力、大白兔、稻香村等老字号老品牌创新设计和营销，焕发新生机。

3. 新服务满足便捷化、智慧化需求

在线教育、在线医疗、云看展等崛起，珠宝清洗/保养/维修、24 小时送药、同城跑腿快递上门、宠物寄养等本地生活新服务逐渐普及并趋于成熟，提升群众幸福感和获得感。

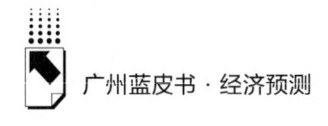

## （二）新的消费方式崛起，新业态、新模式、新场景加速布局

**1. 定制消费、直播电商、沉浸式产业等新业态发展迅猛**

2019年，定制家具规模超2900亿元，服装定制规模达1700亿元；国内沉浸式产业产值达48.2亿元，沉浸业态模式达35种。

**2. 新零售、社群营销等新模式需求凸显**

完美日记依靠小红书等开展社群营销成为千亿元级网红新品牌，在小红书上相关笔记超过30万篇、粉丝195万，2020年"双十一"全网累计销售额突破7亿元，蝉联彩妆销售冠军。

**3. 新消费场景凸显新特色**

新消费场景如正佳广场体验式主题购物乐园、超级文和友等成为特色文化地标和网红打卡地。超级文和友以80年代生活场景＋民俗文化＋民间小吃的电影场景式消费场景，激发体验的欲望，满足社交需求，最高排位1200号。

## 二 各地密集出台新消费发展政策

2020年9月，国务院办公厅印发《关于以新业态新模式引领新型消费加快发展的意见》，要求各地加快推动新消费扩容提质。北京、上海、成都、杭州、武汉、南京等地纷纷出台发展意见或三年行动方案，明确提出要加快新消费发展，将新消费作为建设国际消费中心城市主要抓手。

**1. 成都**

早在2017年就成立新经济发展委员会，作为政府主要职能部门开展新经济研究并统筹推动发展。2020年出台《以新消费为引领提振内需行动方案（2020～2022）》，着重推动消费场景创新，提出"以新消费为引领，打造美好生活消费新场景、创新在线消费新模式，发展消费新业态，培育消费新热点，推出消费新产品，搭建消费活动新平台"。

**2. 南京**

实施"新消费"行动计划，成立新消费行动专项推进办，重点抓好激发新热情、聚焦新热点、提供新服务、发展新模式、营造新场景、延伸新时段、打造新引擎、提升新品质、完善新链条等九方面工作。

3. 上海

出台《促进新消费发展发挥新消费引领作用行动计划（2016～2018年）》《促进在线新经济发展行动方案（2020～2022年）》，提出集聚"100＋"创新型企业、推出"100＋"应用场景、打造"100＋"品牌产品、突破"100＋"关键技术等4个"100＋"。

4. 武汉

制定《加快新消费引领打造国际消费中心城市三年行动计划（2019～2021）》，提出建设现代化商业聚集地、国际化消费目的地、便利化时尚宜居地，打响"武汉购"品牌。

5. 杭州

召开推进新消费工作会议，打造"新消费·醉杭州"品牌，实施"欢乐购物在杭州"等五大工程。

## 三 广州全面促进消费基础深厚

### （一）消费市场兴旺，消费潜力巨大

广州是枢纽城市和口岸城市，批发市场发达，商业氛围浓厚。消费基础深厚，拥有1530万常住人口。2019年接待游客2.54亿人次；2020年，疫情影响下仍接待过夜游客4182.59万人次；2021年春节七天假期，广州接待市民游客1086.73万人次，实现旅游业总收入73.68亿元。

近年来，广州通过打造都会级、区域级、社区级等不同规模的现代都市商业功能区，逐步构建起多中心城市商业格局。广州市第四次全国经济普查公报显示，2018年末，全市共有零售业企业法人单位数6.17万个，其中，纺织、服装及日用品专门零售企业法人单位数1.63万个，新型零售企业法人单位数高速增长，货摊、无店铺及其他零售业企业法人单位数0.99万个。

2019年，实现社会消费品零售总额9975.59亿元，人均社会消费品零售额居全国城市第一位。从1988年到2019年，广州社会消费品零售总额连续32年排在全国第三。2020年，社会消费品零售总额为9218.66亿元，位居全国第四。"十三五"时期社会消费品零售总额年均增速达5.7%。

图1 2011~2020年广州市社会消费品零售总额及同比增长情况

## （二）新型消费发展迅猛，线上线下融合发展

广州网络消费呈现爆发式增长。2019年全市限额以上批发零售业通过公共网络实现商品零售额比上年增长12.9%，拉动社会消费品零售总额增长1.7个百分点，占社会消费品零售总额的13.9%。网上零售额、快递业务量分别增长12.9%和25.3%。国家邮政局官网发布的《2019年度快递市场监管报告》显示，广州2019年快递业务量累计634680.3万件，同比增长25.3%，再次位列全国第一。

2020年，线上消费保持活跃，不断涌现的线上新型消费有效促进消费回补、潜力释放，2020广州直播带货年启动3个月以来，广州市实物商品网上零售额保持高速增长，同比增长均超30%，在7月6日发布的《中国潮经济·2020网红城市百强榜单》中广州仅次于北京，位列第二。全市限上批发零售业实物商品网上零售额同比增长29.5%，限上住宿餐饮企业通过公共网络实现的餐费收入同比增长28.7%。2020年快递业务量761578.1万件，仅次于金华市，位列全国第二。

### （三）出台多项政策措施，促进消费扩容提质

1. 理顺消费体制和机制

2019年3月，广州市人民政府办公厅印发了《广州市完善促进消费体制机制实施方案（2019—2020年）》，提出了推动重点服务消费领域加快发展、完善促进实物消费结构升级的政策体系、加快推进重点领域产品和服务标准建设、建立健全消费领域信用体系、加强消费信息引导等5项21条重点任务，从供需两端发力，不断提升居民消费能力。

2. 创新消费业态和模式

2019年8月，广州市出台《广州市推动夜间经济发展实施方案》，打造夜间经济集聚区，广州入选2019"夜间经济十强城市"评选榜单。2019年12月印发《广州市推动便利店品牌化连锁化发展工作方案》，提出"推进便利店+餐饮休闲、便利店O2O（线上线下融合）模式、无人便利店等新业态落地"。2020年5月印发的《关于提振消费促进市场繁荣的若干措施》提出"创新消费模式，提升消费载体，促进消费新业态、新模式、新场景的普及应用"。

3. 做好规划和布局

2016年以来，广州先后出台了促进体育、文化、养老等产业发展的意见和措施。2018年12月，出台《广州市人民政府办公厅关于加快文化产业创新发展的实施意见》；2019年1月，出台《广州市餐饮业网点空间专项规划（2016~2035）》，以规划为引领，为优化消费环境夯实基础。

4. 提供技术支撑和保障

2020年4月，广州市颁布了广州数字经济"1号文件"《广州市加快打造数字经济创新引领型城市若干措施》，提出"建设数字经济创新引领型城市，加速将广州打造成为粤港澳数字要素流通试验田、全国数字核心技术策源地和全球数字产业变革新标杆"。数字经济的赋能将持续为新消费提供发展契机和技术支撑。

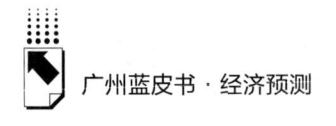

## 四 面临的挑战

广州市"十四五"规划提出建设国际消费中心城市，但在新发展格局下，广州在城市时尚引领力方面，不够潮；在商圈吸引力方面，不够特；在品牌影响力方面，不够响；在服务业线上线下融合方面，不够多；在营销种草方面，功夫不够深；在政策和监管方面，创新不够快。

### （一）需要更加明确提出以新消费为统领

近年来，广州市已陆续出台专项政策措施，大力推动"定制之都"、"时尚之都"、"直播电商之都"建设。2021年提出要创新发展直播电商、社交电商、生鲜电商，以时尚经济、首店经济、品牌经济带动消费增长，这些都属于新消费范畴。但新消费还包括创造新产品新服务，包括沉浸式产业、工厂直播电商等不断涌现的新模式新业态，涵盖范围更广、内涵更加丰富、理念更加清晰。广州需要明确以新消费引领新经济形态整体推进、融合发展。

### （二）需要以新消费推动消费和产业双升级

广州市纺织服装、美妆日化、箱包皮具、珠宝首饰、食品饮料等都市消费产业基础雄厚，拥有三七互娱、酷狗音乐等一大批动漫游戏、文化娱乐领域线上生活性服务业头部企业。但都市消费工业外贸贴牌企业多，自创品牌意识有待加强，品牌协作度较低，新品类开发能力不强，产品更新速度远低于市场需求的热度。互联网+教育、医疗等生活性服务业线上平台较少，线上预定到店服务、到家服务等新模式供给不足。企业对新消费趋势把握不足，营销手段仍以传统的产品促销和线下服务为主，跨界融合不足导致难以催生新业态新模式新场景。

### （三）需要针对新消费的特点提供扶持和创新监管

调查显示，目前消费领域企业痛点主要集中于期盼政策加快制定与落实、"放管服"改革、行业精准帮扶等方面。在监管上，产品创新周期缩短趋势显著，需要小批量多频次生产，但监管方式未能匹配，尤其是食品、化妆品行业新产品审批慢问题突出。

## 五 关于培育新型消费的建议

制定以新消费引领国际消费中心城市建设工作方案和新消费发展三年规划，全面布局新消费发展。顺应消费升级的分众化、个性化、品质化、便利化、社交化和体验化趋势，通过数字赋能、文化植入和跨界融合，开展新品牌、新服务、新业态模式、新场景"四新"培育工程，增强广州消费的吸引力、影响力和辐射力。

### （一）培育新品牌，提升消费品牌影响力

追逐"新国潮"，培育"广州新国货"。实施消费工业增品种、提品质、创品牌"三品"战略。传统老品牌"一品一策"，数字赋能、文化注入，培育国潮新品。服装、美妆、箱包等优质品牌，品类创新、社群营销，打造网红爆款。搭建跨界融合平台，推动企业品牌文化化和IP化。推动中小企业参与阿里、京东、拼多多等电商平台新品牌计划，推动外贸贴牌企业参与网易严选、小米有品等ODM制造（原始设计制造商）。依托国际展会、商业节庆建立一批新品发布平台，依托潮流商圈、特色街区和文创园区打造新国货消费体验的潮流集聚地。

### （二）培育新服务，提升服务消费体验度

创建"互联网+生活性服务业"创新试验区，推动线上线下融合发展。推动广百、天河城等建设"云逛街"平台，推动大型实体百货"卖全国、卖全球"。举办"云端美食节"，组织主厨直播、网红吃播、美食打卡等线上活动，引流线下消费。支持小店发展线上预定到店服务和到家服务。统筹教育、医疗等领域优势资源，培育云教育、云医疗等线上生活性服务业平

台。建设基础教育空中课堂，推广在线职业教育和职业能力提升。开展就医复诊、健康咨询、健康管理、家庭医生等服务。

### （三）培育新业态模式，提升消费模式丰富度

着重发展定制消费新模式和沉浸式产业新业态。推动定制消费从家居、服装向珠宝首饰、箱包、家用电器等行业拓展；引导企业与电商平台合作开展C2M反向定制，将工厂直播电商新模式纳入技改资金扶持范围。加快布局沉浸式产业，实施研发投入资助和应用奖励，支持企业开发沉浸式体验项目和产品，支持景区、博物馆、美术馆、文创园区打造沉浸式在线产品，引进沉浸式主题乐园。支持举办广州车展、文博会、家博会、婚博会等线上品牌展会。

### （四）培育新消费场景，提升消费时尚引领度

打造"最广州"新消费场景。引进规划设计、建设运营、创意策划等专业服务机构，打造一批消费新场景。一是"潮购广州"新场景。在天河路、北京路等中心商圈发展品牌首店、国际新品首发、时尚秀展、都市娱乐、品牌餐厅、主题乐园、跨境电商体验店、高端定制店、跨界融合店、市内免税店、国际品牌折扣店等业态，鼓励展览、演出、节庆等文化项目与商圈、商街、商场联手，形成品牌化文商联动项目。二是"品味广州"新场景。在上下九等历史街区发展文化创意、休闲娱乐、美食品鉴、沉浸购物等业态。三是"品鉴广州"新场景。鼓励商厦、博物馆、艺术中心、实体书店、酒店、餐厅、茶馆引进创新演艺项目，在游轮、景区、产业园区、商业体和办公楼周边举办户外演出。四是"畅游广州"新场景。发布广州花城看花、云道观景、都市体验、乡村休闲等打卡地图，在西关风情游、珠江水韵游、千年古城游、广州新城游等成熟线路上培育一批网红打卡新地标。

### （五）创新政策措施，提升扶持和监管精准度

一是加快政策创新。梳理发布广州建设国际消费中心城市的新产品、新

场景、新业态模式和新服务清单手册。组建新消费产业发展联盟，发挥行业商协会、龙头企业推动业态创新和模式推广的作用。搭建新消费企业管理咨询平台，为企业提供市场数据支持和个性化运营指导。建立全市消费环境评价体系，为决策提供参考。发挥"科创板"功能，引导支持天使投资、风险投资等机构重点投向新消费企业。争取中国新消费高峰论坛落户广州。通过内容营销、社交裂变，讲好广州消费故事，种草"广州新国货"和"最广州"新场景。二是实施包容审慎监管。探索新业态新模式"沙盒监管"和触发式监管措施，分领域制定监管规则和标准加快新产品审批流程，放宽融合性产品和服务准入门槛，探索扩大免罚清单等容错监管方式。

# B.22
# 2020年广州营商环境建设调研报告

广州市民主党派联合调研组*

摘　要： 近年来广州高度重视营商环境建设，并在提高办事效率、降低制度成本等方面取得了一系列重要成果。下一步广州应全面对标世行指标体系，着力在薄弱环节于体制机制上实现较大突破。更加注重"大营商"环境优化，在广泛应用数字化手段进行科技硬件赋能的同时，应注重在发展理念、政府作风等深层次软性因素的水平提升上多下功夫，切实增强市场主体获得感归属感幸福感。

关键词： 广州　营商环境　现代化　国际化

根据中共广州市委统战部安排部署，2020年5月至9月，市民建牵头，市民革、市民盟、市民进、市农工党、市致公党、市九三学社、市台盟共同参与，围绕"全面对标世行评估体系　推动广州现代化国际化营商环境出新出彩"主题开展了联合调研，形成本报告。

## 一　近年来广州营商环境建设的主要成果

习近平总书记2017年7月在主持召开中央财经领导小组第十六次会议

---

\* 执笔人：付伟，浙江大学社会学系博士研究生，广州市政协委员，民建广州市委员会委员、经济建设委员会副主任，广东省农垦集团公司《广东农垦》副主编。

和2018年10月在广州考察时，分别对广州提出了"率先加大营商环境改革力度"和"在现代化国际化营商环境方面出新出彩"的重要要求。这是以习近平同志为核心的中共中央着眼推进改革开放事业大局，对广州提出的殷殷期望和赋予的神圣使命，是广州在新时代推进营商环境建设的根本遵循和行动指南。

中共广东省委、广州市委对广州营商环境建设高度重视、周密部署，提出了一系列重大举措。2019年10月，中共广东省委深改委印发《广州市推动"四个出新出彩"行动方案》，其中便包括《广州市推动现代化国际化营商环境出新出彩行动方案》。省委书记李希强调，要着力营造国际一流营商环境，激发全社会创新创业创造活力。省长马兴瑞在广州调研时指出，要持续优化营商环境，支持企业做大做强做优。广州市委市政府将优化营商环境作为"一把手"工程强力推进。市委常委会会议多次专题研究优化营商环境工作，提出要抢抓机遇，积极主动作为，加大改革力度，持续优化营商环境。市委书记张硕辅、市长温国辉担任市全面优化营商环境领导小组"双组长"，密集调研、全面部署、指挥推进营商环境建设工作。2020年1月1日，《广州市对标国际先进水平全面优化营商环境的若干措施》出台，标志着广州营商环境建设进入新阶段。

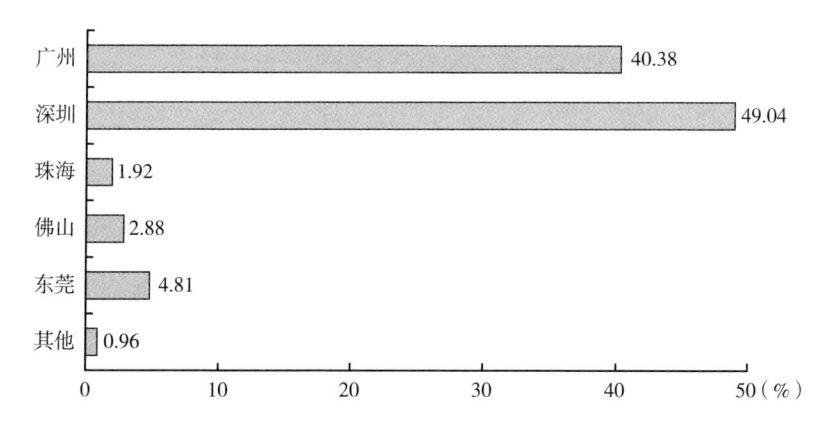

| 城市 | 比例(%) |
| --- | --- |
| 广州 | 40.38 |
| 深圳 | 49.04 |
| 珠海 | 1.92 |
| 佛山 | 2.88 |
| 东莞 | 4.81 |
| 其他 | 0.96 |

**图1 受访市场主体对粤港澳大湾区营商环境最好城市的认可度比较**

资料来源：本次联合调研问卷调查，下同。

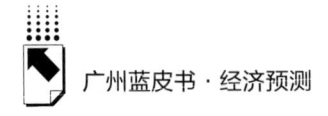

## （一）服务企业生命周期，办事速度越来越快

审批事项"减法"越做越好，办事效率"加法"越做越快，发展效益"乘法"越做越大，曾经的"万里长征图"正在被"秒批"等与"放管服"改革方向和信息技术革命趋势深度契合的营商环境优化新模式、新成果不断缩短。企业全生命周期服务能力不断增强，减流程、减成本、减材料、减时间、优服务"四减一优"成效显著。深入推进"证照分离"改革，推行商事登记与"四品一械"（食品、药品、化妆品、保健品、医疗器械）证照联办改革。从改革1.0到3.0版本，开办企业时间从4个工作日压减至0.5天，企业间不动产转移登记从5个工作日压缩至1小时办结，办理电水气外线工程行政审批总时间从14个工作日减少到5个工作日。落实规划用地"多证合一""多审合一"改革，《建设项目预审和选址意见书》《建设用地规划许可证》办理时限分别由20个工作日减为8个、19个工作日减为3至5个。实行施工许可证分阶段办理，推动项目"早进场""快开工"。区域评估+告知承诺制、经营性出让用地清单制、水电气外线工程建设项目并联审批等3条"广州经验"入选住建部向全国推广的工程建设项目审改经验清单。南沙自贸区试行商事登记确认制改革，将商事登记由行政许可事项改为行政确认事项。黄埔区企业服务"禾雀花"工程出新出彩，2年多共促成479家企业实现上下游合作对接，稳定产业链供应链。

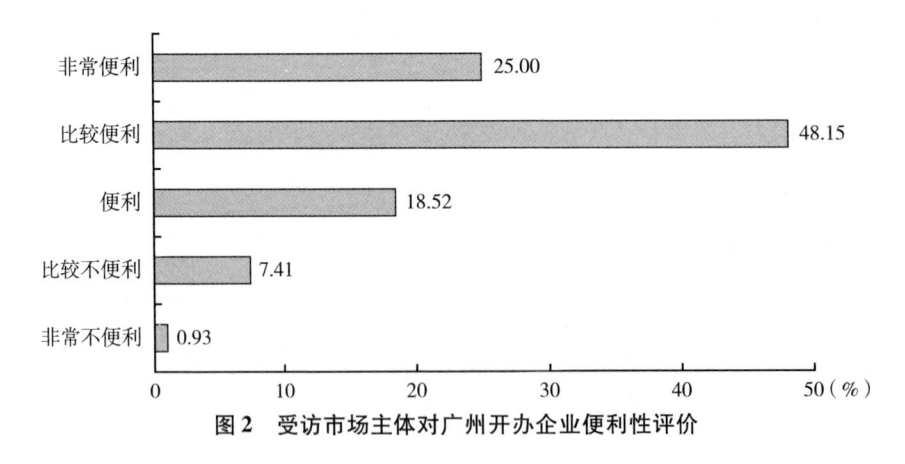

| 评价 | 百分比 |
| --- | --- |
| 非常便利 | 25.00 |
| 比较便利 | 48.15 |
| 便利 | 18.52 |
| 比较不便利 | 7.41 |
| 非常不便利 | 0.93 |

图2 受访市场主体对广州开办企业便利性评价

## （二）市场决定要素配置，公平程度越来越高

加强法治，健全制度，不断降低行业准入门槛，为外资与内资、国有企业与民营企业享有同等待遇、展开公平竞争，着力破除各类机制壁垒、实现制度机会均等。深入实施"放管服"改革，采用现代监管理念和手段，行政行为对企业生产经营的负面干扰逐步减少，更多用市场手段而非行政命令解决经济领域问题已经成为政府的自觉行为习惯。《广州市优化营商环境条例（草案）》已经市政府常务会议审议通过，提交市人大常委会通过后报省人大常委会批准即可公布实施。获批全面深化服务贸易创新发展试点城市。积极开展港澳律师内地执业试点，放宽联营律师事务所执业范围、取消港澳方出资最低比例限制。出台《关于广州扩大金融对外开放提高金融国际化水平的实施意见》，提出放宽外资准入限制、降低港资澳资金融机构准入门槛等10条政策措施，2019年广州地区外资银行资产总额、各项存贷款余额、盈利水平均实现两位数增长，外资保险公司保费收入占全市的1/5以上。

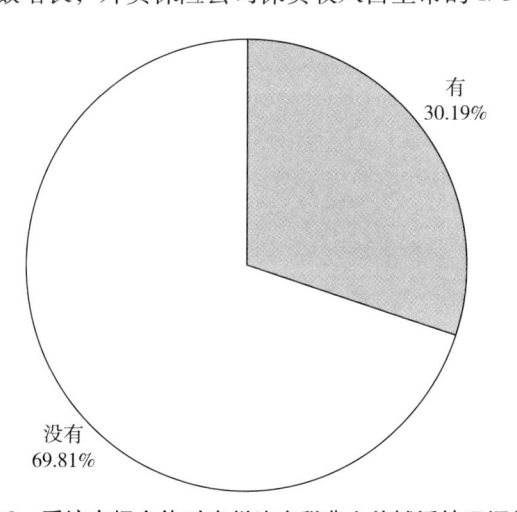

图3　受访市场主体对广州法定税费之外摊派情况评价

## （三）精准扶持水平提升，制度成本越来越低

聚焦企业痛点、堵点、难点问题精准施策，扶持政策杠杆效应持续增

强，财政资金综合绩效和引导作用逐步提升。"撒胡椒面"式的政策越来越少，"精准滴灌"水平越来越高。对于民营企业、中小微企业、农业生产经营主体等市场主体实施政策倾斜，提升其发展能力和抗风险能力，真心实意、真金白银降低企业制度性经营成本。如为新设企业提供免费刻制印章服务，每户可减少500元，预计全年可为企业减负约1.3亿元。特别是在统筹抓好疫情防控和经济社会发展过程中，市委市政府着眼企业堵点、痛点、难点问题精准施策，密集出台《关于坚决打赢新冠肺炎疫情防控阻击战努力实现全年经济社会发展目标任务的若干措施》（"48条"）、《关于做好疫情防控支持企业稳定发展的若干措施》（"便企9条"）、《信用助企打赢疫情防控阻击战的若干措施》（"信用9条"）等暖企扶持政策，同时在市、区、镇（街）、村（居）四级建立"五个一"工作机制，全力服务企业复工复产。截至5月底，已为3.84万家企业免征房产税、城镇土地使用税超过20亿元，为25万户企业办理社保退费17.87亿元，为5万家市场主体减免租金8.7亿元，向34万家企业发放稳岗补贴7.25亿元。2020年上半年，广州市城镇新增就业人数11.97万人，环比上升24.3%。

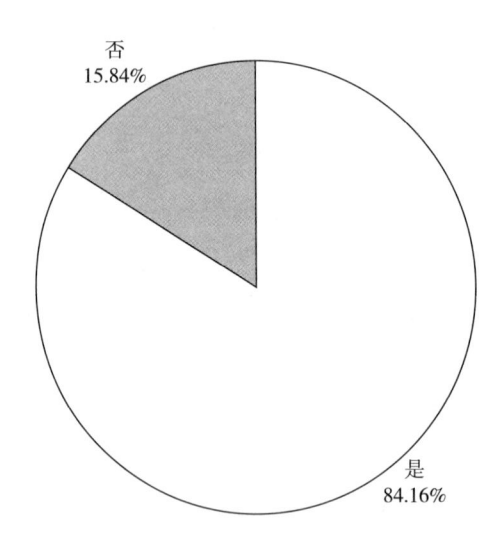

图4 受访市场主体对广州政府出台应对疫情影响政策及时性评价

## （四）数字赋能效应显著，政企沟通越来越顺

加快运用大数据、区块链、人工智能等信息化技术，提升营商环境智慧化水平。全面推行审批服务"马上办、网上办、就近办、一次办"，一网通办事项比例逐步提升。"穗好办"等数据集合性便利化平台正在逐渐打破信息孤岛，让惠企政策家喻户晓，真正实现数据多跑路、群众少跑腿。市、区依申请行政权力事项100%可网上办理。2020年第一季度，全市网上办件量占总业务量的74%。22个部门43个业务系统与市电子证照系统完成发、用证对接联调，月均调用约10万次。建设数字广州基础应用平台。以一张"标准作业图"为底图，覆盖"市、区、街道、社区、网格"五级调度体系。市政府信息共享平台覆盖市区两级，并实现省市区三级数据共享交换。提升城市智慧化水平，打造广州公安指挥云平台、重大事件预警模型、全国首个5G智慧警务平台等一批示范项目。

## （五）改革活力源源不断，首创精神越来越强

进入高质量发展阶段，在营商环境优化进程中，广州作为改革开放前沿地的锐气持续增强、活力持续释放。中共十八大以来，广州共承担各类改革试点任务255项，其中国家167项、省88项。深化商事制度改革、推动创新创业等9项工作获得国务院督查激励，占全省一半，居全国同类城市首位。黄埔区获批创建全省首个营商环境改革创新试验区。行政审批并联改革、"秒批"等手段创新走在全国前列。广州开发区较早成立行政审批局，实现了一个公章管审批，以统筹方法提升政务效能。率先取消低压非居民用电接入的行政审批，实现接电速度、接电成本、供电可靠性三个指标国际领先。"广州市第五资源热力电厂外立面变更设计服务项目"成为国内首个采用区块链技术进行招标的项目。广州中院率先研发上线全国首个破产资金管理系统和"智慧破产"系统，实现了地方管理人智能服务平台、地方破产审判动态监管平台、债权人监督评价平台、破产审判区块链运用平台四个"全国首创"。全省首家粤港澳大湾区政务服务中心落户琶洲。

## 二 广州营商环境建设面临的挑战和存在的问题

### （一）落实推进步子不大，条条框框束缚较多

一些干部创新意识和探索精神还不够强，稳妥有余、闯劲不足，遵法有余、变通不足，因循有余、创新不足。权责清单还没有细化到对岗、对人的程度上，导致一些干部畏首畏尾、不敢作为。在事权下放过程中，上级单位对下级单位只放权不增人、督查多指导少，基层疲于应付、用权水平难以提高。一些地方和部门对制度条文的理解过于简单、机械、狭窄，在具体执行时容易侵害企业权益、贻误发展时机。

### （二）政务创新点多面少，效能提升仍有潜力

政务服务水平提升虽然能够广泛激发基层活力，但由于缺乏统筹设计和协同推进，加之各地各部门财力、人力、物力等要素配置千差万别，导致虽然做法经验层出不穷、改革创新百舸争流，但适用范围始终有限，有些由于缺乏长效机制和后续支持，也出现偃旗息鼓、虎头蛇尾的情况。基层仍然是政务服务信息化的最大软肋，企业、群众反复跑腿的情况仍然不同程度存在。一些区出租屋租赁登记和税费缴纳这类本可以通过网上办的事项仍然需要房主和租户同时到街道出租屋管理中心现场办理，且无法实现全城通办，大大降低登记和缴税的积极性、便捷性。商事登记信息变更手续繁琐，企业注销难、破产难问题没有从根本上得到解决。

### （三）政企沟通不够顺畅，政策兑现力度偏弱

政策出台前征求意见的公众参与度、面向利益相关群体的咨询精准度和协商有效性不高。直接支持市场主体的财政资金投放过于强调产业导向，普惠性资金占比偏少。企业获得政策支持成本较高，不需企业申请、政府自动给予的项目和资金偏少，且申请材料繁多、手续繁琐，一些企业特别是中小

微企业没有能力及时了解或准确理解政策内容，也没有人力、精力去准备复杂的材料和走完较长的流程。一些地方心有余而力不足，配套土地、资金迟迟不能到位，导致项目落地困难。一些政策表述不清、粗枝大叶，导致部分地方和部门出于自身利益考量选择性执行。

### （四）要素获取不够便捷，维权救济渠道偏窄

在规划、用地及工程建设领域，在接通电力、水、燃气等环节，企业通过政务服务或市场服务获得生产经营必备要素价格的难度仍然偏大，不仅在办理时间上有压缩的可能，在费用成本上也有降低的空间。纳税、融资等成本居高不下，即便排除需要争取上级事权的职能范围，仍有改进余地。市场主体合法权益遭到侵害或发生合同执行等纠纷时，非诉救济渠道仍然不多，专业化专职化涉企调解力量不足。"案多人少"没有明显改观，司法效率不够高，诉讼周期仍有较大缩短空间。

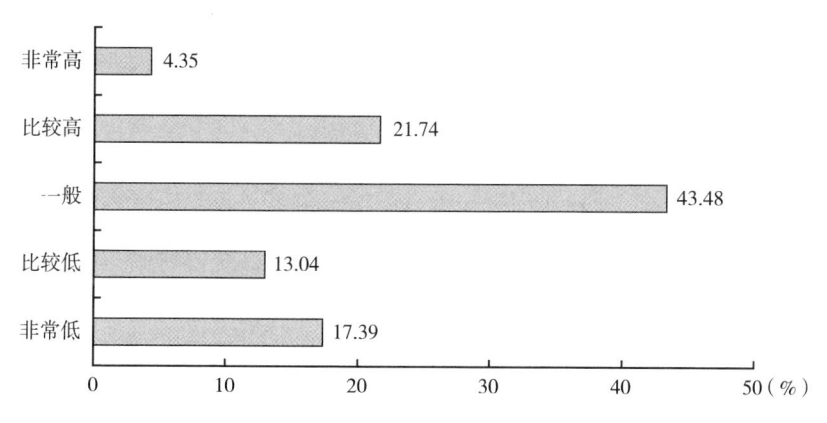

| 评价 | 百分比 |
| --- | --- |
| 非常高 | 4.35 |
| 比较高 | 21.74 |
| 一般 | 43.48 |
| 比较低 | 13.04 |
| 非常低 | 17.39 |

图5 受访市场主体对广州司法效率的总体评价

### （五）发展土壤不够肥沃，民营经济瓶颈较多

相比北京、上海、深圳、杭州、苏州等城市，广州民营经济的整体发展水平仍然不高，突出表现为民间投资规模较小、龙头民营科技企业和独角兽企业数量较少、民营500强企业数量少且多为房地产企业。在政府采购、补

贴力度等方面，民营经济还存在不少隐性竞争劣势。同时，对电竞、日化等一些民营经济占比较高、广州优势明显的产业政策支持力度还不够。

### （六）区域联动衔接不紧，引擎作用有待增强

在广深港澳科技创新走廊、广州都市圈等建设中，广州与香港、澳门、深圳等周边城市在制度规则互认、基础设施互联、政务服务互通、数据资源互传、营商环境互促方面的紧密衔接机制还没有真正建立，商事登记、税费缴纳等还没有实现从"同城通办"到"湾区通办"的跃升，广州的核心引擎作用还没有得到有效发挥。在与深圳的"双城联动"中，广州与深圳功能划分还不够合理，广州的土地、科教等优势与深圳的技术、资本等优势还没有真正耦合。

## 三 进一步推动广州营商环境出新出彩的措施建议

### （一）当前广州营商环境建设亟须处理好的六组关系

**1. 正确处理集成创新与基层探索的关系**

对于广州来说，现代化国际化营商环境建设是一场更深层次、更高水平上的全面改革。这场改革越往前推进，越是要解决好统筹协调与鲜活创造的一致性问题。从目前情况看，特别是在优化营商环境举措对信息化治理手段和降低经营性成本取向的依存度逐步攀升的情况下，增强市级统筹能力的必要性和紧迫性愈加凸显。相对于珠三角其他一些城市来说，广州的市级财力更强，更有条件形成全市一盘棋的营商环境打造格局。应避免出现市直部门间，市与区、区与区之间在营商环境政策供给方面出现的资源重复配置、恶性竞争循环、变相鼓励投机等。市级应在做好营商环境改革制度顶层设计的前提下，积极向上级部门争取必要事权。同时，要鼓励区级在严格执行市级决策，做到有令必行、令行禁止的前提下，多在推动政策落地、做好企业服务、增进信息沟通等方面实现职能重心的倾斜。市级在出台相关政策时，也

要充分考虑到不同区的承受能力和配套水平,健全市、区财政事权和支出责任划分机制,做到权、责、利、能一致。

2. 正确处理制度供给与市场获得的关系

要进一步完善制度,为营商环境建设开拓出更为广阔的空间,另外,也不能迷信制度（包括产业支持政策等）。要认识到制度的"有""行""好"之间的辩证关系和循环链条。制度光"有"还不行,还必须获得全面执行、真正落地见效、及时反馈修正,这样才能实现制度杠杆及其运用水平的螺旋式上升。当前,自上而下的改革路径和模式,已经构建了一套较为完善的制度体系。因此,相对于制度的设计环节,应高度关注并不断提升制度的便捷性、普惠性和可获得性。尤其是对于产业扶持政策而言,应逐步弱化其产业转型趋势引导等宏观经济调控功能,实现企业应得尽得、应享尽享。推动一批政策从"秒批""秒审"走向"秒落""秒兑"。减少需要企业主动申请和行政部门审核的支持性政策比例,更多基于大数据体系采取符合条件即可发放的方式,从而压缩中介机构的生存空间,降低市场化非制度性成本。加快发展民营经济,推进混合所有制改革,深化产学研合作,更加注重从补齐产业链、提升价值链、打造创新链角度为民营企业发展破除瓶颈、防范风险、提供动能,真正破解核心技术、关键环节"卡脖子"的问题。

3. 正确处理技术赋能与作风建设的关系

当前,信息化手段在政务服务中的广泛应用大大提高了行政行为的便捷性和透明度。但也应当看到,人的因素仍然是营商环境建设的根本性问题,特别是领导干部和行政官员的担当作为水平和业务素质能力,直接关系到政策能否真正落地见效、企业能够真正成为营商环境优化过程中的最大受益者。由于信息革命的迅速演进,任何一个政府不可能长时间垄断技术对于政务服务的赋能效应。一项政府数字化创新服务很快就会复制到更多的地方,而迅速失去其独创性和先进性。在推进技术进步和扩大应用范围的同时,要更多将目光放在人的因素上。通过将法治与人治手段的有机结合与平衡运用,持续打造广州政务服务响亮品牌,真正调动起每一个政务决策者、执行者和服务者的工作积极性，齐心协力为了解决问题、消除痛点，而不是以繁文缛节的程序正义和合法卸责的自我保护，来应对营商环境优化过程中出现的日益增多的困难和挑战。

4. 正确处理点上突破与面上推广的关系

营商环境改革，同样需要"摸着石头过河"，特别是那些事关全局、影响深远、关系复杂、涉及稳定的改革举措，更要通过在一定范围内进行试点试验，在总结经验、完善措施、评估风险的基础上再在更大范围施行。不过，这种认识往往基于不同区域在发展水平、人文环境等方面存在巨大差异。对于广州来说，发展平衡性协调性相对较强，各区发展情况横向差异并不十分明显，创新经验由点到面的延伸性较强、风险度不高。因此，当前，一方面要进一步激发基层活力、激励干部担当，与纪检监察、审计等监督体制联动，建立有示范、可量化、能操作的改革容错免责机制，对政企沟通行为做出规范性指引，明确界限、细化规矩，使干部有作为而不逾矩，从而形成争先创优、百舸争流的活跃局面；另一方面也要加强统筹协调和信息交流，进一步突出制度创新的首创、实效、管用导向，避免出现"重复创新""纸面创新""无用创新"。同时，要加快对基层创新的发现、梳理、提炼和推广进程，合并同类同质创新，打造广州响亮品牌，定期发布向全市层面复制推广的创新经验。在培育巩固南沙、黄埔等制度创新高地的同时，也要通过均衡设置试点等方式推动其他区尽快迎头赶上，实现每个区都有一个国家或省或市层面的综合性改革试点试验，解决制度创新意识、平台、成果的不平衡不协调问题。

5. 正确处理包容创新与审慎监管的关系

伴随信息化技术等在经济社会领域的广泛应用，新业态新行业新主体不断涌现。与此同时，由于监管措施出台具有相对滞后性，因此，在一定时期内，针对新业态新行业新主体的专业性监管会出现某种程度上的真空状态，从而导致相关业态、行业和主体无序成长，甚至侵害公共利益和个体权益。然而，从另一个角度来看，在鼓励"放水养鱼"而非"竭泽而渔"的大背景下，实现包容创新与审慎监管的动态平衡，正是经济社会治理的常态和良好营商环境的标志。在这背后，是政府服务者与监管者相对稳定的角色张力。政府部门应首先从服务者角色出发，破除认知局限和短视思维，提升对新经济的学习能力和治理能力，保护好优质"种子"，通过优化清单管理方式，不断放开市场准入，营造公平法治环境，不为新业态新行业新主体萌发设置制度阻碍，对暂时存在争议、发育畸形的应更多运用现有法律法规和行政管理手段，善于撬动市场杠杆引导其走上健康发展道路。确立"非违规不干预"的监管原则，减少并在部分低风险领域最终消除主动现场检查。扩大"沙盒监管"范围，允许更多具有较高成长性的创新主体在限定条件下突破现行制度框架和关键阻碍，并在条件成熟时完善制度、撤去"沙盒"。提升纳入信用联合惩戒事项的门槛，坚持失信惩戒法定原则，防止将失信惩戒作为破解治理难题的"万能钥匙"。健全信用修复机制，构建基于政务、金融、市场大数据的一体化信用信息修复体系，实施自动修复、守信与社会责任履行激励加速修复、委托第三方机构开展市场化修复服务等创新试点。完善轻微违法行为免罚清单机制，从经济领域扩大到社会领域，尽快实现拥有行政执法权部门的全覆盖。

6. 正确处理常态建设与应急处置的关系

当前，新冠肺炎疫情在全球范围内蔓延的总体趋势并没有得到逆转，病毒本身的变异性和传播能力存在持续增强的可能性。这就要求，广州必须将优化营商环境的各项举措首先置于统筹疫情防控和经济社会发展的背景之下，置于构建以国内大循环为主体、国内国际双循环相互促进的新发展格局背景之下。要及时总结提炼此次疫情中的成功经验和突出问题，高度重视突发公共事件中应急性营商环境建设，将其作为营商环境建设的重要组成部分。针对疫情导致的物流受阻、产销脱节、供应链断裂以及企业现金流资金流紧张、合同履约风险增加、就业减员压力增加等情况，进一步提升营商应急反应的及时性、有效性、精准性。同时针对疫情发展情况及时调整对企业的扶持范围、力度和形式，探索将部分阶段性惠企政策常态化。

## （二）对标世行评估体系对广州营商环境建设的具体建议

**1. 降低进出门槛，提升企业商事登记和注销破产服务水平**

（1）继续压缩开办时间。全面推行商事登记0.5天办结承诺制，将系统自动审批的"秒批"做法引入商事登记领域，首先在小微企业和个体工商户中进行试点。（2）深化"证照分离"改革。彻底破解"照易证难"的"玻璃门""弹簧门"问题，在"四品一械"基础上实现全领域"证照联办"+"一窗通办"；推广南沙商事登记确认制改革经验。（3）加强开办前辅导。着眼企业广义生命周期，前移企业开办服务端口，在"穗好办"App开辟"企业开办辅导"模块，从建设、选址、人员、消防等方面为企业开办前提供"保姆式"全程贴身服务，让投资者少走冤枉路。（4）提升注销便利度。进一步提高企业注销税务、市场监管等部门并联审批机制效率，扩大适用简易注销的企业范围，对不存在税费欠缴、债务及劳资纠纷的企业实施一键"秒批"注销；对于无法在短时间内实现注销的企业，设置冻结机制，冻结期满后予以强制注销；争取企业除名制试点资格，对长期失联或被吊销营业执照的"僵尸企业"，履行公示程序后予以除名；推进在区级法院设置破产法庭，探索破产案件与公益诉讼衔接机制。

**2. 精简办事流程，强化建设项目开工和企业运营要素保障**

（1）提升工程审批效率。在工程建设领域提高承诺告知制和备案制行政许可事项所占比重，加强事后监管，对违背承诺的企业一律纳入联合失信惩戒机制；进一步整合规划和自然资源、住房和城乡建设、生态环境、供电、供水、供气等部门和单位审批、服务事项，全面推行工程建设领域一窗通办、一网通办；优化开工前置条件审批机制，整合推进、并联实施，扩大区域性综合评估实施范围，对土壤修复进行分项目、分地块验收，加快建设速度。（2）降低要素获得成本。将低压非居民配电快速建设政策逐步推广到高压项目，建立健全停电损失赔偿机制和停电保险制度；将天然气市级主网接口直接接入国家骨干网，减少中间环节和费用，降低到企入户价格。

**3. 降低融资成本，推动金融机构更精准服务各类市场主体**

（1）搭建有效平台。加大对中小微企业和农业生产经营主体等融资的支持力度，由政府建设更加便利化的融资平台和有效机制。（2）推进信用融资。依托政务大数据系统和专业金融机构率先为全市中小微企业提供低成本市场化征信服务；健全公共信用支持补偿机制，构建覆盖所有市场主体的信用数据采集、评价和运用体系，同时由政府联合银行、保险机构，通过"政府背书＋市场杠杆＋风险共担"形式，解决中小微企业和农业生产经营主体等不动产抵押物相对缺乏的硬性融资短板。（3）健全动产抵押。推动市场主体通过应收账款抵押、让与担保、融资租赁、合同融资、知识产权融资等形式进行多元化融资，建立健全全体系动产抵押服务系统，完善登记平台，完善融资租赁风险预警机制和知识产权融资成本补偿机制。（4）提升信贷效率。推动疫情期间对重点企业开辟绿色通道做法常态化，进一步缩短信贷审批时间，让更多企业享受到上午申请、下午放贷的效率红利。

**4. 完善法治环境，健全投资主体权益保护和纠纷解决机制**

（1）完善地方立法。启动与《优化营商环境条例》及《广州市优化营商环境条例》配套地方法规、规章和规范性文件的制定、修订和清理工作；加强对条例的宣传贯彻，让政府官员和市场都能人人皆知、自觉遵守、积极践行。（2）提升司法效率。向上级部门反映广州法院长期存在的"人少案多"，申请增加法官员额和编制；推广广州互联网法院建设经验及疫情期间远程审理等做法，提高商事案件不见面审理比重，对较为简单的案件，只要征得双方当事人同意，即可采取简易程序进行网络审理。（3）拓宽非诉救济渠道。提升仲裁工作实效，擦亮"广州仲裁"闪亮品牌，实现与粤港澳大湾区和国际通行商事仲裁的规则衔接，积极拓展"一带一路"等国际仲裁业务，提升规则制定话语权；通过政府购买服务方式组建专业化专职化涉企纠纷调解队伍，探索涉企纠纷社会化调解模式。（4）保护民营企业家合法权益。对其采取强制措施时，公安机关应提请由检察机关进行合法性和必要性审查；对因案件查封的企业资产和企业家个人财产，应由公检法及公证等多部门建立专门监管及服务机制，待案件审理完毕后依法及时返还给相关企业和当事人，对超期返还或未足额返还的，应建立问责追责机制；加强知识产权保护力度，建立全市层面的知识产权保护联盟。

5. 加快通关速度，畅通货物低成本高效率跨境流动的渠道

（1）加强货运交通互联。在花都、从化、增城、黄埔等区以及粤东西北地市设置或整合"内河港"或"无水港"，由广州港统一管理运营；谋划建设市域或城际快速轨道交通货运通道；发挥南沙在粤港澳大湾区的地理中心区位优势和港口设施优势，提升其与深圳、东莞、中山等其他城市和市内黄埔、增城等区的交通互联水平，研究建设南沙至黄埔、增城的疏港铁路；继续推进广州港岸电工程，解决瓶颈问题。（2）加快货物通关速度。将海关口岸前移到生产、流通环节，实现对重点市场主体和要素集聚度较高、产业特色鲜明地区或市场主体产品进出口的贴身、贴心服务，构建从厂到港的全程闭环监管机制。（3）提升跨境服务贸易政务服务水平。建立与服务贸易创新发展试点建设相适应的服务贸易相关货物便捷通关绿色通道，纳入单一窗口机制，构建与服务贸易项目和资本开放相协同的一体化通关格局。

6. 大力减费让利，发挥税收等政策的导向作用和杠杆效应

（1）增强税信联动。充分整合、利用企业涉税信用基础数据，对评价良好的企业减少税务申报次数，尝试每季度一次或一年两次。实现涉税信用数据与海关、金融机构的无缝对接，综合得出企业信用画像。（2）提升办税效率。拓宽不见面办税的应用场景，增加网络办税自动审批事项数量；提升出口退税、增值税返还等税收反哺政策的兑现时效，进一步压缩平均返还时间；减少企业税务申报资料，基础数据及已经提交过、税务机关通过自身管理系统或通过政务服务共享数据系统能够获得的信息，原则上可以自动回填，由企业确认即可，辅之以申报承诺，减少企业税收办理工作量。（3）加强政策协同。在落实疫情期间社保费用阶段性减免政策的同时，加强部门协同，避免社保缴费个人部分因缓免缴记录影响企业招投标等正常生产经营行为。

7. 增强应急能力，完善突发公共事件中营商环境保障机制

（1）制定营商环境专项应急预案。对疫情防控期间为帮助企业克服疫

情影响出台的一系列政策措施和应对得失进行系统总结、提炼，像补齐公共卫生体系建设短板那样，及时补齐在重大突发事件中营商环境建设应急能力的突出短板，制定应对重大公共卫生事件营商环境建设应急专项预案。（2）平战结合突出保障民生。将保障基本民生摆在更加重要的位置，将农产品特别是米袋子、菜篮子供应、流通企业以及药品、口罩等医疗产品生产企业，纳入民生保供企业名单并常态设置、动态管理，一旦发生疫情，立即启动应急预案，保障这些企业生产、运输正常运行、畅通无阻，定期举行演练，确保关键时刻不失效。（3）消除社会应急管理信息壁垒。常态化设置"穗康码"并不断丰富功能，全面清理各部门、各区自行设置的健康码和其他针对个体和市场主体的健康管理信息工具。

8. 推进区域合作，带动提升粤港澳大湾区整体营商环境

（1）强化龙头作用。充分发挥广州在粤港澳大湾区建设中的核心引擎作用，牵头组建粤港澳大湾区营商环境建设联盟或构建城际协调机制；率先展现合作善意，以广佛高质量发展融合试验区为试点，积极推动大湾区政务事项"跨城通办"。（2）打通国内国际双循环。出台外向型企业向内外双向型企业转型的相关指引和扶持政策，用活东西协作扶贫、泛珠三角区域合作等机制，帮助企业延伸生产基地、开拓国内市场。（3）深化穗港澳合作。主动对接港澳营商规则体系，在商事登记、税务办理、数据互通方面实现一个平台、一个标准、相互认可、共建共享；推进招录港澳居民进入内地国有企事业单位工作政策在广州落地，实现港澳居民在广州置业享受户籍居民同等待遇；建设好港澳青年之家和创新产业园，围绕香港科技大学等香港高校在粤办学地点形成创业孵化基地，引进更多港澳高校在穗办学。

9. 密切政企沟通，切实增强市场主体获得感归属感幸福感

（1）树立以企为本理念。真正将企业家知道不知道、赞成不赞成、满意不满意作为营商环境建设成果检验的根本标准。（2）创新政策宣讲机制。加大通过新媒体渠道的政策宣讲力度，将符合条件、影响力大的行业、区域自媒体纳入政策宣传服务政府采购的目录，并加大采购力度，保障一定比例；建立部门、官员挂钩联系行业协会开展政策宣讲机制，依托行业协会专

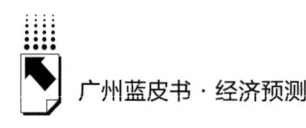

职工作人员组建政策宣讲社会化服务团队；利用政务大数据和信息共享机制，通过短信、电子邮件、微信公众号等形式将政策信息精准向重点行业、地区市场主体进行主动推送。（3）构建多元反馈沟通渠道。进一步打通并整合人大、政协、民主党派等现有政企对话渠道，建立企业家"社情民意"直通车；完善涉企政策咨询机制，在专家咨询委员会之外，可委托第三方调查机构进行公众意见征集，进一步扩大参与面；推进数字化政企民沟通机制建设，升级12345热线企业服务队列为营商环境专线，除政策咨询外承担更多协调解决问题的功能，增强市政府门户网站营商环境专栏的互动性，在"穗好办"App设置营商环境建设意见反馈专区。（4）加强社会监督协商。加大市属媒体对营商环境建设舆论监督的力度，开设相关专栏，针对热点问题举办政企对话会。

# 附 录
Appendices

## B.23
## 附表1 2020年广州市主要经济指标

| 指标 | 单位 | 绝对数 | 比上年增减(%) |
| --- | --- | --- | --- |
| 年末户籍总人口 | 万人 | 985.11 | 3.3 |
| 年末常住人口 | 万人 | 1867.66 | — |
| 年末社会从业人员 | 万人 | — | — |
| 地区生产总值 | 亿元 | 25019.11 | 2.7 |
| 　第一产业 | 亿元 | 288.08 | 9.8 |
| 　第二产业 | 亿元 | 6590.39 | 3.3 |
| 　　#工业增加值 | 亿元 | 5722.52 | 2.6 |
| 　第三产业 | 亿元 | 18140.64 | 2.3 |
| 规模以上工业总产值 | 亿元 | 19969.47 | 2.8 |
| 固定资产投资额 | 亿元 | — | 10.0 |
| 社会消费品零售总额 | 亿元 | 9218.66 | -3.5 |
| 外商直接投资实际使用外资 | 亿元 | 493.72 | 7.5 |
| 商品进口总值 | 亿元 | 4102.39 | -13.6 |
| 商品出口总值 | 亿元 | 5427.67 | 3.2 |
| 地方财政一般公共预算收入 | 亿元 | 1721.59 | 1.4 |
| 地方财政一般公共预算支出 | 亿元 | 2953.04 | 3.1 |
| 货运量 | 亿吨 | 9.25 | -4.8 |

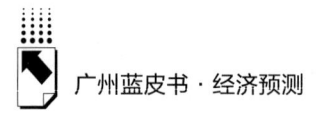

续表

| 指标 | 单位 | 绝对数 | 比上年增减(%) |
| --- | --- | --- | --- |
| 客运量 | 亿人次 | 3.27 | -34.4 |
| 港口货物吞吐量 | 亿吨 | 6.36 | 1.5 |
| 邮电业务收入 | 亿元 | 1109.54 | 6.5 |
| 金融机构本外币存款余额 | 亿元 | 67798.81 | 14.7 |
| 金融机构本外币贷款余额 | 亿元 | 54387.64 | 15.5 |
| 城市居民消费价格总指数(上年=100) | % | 102.6 | 2.6 |
| 城镇居民人均可支配收入 | 元 | 68304 | 5.0 |
| 农村居民人均可支配收入 | 元 | 31266 | 8.3 |

注：1. 地区生产总值、规模以上工业总产值增长速度按可比价格计算。

2. 年末常住人口为第七次全国人口普查数据；年末社会从业人员暂缺。

3. 固定资产投资额上级未反馈总量。

# B.24
# 附表2 2020年全国十大城市主要经济指标对比

| 指标 | 单位 | 广州 | 北京 | 天津 | 上海 | 深圳 |
|---|---|---|---|---|---|---|
| 规模以上工业增加值 | 亿元 | 4575.68 | | | | 8932.56 |
| 比上年增减 | % | 2.5 | 2.3 | 1.6 | 1.7 | 2.0 |
| 固定资产投资额 | 亿元 | | | | | |
| 比上年增减 | % | 10.0 | 2.2 | 3.0 | 10.3 | 8.2 |
| 社会消费品零售总额 | 亿元 | 9218.66 | 13716.40 | | 15932.50 | 8664.83 |
| 比上年增减 | % | -3.5 | -8.9 | -15.1 | 0.5 | -5.2 |
| 商品进口总值 | 亿元 | 4102.39 | 18560.97 | 4265.54 | 21103.11 | 13529.86 |
| 比上年增减 | % | -13.6 | -21.1 | -1.5 | 3.8 | 3.6 |
| 商品出口总值 | 亿元 | 5427.67 | 4654.95 | 3075.12 | 13725.36 | 16972.66 |
| 比上年增减 | % | 3.2 | -10.0 | 1.9 | 持平 | 1.5 |
| 外商直接投资实际使用外资金额 | 亿元 | 493.72 | 141 | 47.35 | 202.33 | 595.42 |
| 比上年增减 | % | 7.5 | -0.8 | 0.1 | 6.2 | 11.8 |
| 金融机构本外币存款余额 | 亿元 | 67799 | 188082 | 34145 | 155865 | 101897 |
| 金融机构本外币贷款余额 | 亿元 | 54388 | 84309 | 38859 | 84643 | 68021 |
| 城市居民消费价格总指数 | % | 102.6 | 101.7 | 102.0 | 101.7 | 102.3 |

| 指标 | 单位 | 重庆 | 武汉 | 成都 | 苏州 | 杭州 |
|---|---|---|---|---|---|---|
| 规模以上工业增加值 | 亿元 | | | | 7799.10 | 3634 |
| 比上年增减 | % | 5.8 | -6.9 | 5.0 | 6.0 | 3.8 |
| 全社会固定资产投资额 | 亿元 | | | | | |
| 比上年增减 | % | 3.9 | -11.8 | 9.9 | 6.6 | 6.8 |
| 社会消费品零售总额 | 亿元 | 11787.20 | 6149.84 | 8118.5 | 7701.98 | 5973 |
| 比上年增减 | % | 1.3 | -20.9 | -2.3 | -1.4 | -3.5 |
| 商品进口总值 | 亿元 | 2325.88 | 1282.60 | 3047.4 | 9379.95 | 2241 |
| 比上年增减 | % | 11.9 | 19.0 | 20.7 | 7.1 | 12.9 |
| 商品出口总值 | 亿元 | 4187.48 | 1421.70 | 4106.8 | 12941.49 | 3693 |
| 比上年增减 | % | 12.8 | 4.3 | 23.7 | -2.2 | 2.1 |

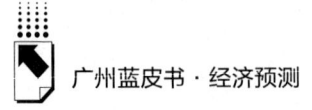

续表

| 指标 | 单位 | 重庆 | 武汉 | 成都 | 苏州 | 杭州 |
|---|---|---|---|---|---|---|
| 外商直接投资实际使用外资金额 | 亿元 | 21 | 111.65 | 504.2 | 55 | 72 |
| 比上年增减 | % | -11.2 | -9.3 |  | 20.0 | 17.5 |
| 金融机构本外币存款余额 | 亿元 | 42854 | 31006 | 43654 | 37684 | 54246 |
| 金融机构本外币贷款余额 | 亿元 | 41909 | 36856 | 41148 | 35198 | 49799 |
| 城市居民消费价格总指数 | % | 102.3 | 102.4 | 102.5 | 102.2 | 102.1 |

注：1. 数据来源于各城市统计月报或统计公报。

2. 规模以上工业增加值比上年增长按可比价格计算。

3. 外商直接投资实际使用外资金额中北京、上海、重庆、苏州、武汉和杭州的计量单位为美元。

# B.25
# 附表3 2020年珠江三角洲主要城市主要经济指标对比

| 指标 | 单位 | 广州 | 深圳 | 珠海 | 佛山 | 惠州 |
|---|---|---|---|---|---|---|
| 规模以上工业增加值 | 亿元 | 4575.68 | 8932.56 | 1200.56 | 4924.88 | 1645.54 |
| 比上年增减 | % | 2.5 | 2.0 | 1.4 | 2.2 | 1.1 |
| 全社会固定资产投资额 | 亿元 | | | | | |
| 比上年增减 | % | 10.0 | 8.2 | 13.1 | 0.8 | 16.0 |
| 社会消费品零售总额 | 亿元 | 9218.66 | 8664.83 | 921.26 | 3289.09 | 1746.08 |
| 比上年增减 | % | -3.5 | -5.2 | -7.5 | -10.8 | -9.3 |
| 商品进口总值 | 亿元 | 4102.4 | 13529.9 | 1121.8 | 929.1 | 801.0 |
| 比上年增减 | % | -13.6 | 3.6 | -10.5 | -15.6 | -9.8 |
| 商品出口总值 | 亿元 | 5427.7 | 16972.7 | 1608.8 | 4131.2 | 1688.1 |
| 比上年增减 | % | 3.2 | 1.5 | -2.8 | 10.8 | -7.3 |
| 外商直接投资实际使用外资金额 | 亿元 | 493.72 | 595.42 | 178.05 | 45.92 | 55.67 |
| 比上年增减 | % | 7.5 | 11.8 | 8.6 | -10.2 | -13.4 |
| 金融机构本外币存款余额 | 亿元 | 67798.81 | 101897.31 | 9604.51 | 19161.40 | 7235.61 |
| 金融机构本外币贷款余额 | 亿元 | 54387.64 | 68020.54 | 7626.26 | 14507.62 | 7183.93 |
| 城市居民消费价格总指数 | % | 102.6 | 102.3 | 102.3 | 102.7 | 102.7 |

| 指标 | 单位 | 东莞 | 中山 | 江门 | 肇庆 | |
|---|---|---|---|---|---|---|
| 规模以上工业增加值 | 亿元 | 4145.65 | 1176.19 | 1068.19 | 708.70 | |
| 比上年增减 | % | -1.1 | 2.2 | 2.3 | 2.6 | |
| 全社会固定资产投资额 | 亿元 | | | | | |
| 比上年增减 | % | 13.0 | 21.5 | 6.9 | 12.1 | |
| 社会消费品零售总额 | 亿元 | 3740.14 | 1407.22 | 1162.62 | 1062.16 | |
| 比上年增减 | % | -6.6 | -13.0 | -3.7 | -4.1 | |
| 商品进口总值 | 亿元 | 5021.5 | 393.9 | 303.0 | 113.1 | |
| 比上年增减 | % | -3.0 | -14.0 | 4.7 | -14.8 | |
| 商品出口总值 | 亿元 | 8281.5 | 1815.2 | 1125.9 | 299.5 | |
| 比上年增减 | % | -4.4 | -5.9 | -0.9 | 10.3 | |

续表

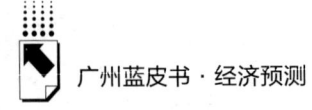

| 指标 | 单位 | 东莞 | 中山 | 江门 | 肇庆 |
| --- | --- | --- | --- | --- | --- |
| 外商直接投资实际使用外资金额 | 亿元 | 79.63 | 40.54 | 56.62 | 5.85 |
| 比上年增减 | % | -9.5 | 9.6 | 3.8 | -37.9 |
| 金融机构本外币存款余额 | 亿元 | 18232.83 | 6921.69 | 5475.45 | 2893.08 |
| 金融机构本外币贷款余额 | 亿元 | 12777.12 | 5711.18 | 4390.98 | 2485.60 |
| 城市居民消费价格总指数 | % | 102.9 | 102.6 | 103.1 | 102.7 |

注：1. 数据来源于《广东宏观经济监测月报》（2020年12月）。
2. 规模以上工业增加值比上年增长按可比价格计算。

# Abstract

*Analysis and Forecast on Economy of Guangzhou in China (2021)* is co-edited by Guangzhou University, the Guangdong Provincial Regional Development Blue Book Research Association, Guangzhou Statistics Bureau, the Policy Research Office of the Guangzhou Municipal Committee of the Communist Party of China, and the Guangzhou Municipal Government Research Office. The blue book is divided into 9 parts: general report, industry development, taxation and finance, private economy, hub city construction, real estate market, rural revitalization, special research and appendices. It gathers the latest research results of many economic problem research experts, scholars and practitioners, which makes the blue book an important reference material for Guangzhou's economic operation and related special analysis and expectations.

In 2020, Guangzhou firmly grasped the general keynote of seeking progress while maintaining stability, coordinated the promotion of epidemic prevention and control, along with economic and social development, and delivered a solid job of "six stability" and "six guarantees". The economy has continued to recover throughout the year, showing steady improvement in economic growth, strong momentum in structural optimization, and quality and efficiency exceeding expectations.

Looking forward to 2021, Guangzhou's economic development will still face many uncertainties and challenges. It is necessary to take the construction of "dual districts" and "two cities" as the strategic guidance to further consolidate the effectiveness of warm enterprise services, to take multiple measures to promote the recovery of life service industry, to actively expand effective investment focusing on

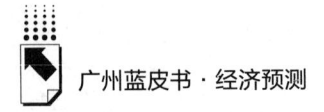

Key areas, and to comprehensively promote the steady recovery of economic development.

**Keywords**: Economic Situation; Economic Operation; New Development Pattern; Guangzhou

# Contents

## Ⅰ General Report

**B.1** Analysis of Guangzhou Economic Situation in 2020
and the Prospect of 2021
*Joint Research Group of Guangzhou Developmental Academy,*
*Guangzhou University and Division of Comprehensive Statistics,*
*Guangzhou Statistics Bureau* / 001

  1. Analysis of the Basic Situation of Guangzhou's
Economic Operation in 2020 / 002

  2. Issues that Need Attention in Economic Operation / 015

  3. Economic Situation at Home and Abroad / 017

  4. Prospects and Countermeasures for Guangzhou's
Economic Development in 2021 / 019

**Abstract:** In 2020, Guangzhou will firmly grasp the general keynote of seeking progress while maintaining stability, comprehensively promote epidemic prevention and control and economic and social development. Besides, Guangzhou ensures stability in employment, financial operations, foreign trade, foreign investment, domestic investment, and expectations. Also, the security in job, basic living needs, operations of market entities, food and energy security, stable industrial and supply chains, and the normal functioning of primary-level governments are ensured. The economy will continue to recover throughout the year, and the economic growth will be better than expected. In 2021, Guangzhou will focus on creating a high-quality development model in the new development stage, take the construction of "two districts" and "two cities" linkage as the strategic guidance, consolidate the effect of the policy of warming enterprises, pay equal attention to the reform of both supply and demand sides, accelerate the recovery of life service industry, enhance investment in key areas, and comprehensively promote the steady recovery of economic development.

**Keywords**: Economic Situation; High Quality Development; Guangzhou

# Ⅱ  Industry Development

**B.2**  Analysis of the Operation of the Above-scale Service Industry in Guangzhou in 2020    *Research Group of the Service Industry Division of Guangzhou Statistics Bureau* / 024

**Abstract**: In 2020, due to the impact of the COVID-19 epidemic, the operation of multiple industries in the above-scale service industry in Guangzhou was greatly impacted, and the operating income at the beginning of the year experienced a double-digit decline. As the epidemic prevention and control has achieved good results and the economy has recovered in an orderly manner, the city's service industry has steadily recovered, the business situation continues to improve, and the economic activity has further increased. New industries such as Internet software, scientific research and technical service industries maintained steady and rapid growth, leading the high-quality development of Guangzhou's service industry. This article also addresses the development dilemmas reflected in the service industry in Guangzhou under the normalization of the epidemic, and proposes countermeasures to promote the healthy, sustained, and high-quality development of the city-level service industry in Guangzhou.

**Keywords:** Service Industry; Economic Operation; Guangzhou

**B.3** Changes in the Energy Efficiency Level of Guangzhou's Thermal Power Industry Since the "12th Five-Year Plan" and Prospects for Development Strategic Opportunities in the "14th Five-Year Plan" Period

*Research Group of the Energy Division of the Guangzhou Statistics Bureau / 034*

**Abstract:** This paper analyzes the current situation and existing problems of the thermal power industry in Guangzhou based on the changes in the energy efficiency level of the thermal power industry in Guangzhou in the past ten years and the comparison with the main energy efficiency indicators of the thermal power industry in the country and Guangdong Province. From the perspective of "guaranteeing food and energy security" and "accelerating the formation of a new development pattern with domestic and international cycles as the mainstay and mutual promotion of domestic and international double cycles", it provides strategic opportunities for energy development from the perspective of improving power production capacity and maintaining power supply security. The bottom line is to improve the competitiveness of the power industry and the efficiency of power utilization. This article puts forward countermeasures and suggestions for the development of the power industry in Guangzhou during the "14th Five-Year Plan" period, in order to build a clean, low-carbon, safe, efficient, open and integrated modern energy system, provide the old city Guangzhou with new vitality and provide the "four new and brilliant" with strong support.

**Keywords:** Guangzhou; Thermal Power Generation; Energy Efficiency; "14th Five-Year Plan"

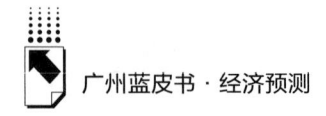

**B.4** Research on the Development and Management Model of Seed Industry in Guangzhou

*Research Group of Guangzhou Rural Development Research Center* / 051

**Abstract**: Guangzhou is an important seed source production and supply base in Guangdong Province. The seed industry has a solid foundation for development and a complete range of categories. It has strong advantages in scientific research and development and international open cooperation. on the basis of judging the development trend of modern agriculture, scientific and technological innovation and market environment, this paper puts forward the development and management mode of Guangzhou seed industry from the aspects of deepening mechanism, optimizing environment, building breeding system and promoting industrialization.

**Keywords**: Guangzhou Seed Industry; Industrial Development; Management Model; Internationalization

## Ⅲ Taxation and Finance

**B.5** Promote the High-quality Development of Guangzhou by Upgrading Financial Services  *Liu Sheng, Hu Yahui* / 064

**Abstract**: The quality of financial services plays an increasingly important role in the development of the real economy. The development of financial services in Guangzhou shows great potential because of the expanding scale of financial industry and the increasing variety of financial products. However, there are still problems. Firstly, the development level of financial sector needs to be improved. Besides, the coordinated development degree of financial sector in different regions is not enough. Additionally, the level of financial internationalization is relatively insufficient, and the financial ecosystem is not perfect. To this end, this article aims to sort out and study the problems in the provision of financial services in the high-quality development of Guangzhou, and proposes targeted suggestions and references for further enhancing Guangzhou financial services' ability to serve the real economy and promoting high-quality economic development during the "14th Five-Year Plan" period.

**Keywords**: Guangzhou; Financial Service Upgrading; High-quality Development

**B.6** Research on the Development of Guangzhou Automobile Manufacturing Industry from the Perspective of Fiscal and Tax Policies

*Research Group of Guangzhou Taxation Society / 082*

**Abstract**: The automobile manufacturing industry poses an important pillar of Guangzhou's economic development. The Guangzhou Municipal Government has proposed that by 2025, Guangzhou's total automobile production capacity will reach 5 million, and it will strive to rank first in China's automobile manufacturing bases in terms of production and marketing scale, and achieve the annual output value of the automobile industry 1 trillion yuan. This article analyzes the development of Guangzhou's automobile manufacturing industry from the perspective of finance and taxation, as well as the development of Guangzhou's automobile industry from four aspects-green cars, technological innovation and personnel training, parts and industrial park planning, and independent brands of key automobile companies. It also puts forward recommendations for the development of the automobile manufacturing industry.

**Keywords**: Guangzhou; Automobile Manufacturing; Taxation; Urban Competitiveness

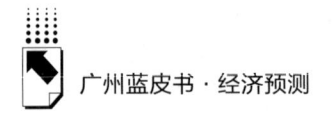

**B.7** Guangzhou Nansha Shipping Finance Development
Research Report  *Chen Wanqing, Wei Xina* / 101

**Abstract:** Nansha is prospered by the sea that Nansha's most distinctive, influential, and most contributory industries are the port and shipping logistics industry. This article analyzes the status quo of Nansha's shipping finance, comparatively studies the characteristics and experience of the development of shipping finance in advanced areas, investigates the difficulties and problems faced in development, and proposes future planning and development suggestions to help Nansha speed up the construction of international shipping and financial services in the Greater Bay Area and of the bearing area of scientific and technological innovation functions.

**Keywords:** Guangzhou Nansha; Shipping Finance; Shipping Insurance; Financial Factor Trading Platform

**B.8** Guangzhou Taxation Economy Big Data Analysis Report in 2020  *Research Group of Guangzhou Taxation Society* / 114

**Abstract:** Tax big data is a barometer of economic development and an important basis for economic analysis. The purpose of this article is to use data such as value-added tax invoices, tax revenue, tax reduction and exemption, and social security, combined with big data analysis techniques, to empirically study the fundamentals of Guangzhou's tax economy in 2020 and the effects of tax and fee reduction policies since the epidemic. This article concludes that through the analysis and research of tax big data such as VAT invoices, tax reduction and fee reduction, and social insurance premiums, it reflects that Guangzhou's taxation economy has gradually stabilized and rebounded under the influence of the "new crown" epidemic. Among them, the tax reduction and fee reduction policy measures are The resumption of production and sales and the gradual recovery of the economy played an important role in supporting the smooth progress of the "six stability" and "six guarantees".

**Keywords**: Tax Economy; Big Data Analysis; Tax Reduction and Fee Reduction; Guangzhou

**B.9** Research on the Tax Coordination Management of New Forms of Foreign Trade in Guangzhou
*Research Group of Guangzhou Taxation Society* / 137

**Abstract**: Under the current complex situation of foreign trade export, new forms of foreign trade such as market procurement, cross-border e-commerce and comprehensive foreign trade services have developed rapidly, which has become a new growth point of foreign trade export. However, there are different information systems, tax policies and service measures for the three new forms of foreign trade management, and there are some problems in the development. This paper innovatively studies three new forms of foreign trade as a whole, and takes the common intermediate platform as the starting point, discusses the feasible mode of tax collaborative management from the aspects of strengthening department cooperation, integrating information system, developing comprehensive management and main platform enterprises, especially building a unified information management system of new foreign trade forms, It will help to strengthen the development requirements of "tax administration by number".

**Keywords**: Taxation; New Forms of Foreign Trade; Collaborative Management

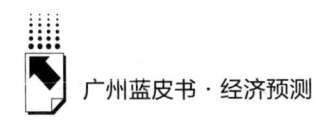

## Ⅳ　Private Economy

**B.10** An Empirical Analysis of the Development of Above-scale Private Industrial Enterprises in Guangzhou During the 13th Five-year-plan Period　　*Dong Manhong* / 152

**Abstract**: Based on the in-depth analysis of the development status, main characteristics, existing problems and development efficiency of Guangzhou's above-scale private industrial enterprises during the 13th Five-year-plan period, this paper puts forward targeted countermeasures and suggestions for the high-quality development of private industrial enterprises in the 14th Five-year-plan period, so as to help the private industrial economy break the bottleneck of development and make new breakthroughs.

**Keywords**: Guangzhou; Above-scale Industry; Private Enterprises; Data Envelopment Analysis

**B.11** Research on Optimization Strategy of Guangzhou's Private Entity Industrial Chain　　*Yu Jianchun, Yang Chao* / 170

**Abstract**: Based on the current status of the Guangzhou industrial chain development, this paper, combining the path of the strengthening chain, along with interviews, analyses difficulties faced by private entities that many core technologies are owned by others, high-end manufacturing levels are relatively low, collaborative innovations are insufficient, basic research supports are insufficient, and that anti-risk capability are relatively low. This article proposes the optimization of private entity industry chains, establishing recommendations for responding to systematic risk long-term mechanisms.

**Keywords**: Private Entity; The Industrial Chain; Core Technology

**B.12** The Practice and Prospects of Guangzhou Nansha Gathering Non-public Economic Power to Boost the Poverty Alleviation of Counterpart Industries

*Guangzhou Nansha District Federation of Industry and Commerce Guangdong-Hong Kong-Macao ( Nansha) Reform and Innovation Research Institute / 179*

**Abstract:** The Guangzhou Nansha United Front Work Department and the Federation of Industry and Commerce to actively play the role of coordination and platform to bring together Nansha's private economic forces. Through Poverty alleviation model including, online and consumption alleviation, dual-cycle industry docking, and donations, new momentum has been injected into helping the development of the regional economy and people's livelihood, and practical results has been achieved. In the next step, Guangzhou Nansha will increase the poverty alleviation efforts in the areas of assistance in supporting infrastructure construction and the development of local characteristic industries, consolidate the basic conditions for poverty alleviation in the areas, and inspire the strengthening of the endogenous power of poverty alleviation in the areas.

**Keywords:** Poverty Alleviation by Counterpart Industries; Private Economic; Nansha in Guangzhou

## V  Hub City Construction

**B.13** Research Report on the Construction of Guangzhou Airline and Railway Integration Economic Demonstration Zone

*Huang Jinhai, Wang Yang / 188*

**Abstract:** The integrated development of airline and railway is an important path for the innovative development of domestic and foreign aviation hub regions.

The construction of an airline-railway integrated economic demonstration zone is conducive to taking advantage of Guangzhou's airline-railway passenger and freight transportation integration, location, transportation, and industrial advantages, and serving the province to create a strategic fulcrum for a new development pattern. This paper sorts out the basic conditions of the demonstration zone and the difficulties in overall planning and coordination, the weak connection of the hub, the difficulty in balancing the old reforms, and the difficulty in land integration. It is suggested that the Guangzhou Airline-Railway Convergence Economic Demonstration Zone should construct a spatial layout of "one core, two poles, three axes, and four areas". In addition, this article proposes to optimize the scope of demonstration planning, improve the cross-regional coordination mechanism, strengthen the "main engine" of the airport economic demonstration zone, build the core carrier of the "double integration" of Huadu's airline-railway and port industry, promote the development of the northern part of Baiyun, vigorously promote the renovation of old villages around the airport, actively strive for higher-level policy support and etc.

**Keywords:** Guangzhou; Airport Economy; Airline-Railway Integration; Port-Industry-City Integration

**B.14** Analysis Report on Guangzhou Transportation, Post and Telecommunications Industry in 2020

*Research Group of the Service Industry Division of Guangzhou Statistics Bureau* / 196

**Abstract:** At the beginning of 2020, the COVID-19 epidemic has severely affected the economic development of the entire society, especially the transportation and postal industry. With the gradual recovery of epidemic prevention and control, transportation and postal industry in major cities such as Guangzhou, Beijing, Shanghai, and Shenzhen have shown different recovery trends, based on different urban development characteristics. This article introduces the recovery situation of Guangzhou's freight volume, passenger traffic, and postal industry. At the same time, by comparing with Beijing, Shanghai and Shenzhen, and drawing on the advanced experience of each city, this article puts forward suggestions for the development of Guangzhou's transportation and postal industry in the next stage.

**Keywords**: Transportation; International Transportation Hub; City Comparison; Guangzhou

## Ⅵ  Real Estate Market

**B.15**  Analysis on the Development Trend of Guangzhou
Real Estate Market in 2020　　　　　　*Dai Lizhu* / 209

**Abstract**: the world's major economies suffered from the impact of the epidemic in the first half of 2020, and their economy declined. However, China's economy was the first to return to normal in the second quarter, due to the effective epidemic prevention mechanism. And its economy is expected to improve, driving the residents' income expectation to be better. Guangzhou was weak in the first half of the year, and the recovery was accelerated in the second half of the year. With the relaxation of talent policy in the near suburbs, the conduction of land market heat, good industry and planning, high innovation in new housing supply and the increase of Dongguan-Shenzhen spillover customers, the Guangzhou housing market started an upward trend in 2020: the secondary real estate market picked up significantly, and the average price of stock houses rose. At the same time, Guangzhou's real estate also face the following problems that the contradiction between supply and demand still exists, that the internal differentiation is obvious, and that the housing demand is over-blocked but not enough.

**Keywords**: Real Estate Market; Regulation Policy; Guangzhou

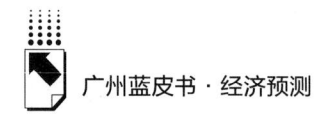

**B.16** Research Report on the Operation of Guangzhou's Real Estate Market in 2020

*Research Group of the Investment Division of Guangzhou Statistics Bureau / 221*

**Abstract:** At the beginning of 2020, affected by the COVID -19 epidemic, the construction and sales channels of real estate projects in Guangzhou were basically blocked, and the real estate development investment and commercial housing sales area both showed a rapid decline trend. Since the COVID -19 epidemic was effectively controlled, Guangzhou actively launched various policies to warm enterprises and benefit people, and promoted the resumption of work and production. After the complete recovery of construction and sales channels, the real estate market in Guangzhou recovered smoothly. It is mainly manifested in the following aspects: steady growth of development investment, continuous expansion of construction scale, continuous recovery of commercial housing sales market, and sufficient funds for real estate development enterprises.

**Keywords:** Real Estate Development; Impact of the Epidemic; Steady Recovery; Guangzhou

**B.17** Research on Performance Evaluation of Public Rental Housing Policy in Guangzhou

*Research Group of Guangzhou Development Research Institute, Guangzhou University / 232*

**Abstract:** This paper analyzes and evaluates the current situation of public rental housing policy implementation in Guangzhou by constructing the 4E public rental housing policy performance evaluation model. From the standpoints of policy implementation, resource allocation, social and economic benefits, satisfaction and other dimensions, this paper identifies the achievements, finds out the problems, and calculates the new "sandwich group". The conclusion is that the final performance score of Guangzhou is 83.4, registering "good" grade. And the author put forward the countermeasures and suggestions like the integration of social resources, the acceleration of the pace of legislation, the promotion of the balance between work and housing, and other policy details.

**Keywords**: 4E Performance Evaluation Model; Sandwich Group; Public Rental Housing Policy; Guangzhou

## Ⅶ Rural Revitalization

**B.18** Research Report on the Revitalization of Rural Industries in Guangzhou in 2020

*Research Group of the Rural Affairs Division of the Guangzhou Statistics Bureau* / 254

**Abstract**: This article investigates and analyzes the development of rural industries in Guangzhou in 2020. It is found that the current development trend of rural industries in Guangzhou is strong, the degree of industrial integration is deep, and the development of facility agriculture and scientific and technological agriculture are fruitful. However, there are still problems such as insufficient land supply, water conservancy facilities and imperfections and uneven regional development that restricted the further revitalization of rural industries. Under such context, this article puts forward specific countermeasures and suggestions for related issues to promote the development of rural industries in an all-round way and empower rural revitalization.

**Keywords**: Guangzhou; Rural Revitalization; Agricultural Modernization; Industrial Integration

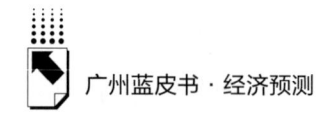

B.19 Research on the Exploration and Promotion of the Public Innovation Space for Agriculture, Rural Areas and Farmers in Guangzhou

*Research Group of Guangzhou Rural Development Research Center / 268*

**Abstract:** Based on the actual situation of "agriculture, rural areas and farmers" in Guangzhou, this paper analyzes the well-developed cases of mass innovation in agriculture, rural areas and farmers, and puts forward operable supporting measures from the aspects of policy guidance, scientific and technological support, main body cultivation and talent cultivation.

**Keywords:** "Agriculture, Rural Areas and Farmers" Innovation Space; Innovation and Entrepreneurship; Guangzhou

# Ⅷ Special Research

B.20 Suggestions on Accelerating the Construction of Guangzhou as An International Consumption Center City and Constructing a New Dual-cycle Development Pattern

*Research Group of Guangzhou Development Research Institute, Guangzhou University / 278*

**Abstract:** Cultivating and building an international consumption center city is of great significance for accelerating the transformation and upgrading of Guangzhou's consumption, promoting the construction of Guangzhou as an international metropolis, and boosting the formation of a new domestic and international dual-cycle development pattern. The construction of Guangzhou as an international consumption center city must be guided by the construction of a new dual-cycle development pattern. Guangzhou needs to realize and make good use of its own strength, while avoiding its weakness and highlighting its characteristics, to make up its shortcomings on the basis of consolidating and upgrading its original advantages.

**Keywords**: International Consumption Center City; New Dual-cycle Development Pattern; Guangzhou

**B.21** Suggestions on Cultivating New Consumption and Promoting the Construction of Guangzhou International Consumption Center City　　*Research Group of the Guangzhou Democratic Progressive Committee* / 288

**Abstract**: With the upgrading of consumption and the emergence of different consumption trends and methods, new consumption has become a new driving force for economic development. To accelerate the construction of a new pattern of dual-cycle development and comprehensively promote consumption, it is necessary to cultivate new types of consumption. Since last year, various local governments have proposed measurements and development plans to promote the development of new consumption. Guangzhou, while having a solid consumption base, still faces a series of challenges. It is suggested that new consumption should be regarded as an important starting point for Guangzhou to build an international consumption center city. Guangzhou, guided by the idea of new consumption, will follow the characteristics of segmentation, personalization, quality, convenience, socialization and experientialization of consumption upgrades. At the same time, Guangzhou will develop the "Four New" cultivation project including new brands, new services, new business models and new scenarios through digital empowerment, cultural implantation and cross-industry integration, in order to enhance the attractiveness, influence and radiation of Guangzhou's consumption.

**Keywords**: New Consumption; International Consumption Center City; Guangzhou

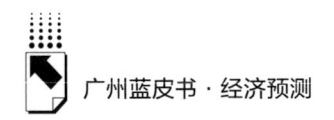

**B.22** Survey Report on Guangzhou Business Environment in 2020

*Research Group of Guangzhou Democratic Parties / 298*

**Abstract:** In recent years, Guangzhou attaches great importance to the construction of business environment, and has achieved a series of important results in improving work efficiency and reducing system costs. In the next step, Guangzhou should fully embrace the World Bank's indicator system and focus on achieving greater breakthroughs in weak links and institutional mechanisms. Guangzhou, while paying more attention to the optimization of the "big business" environment and using digital means to empower technology and hardware, should also address more attention to the improvement of the soft factors such as development concepts and government styles to effectively enhance the acquisition of market's sense of belonging and happiness.

**Keywords:** Guangzhou; Business Environment; Modernization; Internationalization

## Ⅸ Appendices

**B.23** Schedule1 Main Economic Indicators of Guangzhou in 2020
/ 315

**B.24** Schedule2 Comparisons of Main Economic Indicators of Ten Cities in China in 2020 / 317

**B.25** Schedule3 Comparisons of Main Economic Indicators of the Main Cities in the Pearl River Delta in 2020 / 319

社会科学文献出版社

# 皮 书

## 智库报告的主要形式
## 同一主题智库报告的聚合

### ✤ 皮书定义 ✤

皮书是对中国与世界发展状况和热点问题进行年度监测,以专业的角度、专家的视野和实证研究方法,针对某一领域或区域现状与发展态势展开分析和预测,具备前沿性、原创性、实证性、连续性、时效性等特点的公开出版物,由一系列权威研究报告组成。

### ✤ 皮书作者 ✤

皮书系列报告作者以国内外一流研究机构、知名高校等重点智库的研究人员为主,多为相关领域一流专家学者,他们的观点代表了当下学界对中国与世界的现实和未来最高水平的解读与分析。截至2021年,皮书研创机构有近千家,报告作者累计超过7万人。

### ✤ 皮书荣誉 ✤

皮书系列已成为社会科学文献出版社的著名图书品牌和中国社会科学院的知名学术品牌。2016年皮书系列正式列入"十三五"国家重点出版规划项目;2013~2021年,重点皮书列入中国社会科学院承担的国家哲学社会科学创新工程项目。

**权威报告·一手数据·特色资源**

# 皮书数据库
## ANNUAL REPORT(YEARBOOK) DATABASE

### 分析解读当下中国发展变迁的高端智库平台

**所获荣誉**

- 2019年，入围国家新闻出版署数字出版精品遴选推荐计划项目
- 2016年，入选"'十三五'国家重点电子出版物出版规划骨干工程"
- 2015年，荣获"搜索中国正能量 点赞2015""创新中国科技创新奖"
- 2013年，荣获"中国出版政府奖·网络出版物奖"提名奖
- 连续多年荣获中国数字出版博览会"数字出版·优秀品牌"奖

**成为会员**

通过网址www.pishu.com.cn访问皮书数据库网站或下载皮书数据库APP，进行手机号码验证或邮箱验证即可成为皮书数据库会员。

**会员福利**

- 已注册用户购书后可免费获赠100元皮书数据库充值卡。刮开充值卡涂层获取充值密码，登录并进入"会员中心"—"在线充值"—"充值卡充值"，充值成功即可购买和查看数据库内容。
- 会员福利最终解释权归社会科学文献出版社所有。

卡号：439194546293
密码：

数据库服务热线：400-008-6695
数据库服务QQ：2475522410
数据库服务邮箱：database@ssap.cn
图书销售热线：010-59367070/7028
图书服务QQ：1265056568
图书服务邮箱：duzhe@ssap.cn

# S 基本子库
# SUB DATABASE

## 中国社会发展数据库（下设12个子库）

整合国内外中国社会发展研究成果，汇聚独家统计数据、深度分析报告，涉及社会、人口、政治、教育、法律等12个领域，为了解中国社会发展动态、跟踪社会核心热点、分析社会发展趋势提供一站式资源搜索和数据服务。

## 中国经济发展数据库（下设12个子库）

围绕国内外中国经济发展主题研究报告、学术资讯、基础数据等资料构建，内容涵盖宏观经济、农业经济、工业经济、产业经济等12个重点经济领域，为实时掌控经济运行态势、把握经济发展规律、洞察经济形势、进行经济决策提供参考和依据。

## 中国行业发展数据库（下设17个子库）

以中国国民经济行业分类为依据，覆盖金融业、旅游、医疗卫生、交通运输、能源矿产等100多个行业，跟踪分析国民经济相关行业市场运行状况和政策导向，汇集行业发展前沿资讯，为投资、从业及各种经济决策提供理论基础和实践指导。

## 中国区域发展数据库（下设6个子库）

对中国特定区域内的经济、社会、文化等领域现状与发展情况进行深度分析和预测，研究层级至县及县以下行政区，涉及省份、区域经济体、城市、农村等不同维度，为地方经济社会宏观态势研究、发展经验研究、案例分析提供数据服务。

## 中国文化传媒数据库（下设18个子库）

汇聚文化传媒领域专家观点、热点资讯，梳理国内外中国文化发展相关学术研究成果、一手统计数据，涵盖文化产业、新闻传播、电影娱乐、文学艺术、群众文化等18个重点研究领域。为文化传媒研究提供相关数据、研究报告和综合分析服务。

## 世界经济与国际关系数据库（下设6个子库）

立足"皮书系列"世界经济、国际关系相关学术资源，整合世界经济、国际政治、世界文化与科技、全球性问题、国际组织与国际法、区域研究6大领域研究成果，为世界经济与国际关系研究提供全方位数据分析，为决策和形势研判提供参考。

# 法律声明

"皮书系列"(含蓝皮书、绿皮书、黄皮书)之品牌由社会科学文献出版社最早使用并持续至今,现已被中国图书市场所熟知。"皮书系列"的相关商标已在中华人民共和国国家工商行政管理总局商标局注册,如LOGO( )、皮书、Pishu、经济蓝皮书、社会蓝皮书等。"皮书系列"图书的注册商标专用权及封面设计、版式设计的著作权均为社会科学文献出版社所有。未经社会科学文献出版社书面授权许可,任何使用与"皮书系列"图书注册商标、封面设计、版式设计相同或者近似的文字、图形或其组合的行为均系侵权行为。

经作者授权,本书的专有出版权及信息网络传播权等为社会科学文献出版社享有。未经社会科学文献出版社书面授权许可,任何就本书内容的复制、发行或以数字形式进行网络传播的行为均系侵权行为。

社会科学文献出版社将通过法律途径追究上述侵权行为的法律责任,维护自身合法权益。

欢迎社会各界人士对侵犯社会科学文献出版社上述权利的侵权行为进行举报。电话:010-59367121,电子邮箱:fawubu@ssap.cn。

社会科学文献出版社